# 山下俊彦

〔日〕梅泽正邦 · 著

李筱砚 · 译

神さまとぼく 山下俊彦伝

中国科学技术出版社

·北 京·

北京市版权局著作权合同登记　图字：01-2022-5161。

**图书在版编目（CIP）数据**

山下俊彦 /（日）梅泽正邦著；李筱砚译 . —北京：
中国科学技术出版社，2022.10
ISBN 978-7-5046-9733-2

Ⅰ . ①山… Ⅱ . ①梅… ②李… Ⅲ . ①山下俊彦
（1919-2012）—传记 Ⅳ . ① K833.135.38

中国版本图书馆 CIP 数据核字（2022）第 134206 号

| | | |
|---|---|---|
| **策划编辑** | 申永刚　赵　嵘 | |
| **责任编辑** | 孙倩倩 | |
| **版式设计** | 蚂蚁设计 | |
| **封面设计** | 仙境设计 | |
| **责任校对** | 焦　宁 | |
| **责任印制** | 李晓霖 | |

| | | |
|---|---|---|
| **出　　版** | 中国科学技术出版社 | |
| **发　　行** | 中国科学技术出版社有限公司发行部 | |
| **地　　址** | 北京市海淀区中关村南大街 16 号 | |
| **邮　　编** | 100081 | |
| **发行电话** | 010-62173865 | |
| **传　　真** | 010-62173081 | |
| **网　　址** | http://www.cspbooks.com.cn | |

| | | |
|---|---|---|
| **开　　本** | 880mm×1230mm　　1/32 | |
| **字　　数** | 314 千字 | |
| **印　　张** | 14 | |
| **版　　次** | 2022 年 10 月第 1 版 | |
| **印　　次** | 2022 年 10 月第 1 次印刷 | |
| **印　　刷** | 北京盛通印刷股份有限公司 | |
| **书　　号** | ISBN 978-7-5046-9733-2/K・331 | |
| **定　　价** | 79.00 元 | |

（凡购买本社图书，如有缺页、倒页、脱页者，本社发行部负责调换）

# 推荐序一

## 结构性改革，增强企业体质，人本经营[1]

木元哲　松下（中国）前总裁，零牌木元塾塾长

1977年1月17日，松下空调事业部听到令人惊愕的消息，大家顿时兴奋起来。"负责空调业务的山下董事好像会成为总公司的社长，成为松下家族以外的第一位社长，而且是跳过前面24名董事的大提拔！"

兴奋至极的情景恍如昨日，记忆犹新。

当时的我初出茅庐，进入松下刚刚四年，在空调事业部商务部商务科负责营业企划。对我来说，山下俊彦先生是云一般的存在，我跟他直接交流只有新员工恳谈会上那一次，有时他会在营业事务所露面，用温柔的笑容守护着我们。

少德敬雄曾经担任松下副社长，吉田和正曾经担任松下电子元件公司社长，这两位都是我尊敬的师傅。在他们的回忆当中，山下俊彦既是可怕的领导，又是和蔼可亲的长辈，是一位"神魔一体"的好老师。

正如《山下俊彦》一书中介绍的那样：一次报告的时长不超过

---

[1]　此推荐序由祖林翻译。

10分钟，报告内容必须在一页纸以内，下午五点以后不接受部下汇报工作等。山下先生的很多个性作风当时在松下可谓声名远扬。为了向他汇报，准备报告资料的时候需要怎样整合数据？怎样理顺讲话的逻辑？当时作为他的下属的大家真是煞费苦心。山下先生通过实践，培养下属作为商务人士的基本思考方法和职业素养。现在回想起来，颇有收获的我还是充满感激。

没有直接接受山下先生熏陶的机会，虽然心有遗憾，但是能从接受山下先生熏陶的前辈们那里学习，也成为我人生中的巨大知识财富。

"与其被动地做，不如主动地做"，这是吉田和正跟我们在一起工作时的口头禅，意思是"工作不要被领导命令才做，而是自己主动要做"。这也如山下先生所推崇的："如果快乐地工作，人生就是乐园；如果为了履行义务而工作，人生就是地狱"，他把严肃的工作观换成了平易的语言。

自主地发现课题，自发地思考解决办法，这样的行动激发出自主责任，个人的主体性与自主责任相融合，伴随公司的成长，个人也就成长了。我认为其中蕴含了山下俊彦的工作观和人性观。

1985年，我为了签订下一年空调的意向订单，走遍了整个美国。1985年9月22日，《广场协议》签订，当天的汇率是1美元对235日元；第二天，1美元对215日元。这样下去，日本的空调出口将出现大亏损。

我不禁后背冒冷汗，赶紧给日本松下总部的领导打国际电话，提议停止预售签单。

我的直属领导是山下先生的下属，没想到他泰然自若，指示我继续预约销售，而且要竭尽全力，尽可能多地签单。

正是山下先生的决断，松下在马来西亚设立了出口专用的空调生产基地，没想到《广场协议》把它激活了。只用了4个多月的时间，松下就完成了复杂的生产能力转移，从1986年2月开始，向美国出口的松下空调全部从马来西亚生产发货。

1986年4月，日元升值到1美元兑换160日元左右，仅仅半年多时间，日元大幅升值。如果继续从日本出口空调，价格缩水，收入锐减，松下肯定会面临巨额亏损。

当时，马来西亚林吉特与美元挂钩，不受汇率影响，而且适用美国优惠关税政策，松下在马来西亚的空调出货量顿时猛增。

我突然想起来：在空调出口只有10万台的时候，松下在马来西亚建设的空调出口专用基地却是规划了一年30万台的生产能力，这在当时来说是非常"鲁莽"的决策，现在回头来看，山下先生洞见未来的眼光实在锐利。回忆起这些，我对山下先生的敬重之情又多了几分。

1985年，山下先生制定了松下的海外事业方针：

（1）受到所在国家的欢迎。

（2）培养所在国家的员工。

（3）向所在国家转移技术。

（4）贯彻自主责任经营。

（5）尊重所在国家的风俗、文化和习惯。

以《广场协议》带来的危机为契机，松下马来西亚空调基地名副其实地实践了以上基本方针，成为松下全公司海外事业的领跑者。

结构性改革，增强企业体质，扩大海外生产。这是山下先生当时提出的松下三大课题，在急速变化常态化的当下，正是中国企业不能回避的重要课题。

"企业如同生命，有活力的自然就会繁荣，失去活力的自然就会衰退，长期处于守势的企业必然走向衰落。"山下先生说的是真相啊。

正因为事业顺利，才要有危机感，为将来做准备。即使是初创公司，也能像《山下俊彦》一书中介绍的电熨斗事业部、电池事业部那样，通过员工自主自发地参与经营，创造出色的业绩。

"资产负债表和利润表只表示过去的业绩，而不是未来的价值。"要创造未来的价值，根本上在于自主自发、有着无限发展潜力的"人"。

本书满载山下俊彦先生"真正的人本主义经营"的精华。

2022年7月，日本草津

# 迈向世界级的改革教科书

祖林　零牌顾问机构董事长、技术导师

这不是一本普通的个人传记，而是20世纪70年代末到20世纪80年代中日本松下波澜壮阔的改革史。

山下俊彦是松下幸之助之后，松下强化家电巨头地位、迈向全球化和转型为综合电子企业的历史功臣，正是他在20世纪80年代前瞻性地布局了电子、半导体、机器人和信息化等产业，奠定了2000年世界巨变之后松下的转型基础和前进动力。

改革总部职能，打造"战略总公司"指挥航空母舰群，把战略投资作为结构大转换的引擎。战略总公司和事业部制两大体制交错纵横，超越组织的界限，让改革浪潮冲击每一个人的心灵，激活每一位员工的能量。

今天的松下，是活跃在全球经济主场的万亿级企业、多产业集团，这一切都得益于当年的"危机先生"山下俊彦打下的多元化基础。他冷静而透彻、无欲却大爱，是极少见的慈不掌兵又情理平衡的企业改革领袖，他是一个拥有包容矛盾的能力而且勇气十足的经营家。

巨舰出海，波浪滔天，松下迈向世界征程的大破大立可谓惊心动魄。对于中国企业家来说，这本松下改革的鸿篇巨制堪称企业经营教科书，今天读来，可谓扣人心弦。

# 目录

第4章

成为"危机感先生"　　　　　　　　　129

第8章

"六一行动"变革"家电王国" 253

第9章

以人与感动为核心 "悖论式经营"全面铺开

第10章

与世界同步

终　章

# 寻找"另一个日本"

一切本不该这样。

回顾日本经济,更准确地说,回顾日本电子产业经济近几十年的发展,我不禁哼出了一首日本歌——《肥皂泡》。

> 肥皂泡,飞啊飞,
>
> 飞到屋顶去,
>
> 飞到屋顶上,
>
> 破裂不见了。

电子产业就是个巨大的肥皂泡。20世纪80年代,电子产业是日本经济的"领头羊"。彩色电视机、磁带录像机、各种音响设备以及半导体存储器等,日本制造的产品一度风靡全球。

然而,随着日本泡沫经济①的出现,肥皂泡"飞到屋顶上",然后"破裂不见"了。

2000年,日本电子产业的产值达到顶峰,高达260000亿日元。然

---

① 日本泡沫经济是日本在20世纪80年代后期至90年代初期出现的一种经济现象。——编者注

而，到了2018年，该产值急剧下滑，仅为116000亿日元。半数以上的产值"破裂不见"了。具体到产品品类，更加惨不忍睹。超薄电视机在鼎盛期的年产值曾突破10000亿日元，而2018年仅为494亿日元。2002年手机的产值曾高达14000亿日元，2018年则缩减到822亿日元，仅为2002年的1/17。

相比之下，韩国的三星电子公司，2018年的销售额高达230000亿日元，也就是说，2018年日本电子产业整体的产值只有三星公司的一半左右。

一切本不该这样。

## 回忆？一片空白

哪里出了问题呢？

回想起来，转折发生在产值达到峰值的2000年的10年前。日本电子产业产值直到1990年、1991年都是一路飙升的，产值分别达到了240000亿日元和250000亿日元。1992年这一数字开始下滑，自此开始呈现上下"之"字形浮动的态势。那么，1990年日本发生了什么呢？1990年正值日本泡沫经济的巅峰。

在此之前，日本的制造业一直享受着 "Japan as No.1"（日本制造首屈一指）的盛誉，日本的股票和房地产价格一路飙升。日本人开始自我陶醉，沉浸在纸醉金迷中。日本电子产业也不例外。由于未及时做出变革，日本电子产业迎来的是凋零和失败，其顶峰之时同样也是"危机之时"。

彼时，日本出现了一位传奇的经营者，他坚定且勇敢地做出了变革。

他就是山下俊彦。

山下俊彦于1977年至1986年担任日本最大的电器制造企业之一——松下电器（Panasonic）的社长[1]。山下俊彦说："导致事物消亡的最大诱因之一是人们的骄傲。"

山下俊彦（1980年拍摄）

松下电器曾是强大的"家电王国"，然而山下俊彦在任期间却调转了经营方向。他以最快速度培养了另一个"肥皂泡"——电子产业。他不仅强化了信息设备产业，还涉足办公自动化（OA）、工厂自动化（FA）领域，同时倾全力扩大了电子产业的核心——半导体的生产规模。

1983年5月，为了将"家电王国"转向综合电子企业，山下俊彦动员公司上下参与了这场变革，并将其命名为"六一行动"（ACTION61）。ACTION取自以下英文词汇或短语的首字母：A即Action（行动）；C即Cost Reduction（降低成本）；T即Topical Products（有话题性的产品）；I即Initiative Marketing（有创造性的销售活动）；O即Organizational Reactivation（重新活跃公司架构）；N即New Managing

---

① 企业的最高负责人。日语中公司称作"会社"，最高级别领导者称作"社长"。本书沿用这一称谓。——译者注

Strength（崭新的经营体制）。"六一行动"鼓励员工行动起来，努力降低成本，研发有话题性的产品，开展有创造性的经营活动，重新活跃公司的架构，最终建立崭新的经营体制。他为这场变革设定了明确的期限：到昭和六十一年（1986年）年底，三年半之内必须做出成效。

家电业务已经足够赢利了，为什么要冒险变革呢？公司上下充满了不安和怀疑。面对质疑，山下俊彦依然坚定不移："企业是活的，有活力的企业走向繁荣，失去活力的企业则会走向衰败。企业一旦故步自封，只会日渐衰落。"

"六一行动"也是一项"全球化战略"，它要求松下电器公司扩大海外生产规模，不断将先进技术转移到海外。如此一来，日本就会不断更新技术，甚至倒逼日本必须不断尝试技术创新。因为"企业一旦故步自封，只会日渐衰落"。

山下俊彦在"危机之时"到来的四年前就卸任了，但松下电器公司当时在业界的存在感依然是巨大的。松下电器公司仍然保持着操控整个产业方向盘的能力。如果山下俊彦变革的勇气能够在松下电器公司得到延续，并扩散到整个产业的话，一定会不断催生出各种各样新的业务，那么日本电子产业也会呈现出与现在完全不同的态势吧。

然而，这一切并没有发生。

后来日本电子产业的"衰败"，恰恰证明了像山下俊彦这样勇于变革的经营者多么稀缺。

山下俊彦真是一位奇迹般的经营者！

在松下电器公司董事会26位成员中，山下俊彦并不引人注目，却一跃成为社长。要知道松下电器公司的第一任社长是创始人松下幸之助，第二任社长是松下幸之助的女婿松下正治。山下俊彦作为第三任社长，竟与松下家族毫无关联。第二次世界大战前毕业于工业学校的他，甚至连拿得出手的文凭都没有。

他最缺少的，是对权力的欲望。自我彰显，出人头地，掌握实权，权力一旦到手，绝不放开等，这些在部分经营者身上常见的权力欲，在他身上却找不到一丝痕迹。他如清风一般，无欲无求。

山下俊彦担任了9年社长后，自己选择了退居总顾问①的职位，远离权力中心。连社长换届时的记者招待会也举办得毫不拖泥带水。

1986年1月20日，在大阪的喜来登饭店，被召集来的记者都感到不可思议。按照计划，"六一行动"的期限为三年半，而此时距离结束还有近一年时间，并且松下幸之助推举山下俊彦时也说过"要让他干十年"。为什么山下俊彦偏偏选择在这个时间突然卸任呢？

然而，山下俊彦此时却反过来询问记者："还有什么不明白的吗？"

山下俊彦继续道："现在是辞职的最佳时机。'六一行动'并非松下电器公司的终点，而只是个过程。改革已经有了眉目，但这绝非终点。不论任何阶段，都只是个过程。"

山下俊彦选择让副社长谷井昭雄接替自己的职位。以下是山下俊彦送给谷井昭雄的践行辞："请继续完成改革，但并不一定要按照我的路线进行改革。如果大环境有变化，可以相应地做出调整。按照你

---

① 日语为"相談役"，本书将这一职位统一译为"总顾问"。松下电器公司的这一职位主要由有社长经验的人担任，主要负责在重大决策时给予意见等。——译者注

的想法，放手去做吧！"

记者中有人追问："您的热情已经耗尽了吗？"

山下俊彦答道："看着像热情耗尽了吗？不过确实很辛苦。因为我的就任方式比较特殊，所以感觉格外辛苦。能坚持9年已经很不容易了。这么说虽然对支持我就任的总顾问（松下幸之助）有点过分，但是真的让我感到很困扰，所以我尽早确定了我的接班人。"

"您在担任社长期间有哪些难忘的回忆？"有记者提了这个问题。

"回忆？一片空白。非要说的话，可能是就任社长的时候和现在辞职的时候让人印象比较深吧。"

山下俊彦卸任社长时，松下电器公司的销售额是34241亿日元，营业利润达1467亿日元。山下俊彦任职期间，这两项数字均提升到了任职前的2.6倍。而在卸任社长的一瞬间，他却想要忘却这所有的辉煌。

记者招待会结束时，山下俊彦长舒了一口气。

"哎呀，真要命。"


## 我拒绝

担任社长期间，没什么值得回忆的事情。山下俊彦虽然这么说，但绝不会忘记自己被选为社长时的那份"麻烦"，那是一种"用常识难以想象的麻烦"。

"麻烦"是这么开始的。

1977年1月8日，周六，一通电话打到了山下俊彦家中。是松下幸之助的秘书打来的。"周一上午，请您来找总顾问一趟。他会在办公室等您。"山下俊彦无法追问究竟何事。他当时是空调事业部的部长。他想，总顾问估计就是例行询问一下空调业务的现状吧。

然而，第二天，也就是周日傍晚，山下俊彦一如往常在家中愉快地喝着小酒，副社长谷村博藏突然打来了电话。谷村博藏是山下俊彦的顶头上司。"山下，总顾问找你了吗？你去了之后，可能会遇到难题，但千万不要当场拒绝啊。毕竟是很重要的事情。"会有难题？山下俊彦心中有些惴惴不安。

周一早上10点，山下俊彦走进了松下幸之助的办公室。"是这样的，高桥（荒太郎）要辞去会长①的职务，会长的职位由松下（正治）接任。于是我就想，不如让你来做社长。"

山下俊彦脑子一下蒙住了。总顾问在说什么啊？有那么一瞬间，山下俊彦还以为松下幸之助疯了。可是，松下幸之助却一脸严肃。山下俊彦即刻回绝了。他想，必须得回绝。

"请允许我拒绝。这责任对我来说实在是过于重大了。"

"这件事情很重要，所以请你好好想想。当然，要你即刻答应，确实也很困难。"

那天，也就是1977年1月10日，正好是松下电器公司内部最大的活动——经营方针发布会召开的日子。或许松下幸之助内心已经盘算好，若是山下俊彦答允，就在下午的方针发布会上公布新社长的人选。因为山下俊彦的执意拒绝，这一想法没能实现，不过在方针发布

---

① 日语为"会长"。日本公司中位居社长之上的职务，一般为荣誉职务，通常由上一任社长卸任后担任。——译者注

会后的餐会上，副社长和负责人事的专务董事先后来到山下俊彦身边。

"怎么样，总顾问跟你说了吧？"

看来已经有人知道这个消息了。山下俊彦想，必须尽快拿出更坚决的态度拒绝才行。

两天后，山下俊彦又被松下幸之助叫去了。

"前阵子跟你说的事……"

"您是认真的吗？我完全无法接受。"

"别这么说，考虑一下。"

山下俊彦当晚的小酌变成了独自喝闷酒。总顾问为什么会讲出这么不可思议的话？就在此时，社长松下正治的一通电话打了过来。"听说你拒绝了总顾问的提议。别拒绝了，接受吧。""我现在喝得晕晕乎乎的，明天再给您回话。"

第二天，山下俊彦走进了松下幸之助的办公室。"我考虑过了，还是无法接受这项任命。"松下幸之助听后，说："你应该也是深思熟虑之后做出的决定，我不再勉强你了。这样也好。不过，我是很认真跟你说这件事的。希望你记得，这是件大事。"

山下俊彦想，哎呀，终于解放了。

山下俊彦回绝这一任命，实在是太理所应当了。毕竟，在松下电器公司担任社长的人肩负重任。

小学都没念完的松下幸之助，在他23岁那年，也就是1918年，和妻子以及妻子的弟弟井植岁男一同创办了一家主要生产电灯插座的"初创制造企业"。逐渐地，公司业务扩展到自行车灯、干电池、熨斗和收音机等领域，到第二次世界大战前，公司已经构建起了一套综合家电制造商完整的架构体系。

同时，主要售卖松下电器公司商品的"国际牌"（National）①连锁零售店也在日本各地铺开了加盟网。山下俊彦执意拒绝任命的时候，该连锁零售店的数量已有2.7万家。如今，连锁便利店的巨头企业7-11的店铺数也只有2万家出头。"国际牌"连锁零售店在日本的大街小巷售卖着松下电器公司的家电产品。

"制造商"松下电器公司同时成为"销售商松下"。第二次世界大战后，松下电器公司在家电产业的领军地位无人可撼动。松下幸之助也被日本人称作"经营之神"。

松下幸之助能被称作"经营之神"，不只因为他的成功，还因为他创立了独特的"方法"和他的"自来水哲学"等。

所谓"方法"就是事业部体制。

事业部体制是一种分权制体系，即让一个部门全权负责一项商品从研发、生产到售卖的整个流程。这项制度曾经在20世纪20年代被杜邦公司和通用汽车公司使用过，后为人熟知。但是，松下幸之助却自创了一套升级版的事业部体制。《松下电器公司五十年略史》中记录下了松下幸之助对此发表的言论。

"涉足新的领域之后，我发现，自己一个人不可能事事通晓。（中略）我就想，要让一个人来负责。在找人负责的时候，我稍微思考了一下。与其让人担负一些责任，不如将所有责任都交给那个人担负

---

① National是松下电器曾用商标之一，本书统一翻译为"国际牌"。——译者注

好了。于是我就说，'松下电器公司必须要造电炉，我也确实想造，但我不太懂，交给你来做吧。'结果就把一切事务都交给别人了。"

身体虚弱的松下幸之助一直以来就是靠把事务"交给别人"来扩大自己事业。在事业部体制确立之后，"交给别人"的方针得到彻底贯彻，并成为松下电器公司的"方法"。在松下幸之助创立的事业部体制之下，除了贷款和员工的薪资，其余所有事务都由事业部部长全权裁夺、决断。"我不太懂，交给你来做吧。"松下幸之助将自己的代办权，也就是所谓的主导权给予了事业部部长。

## 消除社会贫困

还有一项则是"自来水哲学"。

在引入事业部体制前后，松下幸之助受客户邀请，有机会参观访问了一家为营建设施而开设的木材加工厂，该厂工人正专心致志，严肃又活泼地劳动着。他们工作时的状态和很多工厂中工人的样子完全不同。松下幸之助感到无比激动和兴奋。

"在那里，许多人满心喜悦，大显身手。他们充满热情，不仅自己开心，还将喜悦传递给了周围的人。真是优秀的经营方式！实在是太优秀的经营方式了！"（出自松下幸之助《我的生活和思维方式》。）那么，自己从事的事业的"使命"又是什么呢？松下幸之助领悟出的正是"自来水哲学"。

自来水是一种经过加工且拥有价值的产品，然而，在日本，拧开路边的水龙头偷偷喝上一口的人，却不会受他人指责。自来水虽然有价值，但因为在日本供给充足，所以才会这样。松下幸之助顿悟了，他明白了生产者的使命有多么重要和珍贵。

"生产者的使命就是将昂贵的生活物资变成像自来水那样在日本供给充足的产品。不管是多么昂贵的东西，都要增加产量，再以低廉的价格提供给人们。只有这样，贫困才会消除，因贫困而产生的所有烦恼才会消除，生活的烦闷也会极大程度地减少。这，才是真正的经营。"

不断扩大生产，进而消除社会贫困，这才是工业文明的使命。这么一来，我们的事业也变成了神圣的事业。

"过去，我所做的经营，还有松下电器公司的经营都是单纯依靠商业惯例来做的经营而已。我真是孤陋寡闻，太孤陋寡闻了。我必须要即刻开始基于真正使命来经营。"

松下幸之助将这一年（也就是1932年）定为"命知元年"，这意味着他在这一年知晓了自己的使命。此外，他还将这一年定为"创业元年"，并在1932年5月5日举办了首届创业纪念仪式。那时，松下幸之助发表了"真正的使命"宣言，会场被员工的狂热和兴奋包围。

那时的场景，真可谓盛大。

36年后，在松下电器公司内部刊物《松风》策划的座谈会上，参加过首届纪念仪式的员工恍如隔日般说起了当时的盛况。

"当时，我还只是个实习员工，但我记得很清楚。太感动了。听了社长（松下幸之助）的演说之后，每个人有三分钟发表自己的观点。"

"大家发言太踊跃了，三分钟减成两分钟，后来又减为一分钟。就这样大家还排着长龙，势头真是太猛了。"

"大家争先恐后地去排队发言。一些人站上讲台激动得说不出话来，最后只能高呼万岁。"

"那队伍排得真是浩浩荡荡。能在松下电器公司工作真是太好了。我的想法也和大家一样。完全没错。"

"人都会有想要为正义感或者正确的事情尽全力的时候。当时，大家的这种情绪喷涌而出，那场面真让人感动。"

松下电器公司发表宣言称，要通过产业来"实现社会正义"。"命知元年"，也就是1932年（昭和七年），"昭和恐慌"①的记忆依旧鲜明。"贫困比人间百病还令人痛苦，消除贫困是人生至高至上的神圣事业。"消除贫困，是对悲切现实的对抗，是一种强烈的正义。正因如此，松下幸之助的发言才会引发员工狂热的反应。

在"企业是社会的公器"这一理念的影响下，使命感要求企业必须通过扩大生产，做社会意义上正确的事。公司的这种使命感会强烈激励员工。这就是松下幸之助所获得的"顿悟"。

众多企业家励精图治、提高利润，推动了资本主义发展。

而松下幸之助将力求消除贫困、实现正义。松下电器的"自来水哲学"并非从天而降的东西，而是松下幸之助向社会宣告的使命感。

## 任命的一方也要负责

松下幸之助将这种使命感以"经营理念"或者叫作"经营基本

---

① "昭和恐慌"，是由美国1929年爆发的经济危机波及日本金融、农业等多个领域引起的，发生于1930至1931年。——译者注

方针"的形式固定了下来。公司员工每天早上唱社歌①，诵读将使命感文字化后的"纲领""信条"和"五精神"（后来增补为"七精神"）。而且，第二次世界大战之后松下电器公司惊人的发展和成长证明了松下幸之助的"方法"和"自来水哲学"是正确的。

很多人都会想成为松下电器公司的社长吧。可是，山下俊彦却拒绝得干脆果断。不过，松下幸之助另有办法。

被山下俊彦婉拒之后，松下幸之助仍然没有放弃。他不仅接二连三派出社长松下正治和年长的董事前往劝说，为了促使山下俊彦回心转意，他甚至还动用了工会委员长高畑敬一（或许是为了向山下俊彦传达普通员工也很希望他担任新社长的愿望）。

山下俊彦终于妥协了。不过在妥协之后，山下俊彦依然没有认可这项人事任命，一直发着牢骚。

"虽然他们都说我适合担任社长，但这样的话愚不可及。不是只有我这么说，而是任何人都会这么想。""说实话，我内心还是觉得很奇怪。再谨慎些，好好找找，肯定会发现比我好数倍的青年才俊。（总顾问）还是太草率了。"

山下俊彦最后的抵抗也尝试过了。无论如何，山下俊彦一跃成为社长，在很多人看来都是非常不合常理的。至少应先从常务②，接着是专务③这样的职位慢慢做起，然后再成为社长。

---

① 公司励志歌曲。——译者注
② 常务：即常务董事，又称执行董事，辅佐社长的高级职员。——译者注
③ 专务：即专务董事，辅佐总经理，全面主持日常业务的公司负责人。——译者注

松下幸之助对此十分冷淡。"没那个时间了。我是很认真做出的这一决定，你能明白吗？"

山下俊彦彻底放弃了。"总顾问说，如果不做出这项人事任命决定，松下电器公司就会很危险。那么，既然做出了这么离谱的人事任命决定，总顾问也必须要承担责任。"

于是，在1977年1月7日新社长人选公布的记者会上，山下俊彦的那句名言横空出世："任命的一方也要负责。"

据说，要成为改革者，需要具备"年轻人""局外人""痴人"三大要素。

山下俊彦满足了其中两个要素。就任社长时，山下俊彦57岁。董事之中他算相对年轻的，但也不能算是"年轻人"了。如果脱离周围人共同价值观的人可以算是"痴人"，那么山下俊彦确实是痴人。而这当中，山下俊彦最典型的是"局外人"这一要素。

山下俊彦一直处在松下电器公司的边缘，而且他还经历过复职。他曾暂时从松下电器公司离职，后来又回来了。在就任社长前，山下俊彦是空调事业部的部长。空调处在家电产业的边缘。空调由压缩机、冷热交换器等基础零部件构成，处在家电和非家电的交界位置。

边缘意味着边界，边界孕育着未来。正因为处在边界，山下俊彦才能超越家电的范畴，毫无抵触感地将电子产业这一非家电产业作为新兴市场而展望。

再往前说，在就任空调事业部部长前，山下俊彦曾在松下电子工业公司零件工厂担任厂长，负责真空管、电子管零件制作。成立松下电子工业公司是松下电器公司的一项大投资，是松下幸之助抱着"不成功，便成仁"的信念而做出的决断。可即便如此，松下电器公司的主营产品还是家电产品，电子管的零件制作只不过是边缘产业而已。然而，就是在这个偏僻一角，松下电子工业公司孕育出了黎明期的半导体产业。

虽说是事后诸葛，但回过头来看，山下俊彦似乎是为了想出让松下电器公司脱离家电行业，彻底转变为一家综合电子企业的想法，而不断积累了一个"局外人"的经验。就算是松下幸之助这样卓越的人，也可能无法预见这一步。

山下俊彦长期处在边缘，这一偶发事件是松下电器公司的侥幸。

## 日本本可以做到

卸任社长之后，山下俊彦撰写了自传。书名叫《连我也做了社长》。山下俊彦居然若无其事地取了这么个名字。

从来没有过这样的社长。

山下俊彦做了社长之后，依然坚持每天清晨慢跑。早上4点开始，单程4千米的距离，跑个来回。有一天，山下俊彦正准备出门跑步，一个年轻男子——日本共同通讯社的经济记者中西享站在他面前。

"我可以和您一起跑步吗？"从这天开始，山下俊彦与中西享总共一起跑了一千多次步。

中西享之所以和山下俊彦一起跑步，目的当然是要从山下俊彦口中挖出点新闻素材。他确实搜集了一些小素材，但特大新闻的素材却没有搜集到。

再说说山下俊彦和员工一起同乘一趟车的经历。一上车，山下俊彦就会递给员工几本杂志、几张报纸之类的东西。这是山下俊彦为了避免员工和社长同乘一趟车感到尴尬而特意花的小心思。他就是这样一位社长。

禀性率真、沉默寡言。偶尔讲几句笑话，再面露微笑。那笑容真是让人难忘。曾做过山下俊彦秘书的桥本达夫曾这么说："那笑容太棒了。不是那种历练老成的人会有的笑容。"

佐久间舁二是山下俊彦的助理，同时也是为"六一行动"制订具体计划的人。他这样形容山下俊彦："工作时大义凛然，私底下温柔和蔼。方针明确，严于律己。大家都说山下先生冷峻，观察事物冷静又透彻，其实不是的。他是一个感情丰富的人。社长这一出戏，他完整地演完了，他是极厉害的演员，称得上是位'角儿'！"

在山下俊彦之前，无论谁做会长或谁做社长，松下电器公司的首席执行官都是松下幸之助。山下俊彦是第一位在松下电器公司兼任首席执行官的社长。在工作中即使与他人有摩擦，山下俊彦也会照单全收，丝毫未表露在脸上。

"我猜他内心其实是很不愉快的，但他也没有掉链子。他将社长这个角色一直演到了最后，所以称得上是位'角儿'！是知名武士！就是这样！"佐久间舁二道。

既然要做，就要做彻底。山下俊彦最讨厌的就是半吊子。山下俊彦的长子山下一彦被父亲责骂也是为此。山下一彦已经在日本同志社大学（私立大学）上学了，但未放弃上国立大学的愿望。山下一彦做好了留级的心理准备，继续以大一学生的身份备战高考。父亲得知后，怒吼道："为什么要做半吊子？选哪一个都行，但必须好好选一个，一心奋斗下去。"

山下俊彦虽然怒气满满，但后来并没有逼迫山下一彦做决定。

山下一彦大学毕业后，瞒着父母入职了松下电器公司。山下一彦决定结婚时，父亲已经是社长了。山下俊彦当时心情淡然："你自己内心做好决定了就行。"

山下俊彦提出的唯一要求是，必须请松下幸之助和会长松下正治来参加婚礼。"唯独这一点是不能缺少的。剩下的就由你们两位新人自己操办吧。"除了松下幸之助和松下正治，山下俊彦没有再邀请董事会成员来参加婚礼。

婚礼当天，松下幸之助坐着轮椅来了。立体声装置事业部部长作为两位新人的媒人，却紧张得手脚僵硬。

山下一彦工作的部门是立体声装置事业部。山下俊彦总是说："你们那个事业部不行。明明不行，为什么还老是加班呢？"不过，从工厂视察回来之后，山下俊彦却满怀信心地说："那个工厂今后会越来越好的。不信你看着吧。大家都很有干劲。"

山下一彦想："父亲一直以来关注的其实是员工的工作面貌。音响总部那样体量大但缺漏较多的地方是一文不值的。不过，那里的员工依然一直在认真工作。"

山下俊彦所说的"认真工作"并不是指下级执行上级下达的命令。"人管人的方法是行不通的。"这是山下俊彦的信条。只有每个人都发挥自己的主观能动性，思考、计划并执行才行。每个人必须有主人翁意识。山下俊彦打心眼里这么觉得。

所以，山下俊彦就任社长后，在初期的经营方针中发出了这样的宣言："理想的企业应该是什么样的呢？企业的目标位于每位员工的目标的延长线上，就是我所期望的样子。"应该受到关注的不是公司，而是每一位员工。在每一位员工多元化色彩之上构建公司整体的样子，才是山下俊彦所期望的。

距今40多年前，而且是在松下幸之助创立的公司里，山下俊彦奇迹般地确立了另辟蹊径的经营方式。

松下幸之助的经营方式被很多人认为是"日式经营"的典型。山下俊彦却说，"没有什么日式经营，只有经营得好与坏。山下俊彦想要达到的是能与世界、与未来接轨的，新型的、普遍的经营方式。"

一切本不该这样。

如果"山下俊彦"的思想和理念被继承和发展，那么日本电子产业的现状可能完全不同了。

将公司名改为Panasonic之后的松下电器公司在2018年迎来了创业100周年。在此6年前，山下俊彦已与世长辞。山下俊彦是怎样凝视日本产业社会的变迁的呢？让我们一起一边怀着惋惜之情，一边追溯山下俊彦的人生吧。

# 第1章

## 辞职，再入职

山下俊彦是位勤奋大师。他勤于做的事情之一便是"忘却"。他曾说："忘却吧。这是一项训练。那些一回想起来就让人悲伤的过去，都把它忘却吧。"

或许在山下俊彦想要忘却的回忆中，包含了自己的少年时代。

山下俊彦人生的开端充斥了些许苦闷的回忆。

1919年7月，山下俊彦出生在大阪市的西野田龟甲南之町，也就是现在的大阪市福岛区玉川二丁目。离这里最近的车站是野田站。这一站与日本铁路公司环状线大阪站和阪神线梅田站都相隔一站。虽说往东再走一点就是中之岛商务中心，但是这里被日本铁路公司环状线和阪神电车线的轨道环绕，混杂分布着工厂作坊和商业街，一派市井风光。大街上随处可见自行车和轻型摩托车，处处散发着百姓的生活气息。

说起来也是机缘巧合，山下俊彦的出生地与他之后的人生有着深刻的渊源。山下俊彦出生前一年，也就是1918年，松下幸之助在大开町创办了"松下电气器具制作所"。那里与山下俊彦的出生地均位于日本铁路公司环状线附近，步行时间不超过十分钟。

松下电器公司最初租下的厂房有两层，一层有三个房间，二层有两个房间。员工只有松下幸之助、松下幸之助的妻子梅野和妻子的弟弟井植岁男三个人。工厂主要转包制作电风扇的机械开关组件。第二年，也就是山下俊彦出生的1919年，松下幸之助正准备推出他的第一号创新产品——灯头插座。

如今，该地附近的大开公园依然矗立着"松下幸之助创业之地"的石碑，上面刻着松下幸之助的一首名为《道》的诗。


> 每个人，
>
> 都有自己要走的路。
>
> 这条路有时宽阔，
>
> 有时狭窄，
>
> 有上坡，也有下坡。
>
> 或许你还有一筹莫展的时候，
>
> 但是坚定信念，
>
> 怀抱希望走下去吧，
>
> 你一定会开辟出康庄大道！
>
> 深切的喜悦，
>
> 也自此涌出。
>
> ——松下幸之助


从大开町越过阪神电车的铁路线，对面就是日本西部电器公司曾经的总部。第二次世界大战刚结束不久，西部电器公司在木造的长屋内创立。起初，这家公司曾因为制作照相机的闪光灯泡而风靡一时，但是之后它陷入了经营困难，被松下电器公司收购了。之后，山下俊彦便被松下电器公司派驻到这里工作。在这里，山下俊彦历经艰难困苦，练就了一名企业家的风骨。这也是他人生中的一大转折点。

明明与这片土地有着剪不断、理还乱的缘分，但山下俊彦却在自传《连我也做了社长》一书中对此轻描淡写，一笔带过："我出生在大阪的中心区域，一个叫作西野田龟甲南之町的地方。"

对于自己的家庭成员，山下俊彦也很少谈起。

山下俊彦在他的自传《连我也做了社长》中写道，自己"作为三兄弟中的长兄出生"。而从严格意义上讲，并非如此。山下俊彦的父亲名叫山下巴拿巴，山下俊彦的母亲须江是山下巴拿巴的第二任妻子。山下巴拿巴与前妻阿虎曾育有两男一女。阿虎在28岁那年提出离婚并离开了山下家。当时两人的儿子分别为10岁和4岁（女儿已夭折）。妻子的离去，想必会让山下巴拿巴和两个孩子痛彻心扉吧。

一个单身男人要独自养育两个孩子，着实心有余而力不足。后来，须江来到了山下家，并于1919年生下山下俊彦，两年后的1921年又生下了山下俊彦的弟弟山下四郎。这一年的年末，山下巴拿巴和须江递交了结婚申请。

1922年5月4日，山下巴拿巴和须江在区政府为山下俊彦和山下四郎提交了户籍申请。也就是说，山下俊彦此前是没有户口的。

众所周知，大正时期（1912—1926）的日本，通常这类手续的管理都比较松散。但父亲时隔三年才终于给孩子登记户口，到底是怎么想的呢？或许他看到前妻留下的孩子们以及第二任妻子生下的孩子们，也曾心乱如麻，百感交集吧。

山下俊彦两个同父异母的哥哥分别大他12岁和6岁。他们应该与山下俊彦一起生活过，但是山下俊彦对他们只字不提。

## 佐佐木邦的世界

　　山下俊彦的父亲山下巴拿巴是海运公司的普通员工。山下俊彦在接受杂志采访时说父亲是"大阪商船（现在的商船三井）的员工"。但是我翻遍了1912年到1933年大阪商船的退休员工名单和1934年的在职员工名单，均未发现山下巴拿巴的名字。

　　山下俊彦在自传《连我也做了社长》中写道："我对父亲并没有太多印象。但是在当时他算得上是非常开放的人。他会讲英文，由于工作原因经常去国外，娱乐生活也很丰富。"

　　跟山下巴拿巴有过直接接触的人都不在世了，只见过他照片的亲戚回忆说"他是一个'面容俊朗'的人"。

　　母亲须江一直都很辛苦。"母亲凭一己之力拉扯大了三个孩子，非常辛苦。我记得小时候看母亲辛勤劳作，内心十分感动。她勤恳工作的样子至今依然时常浮现在我眼帘。"山下俊彦虽然写的是"三个孩子"，但其实须江当时带了五个孩子。

　　少年时期复杂的家庭关系使山下俊彦沉默寡言，善于自省。这为他创造了注视自己这个"个体"的契机，同时也使他对人的思考更加深刻。

　　对于这样的家庭环境，山下俊彦内心有什么想法呢？长子山下一彦说他从来没有听父亲谈起过。只有一条线索可以了解山下俊彦的心情。山下俊彦虽然与山本周五郎、大佛次郎等作家交往密切，但他最初倾慕的作家是佐佐木邦。自1927年佐佐木邦在讲谈社[①]的《少年俱乐部》杂志上连载《苦心的陪读》以来，山下俊彦就是他的忠实读者。

说起佐佐木邦，如今的令和（2019—　）时期恐怕很少有人知晓了。但是，与山下俊彦年龄相仿的作家池波正太郎曾这样描述："我们那个年代的男性大多是通过连载在《少年俱乐部》杂志上的《苦心的陪读》和《村里的少年团》等面向少年读者的幽默小说而喜欢上佐佐木邦的。当时，在沉迷于漫画和剧画[②]的少年看来，佐佐木邦当时的人气令人'难以想象'。尤其是《苦心的陪读》，让我们如痴如醉。（中略）可以说，我们最原初的幽默感都是在佐佐木邦小说的熏陶下产生的。这对我来说，实在获益匪浅。现在是一个非'黑'即'白'，缺乏模棱两可的时代。可是，只有模棱两可才会孕育出幽默感"。（摘自《佐佐木邦全集》月报《名片》）

佐佐木邦受到马克·吐温的启发，立志创作幽默小说，他的代表作正是山下俊彦爱不释手的《苦心的陪读》。

这本书的主要内容有：身为优等生的主人公内藤正三被选作旧藩主伯爵家浪荡公子照彦的陪读，于是搬入藩主宅邸中与他们一同生活。一向任性妄为的照彦虽然让内藤正三吃了不少苦头，但最终内藤正三的全心全意还是感化了照彦。不仅如此，就连照彦的朋友们也在

---

① 讲谈社，日本主要的漫画出版社之一。——编者注

② 漫画的一种。剧画比古典漫画更注重写实。最早由日本漫画家辰巳嘉裕提出。——译者注

内藤正三的感召下弃恶从善。

令人印象深刻的是，内藤正三的父母虽然将内藤正三送到了伯爵家，但对他仍有很深的感情。内藤正三的哥哥察觉到了父母的想法，来到伯爵家，希望带弟弟回家。哥哥说："正三有正三的天赋，照彦少爷有照彦少爷的才能，牺牲任何一方，都是不利的。"

这里面包含的不仅仅是家人的情感。小说中描写的那个时代，封建制度犹存，而伯爵家的主公和夫人竟然都对内藤正三很好，一切都被温热的真情包裹着。但是，现实生活并不像小说中这样。可是，如果真如此，该有多好！山下俊彦沉浸在虚拟的"平行世界"中，进而与现实世界达成了"和解"。

现实是残酷的。1936年，父亲山下巴拿巴去世三个月后，山下俊彦与母亲须江、弟弟山下四郎和山下逸朗（1927年出生）一起迁走了户籍。大概是因为同父异母的哥哥们拒绝与他们共用同一个户籍。当时，山下俊彦还是大阪市立泉尾工业学校的一名学生，他选择读工业学校，或许也是因为预料到了总会有这么一天吧。

泉尾工业学校成立于1921年，当时日本经济依赖重工业，在此背景下，该校设立了纺织、染色和陶瓷工程三个专业。两年后，该校与大阪市立工业学校的应用化学专业合并，成为一所新兴的化学专业学校，很有人气。同校的毕业生们曾表示："来学校招聘的都是令其他学校羡慕不已的大公司。"山下俊彦大概是觉得，如果选择了这个学校，就算之后改行也能游刃有余。在该校1932年的招生简章中，关于"本校特色"有以下三点描述：

（1）重视基础学科。

（2）注重教育训练，竭力培养人才。

（3）学费低廉。

第三点很有吸引力。山下俊彦选择了陶瓷工程专业，他成绩优秀，沉默寡言，不喜张扬。毕业49年后（1986年），他受邀在母校新校区竣工纪念仪式上做了演讲。但在演讲中，他几乎没有谈到学生时代的回忆。对待过去的事情，他还是一如既往地淡泊如水。

## 空白的一年半

1937年3月，山下俊彦毕业。不可思议的是，从毕业到入职工作，中间有一年半的空档期。因为毕业前一年分家的原因，养活母亲须江和两个弟弟的重担落到了山下俊彦的肩上。这种情况下，他应该想要尽早入职拿到一份稳定的薪水才对。

那个时候找份工作并不困难。1936年，日本产业界因军需变得十分景气。当时，来泉尾工业学校"招聘的大公司"提供的职位应该是充足的。但是，成绩优异的山下俊彦却没有在毕业当年就业。

是他自己放弃了就业机会，还是被理想的公司淘汰了呢？如果是被淘汰的话，会不会是因为用人单位觉得山下俊彦的家庭关系过于复杂，甚至到了需要分家的地步，进而担心未来会有什么差池呢？我们现在除了臆测，并无法考证。

毕业后的第二年，也就是1938年的9月，山下俊彦入职松下电器公司。他在自传中写道："并没有什么特别的入职契机，就是学校的老师推荐了我，我也没多想就入职了。"

当时，松下电器公司约有4000名员工，公司一边靠干电池和电池供电灯巩固市场份额，一边构建起收音机的量产体系，一派欣欣向荣的景象。此时，松下电器公司的总部已经迁到了大阪的门真市。山下俊彦并未流露出什么特别的感慨，只是轻描淡写地说了句"没多想就入职了"。笔者看来，松下电器公司可能并不是山下俊彦当时想要积极争取进入的公司。

松下电器公司有早会的规定。1932年，松下幸之助领悟到了自己的"使命感"，于是将这一年定义为"命知元年"，并将使命感归纳为"五精神"，规定员工必须在每天的早会上诵读。

（1）产业报国的精神。

（2）光明正大的精神。

（3）亲爱精诚的精神。

（4）奋斗向上的精神。

（5）礼节谦让的精神。

（之后又追加了顺应同化的精神和感恩图报的精神，发展为"七精神"）。

每天早上上班后，员工先要在早会上诵读"七精神"并合唱社歌，当时的山下俊彦并不适应。后来，山下俊彦确实说过"有早会也挺好的，大家每天早上能见上一面，这很重要"，但是刚进公司的时候他并不太习惯。

起初，山下俊彦毕业后被分配到了松下电器公司的玻璃工厂。新员工被分配的工作大都没什么难度。假期只有每月的1号和15号。最糟糕的要数一些莫名其妙的上司。他们发火骂人简直像家常便饭，不时还会砸过来烟灰缸。山下俊彦后来回忆说，那里的"天才与庸才只有一线之隔"。

1921年入职，年纪轻轻就被提拔为工厂主任的后藤清一（后来成为三洋电机公司的副社长）在他的《训斥与被训斥的日记》一书中如此描述当时的公司氛围："我生性急躁，直情径行，不顾及他人感受。也许是因为我工作掌握得过于熟练了，也总是以同样的标准来要求其他员工。教了一两次还学不会，我就会立刻火冒三丈：走开，我自己做吧！这个都不会做吗？"即使是比他年长的员工，也逃不过他的斥责。

员工忍无可忍，联名向松下幸之助投诉后藤清一的行为。松下幸之助安慰他们："后藤对待工作一腔热血，因此才会提出过分的要求。大家多看看他的优点吧，我会让他改正错误的。"接着，松下幸之助转头对后藤清一说："后藤啊，大家不惜赔上自己的职业生涯来投诉你，你肯定是有一些问题的。你务必要谨记，大家齐心协力做事，这点非常重要。快，来跟大家道歉！"

当时后藤清一向大家低头认错了，但是之后依然改不了爱发火的毛病。后藤清一一发火，总有人会气得晕厥。

松下幸之助确立了"使命感"和"事业部体制"双管齐下的经营模式。用使命感激励粗犷之人，用"放任自流"的事业部体制激发出人们的能量。超出使命感约束范畴的部分，松下幸之助用独特的"和稀泥"话术做了调整。

但是使命感的激励并没有在山下俊彦身上奏效。山下俊彦热爱读书。通过阅读，他充分吸收了日本文学流派之一——白桦派作家从大正时期传承到昭和时期的思想。独立自主的个人主义以及现代社会注重"个体"的思想在他心中萌芽。

虽然标榜着"使命感"，但是在生产一线，每个人的实际工作状态却没有任何改善。人们不得不把自己融入集体中，山下俊彦对这种工作氛围有所抵触。

山下俊彦对工作和职场都不再抱任何希望，甚至慢慢产生了"我就甘心做这种工作吗"的自我怀疑。但他必须养活母亲和弟弟们，并不能一走了之。

山下俊彦在二十多岁时编著了一本名叫《电灯》的专业书籍。松下电器公司电灯事业部的部长谷村博藏（后来成为副社长）曾为这本书作序。谷村博藏教导新人："希望大家向山下（俊彦）学习，早日独当一面。"从外人看来，山下俊彦是拥有高超技术的模范员工，但他的内心却是完全不同的景象。他的心中早已刮起了狂放不羁的大风。

## 靠《底层》坚持下来

山下俊彦读起了他喜爱的作家佐佐木邦的"启蒙导师"马克·吐温的书，还有天文学方向的书。山下俊彦知道，寄思绪于遥远的星辰能分散注意力，但也只是暂时逃避现实而已。彼时，他邂逅了俄罗斯文豪高尔基的戏剧《底层》。一句台词令他印象深刻：

> "工作若存乐趣，人生就是天堂。工作变成义务，人生就是地狱。"

山下俊彦在自传中写道：

"我瞬间恍然大悟。正因为这句话出自时代的落伍者沙金之口，所以在我心中留下的印象也愈发深刻。同样一份工作，把它当成义务去做与把它当成乐趣去做，二者有着天壤之别。没有人能决定你的工作是无聊的还是有趣的，只有你自己可以。"

改变自己的心态就能改变工作，这也成了山下俊彦的转折点。

然而，山下俊彦对这句台词的解读却有点奇怪。沙金的这句台词前面还有铺垫。完整的台词是这样的：

"工作？如果你能替我把工作变得有意思，我也不是不能做……对！也不是不能做！工作若存乐趣，人生就是天堂。工作变成义务，人生就是地狱。"

劳动环境悲惨恶劣，工作过程也很艰辛苦涩，这样的工作不可能使人快乐。恶劣的工作环境把人生变成了地狱。这是沙金对现实的控诉。

当时的山下俊彦本应该在这个语境中找到自己的影子，与沙金找到共鸣才对，但他并没有。他断章取义只把"工作快乐"这一部分从整体语境中剥离出来，强行将其解释为"心态决定工作"，改变心态就能使工作变得快乐。

他想从当下的烦恼苦闷中解脱出来。因为想法过于迫切，下意识地误读了沙金的台词，并把这句话当成了突破口。由此可见，当时的山下俊彦已经被逼到了绝境。他努力说服自己留在了松下电器公司。

山下俊彦的困惑中或许还包含着对松下电器公司产品线急速变化的担忧。1938年，日本制定了《国家总动员法》。电暖炉、电风扇被视作奢侈品而被禁止生产。

虽然松下幸之助一开始与军需生产保持距离，但是松下电器公司的干电池、电热器具、无线电设备等子公司成为军队的指定工厂，从1938年开始生产机关枪、迫击炮的零部件。1943年，松下电器公司应军队要求开始生产木制的标准船[①]。军方明知造船与收音机是两个完全不同的领域，但还是要求松下电器公司利用收音机的量产系统，用流水作业的方式每天下水一条250吨的木制船。于是，松下幸之助成立了新公司——松下造船公司，社长由他妻子的弟弟井植岁男担任。

军方分别在堺区和能代为松下造船公司提供了3万和10万坪[②]广阔的工厂用地。虽然离一天生产一艘的目标相去甚远，但勉强能实现六天完成一艘。同年，除了造船，松下电器公司还进军了真空管、金属锰、船用发动机、螺旋桨等新领域，新工厂的数量高达21个。军需生产为松下电器公司带来了空前的繁荣。

山下俊彦作为军需公司的技术人员被免除了服兵役的义务，但是他身边的人却不断地出征。他的内心应该也想过，总有一天会轮到他自己。真到那天，家中的老母亲该怎么办呢？1944年3月，山下俊彦

---

① 战时标准船，日本第二次世界大战期间建造的运输船，包括货船、运砂船、运油船等。——译者注

② 坪，土地或房屋面积单位，1坪约合3.3平方米。——译者注

与贵久子结婚。虽说两人不是青梅竹马，但贵久子是他的表妹，住在山下俊彦的母亲的老家冈山县苫田郡。当时日本还在实行灯火管制，两人的婚礼只邀请了近亲参加。

这一年，松下电器公司的工厂增加到了67个，员工多达2.4万人，销售额也冲到了3.5亿日元。1936年，松下电器公司的销售额仅有1600万日元，8年间这个数字增加了22倍。同时，松下电器公司开始涉足飞机制造领域。

让不久前还在生产收音机的公司突然生产飞机，这是多么荒唐的事情啊！即便想设计，也没有一名懂飞机的技术人员。流水线上的工人都是外行中的外行。"招到的人不是开寿司店的就是染布的，都是些因为有手艺才逃脱兵役的人。于是我们就去学校动员学生。"（《松风》1981年2月号《关于松下飞机的回忆》）。

即便如此，松下电器公司的木制飞机还是飞上了天空。一直到第二次世界大战结束，包含两架试造机在内，松下总共组装了七架飞机。第七架飞机完成飞行试验落地没多久，《终战诏书》[①]就播放了。

## 从松下电器公司辞职

山下俊彦在真空管工厂听到了《终战诏书》。在这之前，他还听到了海外广播中播报的日本接受《波茨坦公告》的消息，当时他只觉

---

① 1945年8月15日，日本天皇裕仁以广播形式发布《终战诏书》，日本无条件投降。——编者注

得"别无他法了"。

意外的是，山下俊彦虽然平静地接受了第二次世界大战结束，却迎来了他自己口中的"巨大转机"。山下俊彦从松下电器公司辞职了。

第二次世界大战期间，松下电器公司的产品线向军需倾斜；第二次世界大战结束后，一切濒临瓦解。松下电器公司受到了驻日盟军的制裁。以松下幸之助为首，常务以上的董事均被开除公职。松下幸之助本人和大总管高桥荒太郎分别向盟军陈情过五十次，甚至将近百次，最终虽然解除了开除公职的处分，但在1947年7月，松下电器公司还是解体了。

在这期间，松下幸之助发起了"通过繁荣实现和平与幸福"（Peace and Happiness through Prosperity，PHP）活动，他每日思索"全世界人类"与"宇宙根源"的关系。

1947年9月，松下幸之助向员工宣告："咱们公司一直以来都是各部门自主负责经营，所以早就做好准备了。我坚信，如果我们在半年后真正解体前，为各部门配置合适的人才，各部门也都竭力优化经营内容，即使到时候被拆分成独立的公司，也能顺利地经营下去。完全没必要悲观，也无须担心。不仅如此，我甚至希望大家能把这当成一次发展的机遇。只有一点，创业以来我与大家携手走过，分别在即，今后不能继续在同一家公司工作，我的内心寂寥无比……"

大概松下幸之助想反正都要解体了，所以对于那些有意单干的管理者，他也默许了。其中之一是一直作为松下幸之助的左膀右臂奋斗过来的内弟井植岁男。他接手了发电灯事业部，一股脑带走了很多有资历的老员工自立门户。对于井植岁男的独立，有说法称因为他是松下造船公司的社长，所以主动承担起主导军需生产的责任而辞职了。另一种说法则称他其实很早就在寻找机会独立。不管怎么样，总之三洋电机最后还是诞生了。

1948年，山下俊彦的直属上司谷村博藏也分到了一家小型电灯的工厂，虽然没有三洋电机的规模大，但他实现了自立门户。谷村博藏是山下少数信得过的上司之一，他最终选择了追随谷村博藏。有一天，妻子贵久子听到山下俊彦说了句"今天我从公司辞职了"，没有任何一句解释。对于山下俊彦来说，从松下电器公司辞职的决断应该并不轻松。

长子快2岁时，贵久子已经怀上第二胎了。当时，母亲也卧床不起。虽说公司被要求解体，但在松下电器公司还是背靠大树好乘凉。而谷村博藏的小型电灯厂只是一家刚起步的小型企业，前途尚不明朗。

果然不出所料，谷村博藏的公司很快就陷入了困境。谷村博藏又回到了松下电器公司，但山下俊彦没有。当然谷村博藏应该问过山下俊彦"要不要一起回去"，山下俊彦选择了去别的电灯公司再就业。他"拒绝"了松下电器公司。

去了新的电灯公司后，山下俊彦做着"掌柜般的工作"（饭塚昭男著《山下俊彦的挑战》）。制造、销售、会计，一切都得做。山下俊彦后来一直以准点下班闻名，但是当时却是每天从清晨工作到深夜。

做"掌柜"工作的这段时期，他把身患结核病的弟弟山下逸朗接到了位于甲子园口的家中。在他人看来，山下俊彦的家中可能会鸡飞狗跳，但他本人回忆起来却说是"真的非常充实的一段时光"。

这一段时期，山下俊彦把工资的一半交给贵久子，剩下的一半用来喝酒和买书等，家中想必经济拮据。有一天，山下俊彦说："工资袋在电车中被人偷走了。"贵久子也不责备，只是说："哎呀，真没办法。"不知道贵久子想了何种办法，总算勉强维持了开支。

弟弟山下逸朗在结核病治疗后的疗养期间帮着照顾山下一彦。虽然经济拮据，但山下俊彦脑中浮现的依然是一派温馨祥和的情景。这或许是佐佐木邦的作品中展现的家庭该有的样子吧。山下俊彦没有后悔从松下电器公司辞职。

接受谷村博藏的邀请从松下电器公司辞职时是第一次，谷村博藏回到松下电器公司时没有一起回去是第二次。山下俊彦拒绝了松下电器公司两次。看来当时松下电器公司对他而言已经没有任何吸引力了。

山下俊彦在松下电器公司工作期间强烈意识到了"个体"与"组织"的矛盾。如果组织运作顺畅，那么团结协作能显现出成果。但有时候组织会将个体摧毁。为什么一定要对不讲道理的上司一味忍耐呢？

松下幸之助试图通过讲述使命感来激励每一个个体，进而消除组织和个体的矛盾。"一扫贫困"的使命感当然是好的。但这种使命感不是最终也难以逃过战争的荼毒吗？山下俊彦当时或许也这么想过。

人的立身之本是自己这个"个体"。"个体"之中，每个人都能有清晰的轮廓，这样的"个体"结合在一起时，整体才能变得强大。离开松下电器公司这个大组织的六年间，山下俊彦锻炼了自己身为"个体"的能力，更加深刻地思考了个体与组织的关系。

## 飞利浦公司与再入职

1949年是松下电器公司的低谷。松下幸之助成了日本的"税金滞纳王"，不得不与843名自愿离职的员工解除了劳动合同。

但自此之后，松下电器公司开始触底反弹，最终起死回生。

松下电器公司被从《排除经济力量过度集中法》①的名单中剔除，加之其他原因，松下电器公司1950年的销售额同比增长了85%。1950年11月恢复分红（6个月决算），实施三成分红。到1951年5月，又增加了两成的特别分红，涨到五成分红。松下电器公司还积极推进物流网的重建。

1951年，松下幸之助访美后对家电产业的未来更加自信，决定与荷兰的飞利浦公司开展资本与技术的合作。此时，东芝公司与通用电气公司，三菱电机公司与西屋电气公司，富士电机公司与西门子公司的合作关系已经非常稳固了。如果想掌握电子管、显像管和荧光灯的先进技术，松下电器公司的合作对象只有飞利浦公司。

飞利浦公司俨然抓住了松下电器公司的弱点，要求松下电器公司支付7%的技术援助费。当时，技术援助费的市场价最高仅3%。虽然最终这一价格降到了5%，但依然很高。作为参与谈判的全权大使，高桥荒太郎想到了个奇招。他说："松下电器公司拥有强大的销售和经营能力，所以要收取经营指导费。"他提出了3%的经营指导费。谈判一度陷入僵局，但最终还是取得了和解。飞利浦公司将技术援助费降到了4.5%，并交给松下电器公司3%的经营指导费，也就是说飞利浦公司最终仅从松下处获得1.5%的费用。

---

① 1947年颁布的一项法律。该法律规定了财阀集团解体以及分割大型垄断企业的具体手续。该法于1955年被废止。——译者注

就这样，松下电器公司与飞利浦公司的合资公司——松下电子工业公司成立了。注册资金6.6亿日元，超过了当时松下电器公司5亿日元的注册资金，子公司比总公司还要大。出资比例为松下电器公司70%，飞利浦公司30%。但是飞利浦公司将此后收取的技术援助费作为出资，因此工厂和设备的资金全部由松下电器公司负担。松下电子工业公司对松下电器公司来说非常重要。

这一时期，谷村博藏再次向山下俊彦发出了邀请。"我们与飞利浦公司合作了，缺少技术人员。快回来吧，来松下电子工业公司大展宏图！"但山下俊彦还是没有回来的意思。他拒绝了很多次，最终谷村博藏摊牌了。"不是说松下电器公司缺了你就不行。像你这样的人，松下电器公司要多少有多少。但是松下电器公司的平台比你现在的公司好太多了，你大显身手的机会也会更多。我是为你好，才劝你回来的。"

最终，山下俊彦回到了松下电器公司。为什么回来了呢？当然有部分原因是关怀自己的"老领导"谷村博藏的盛情难却。更主要的是他认输了。他实在拗不过谷村博藏无数次激情澎湃、苦口婆心的劝说。这是谷村博藏，更是这个时期松下幸之助对"录用人才"的执念。

有这样一个小插曲。

山下俊彦重回公司两年后，为了追赶在磁带录音机领域领先一步的索尼公司，松下幸之助开始寻找精通精密仪器的人才。松下幸之助命令木野亲之（后来成为松下电送公司的社长）："什么出身都没关系，只要是人才就聘用。"

木野亲之想到了自己的老乡兼神户工业专门学校的学弟——谷井

昭雄（后来成为松下电器公司的社长）。但是，当时谷井昭雄是一家著名金属加工公司的制造课长，公司不愿意放人。

谷井昭雄拒绝过两次。松下幸之助虽然没有见过谷井昭雄本人，依然不断催促"赶紧带他来，赶紧带他来"。他反复提醒木野亲之：

"你呀，如果真的这么想挖到那个人，就要不断劝，不断劝，不劝到底可不行啊！"

松下幸之助将松下电器公司的命运赌在了松下电子工业公司的发展上了，所以，他命令谷村博藏招人的激昂程度恐怕比投入磁带录音机上的热情要多得多。

在被不断劝说的过程中，山下俊彦开始珍视自己曾是技术员的身份，试图接触新事物的想法也逐渐膨胀起来。飞利浦公司有什么新技术，去了能见到什么新事物呢？他心中或许想过，飞利浦公司的新文化输入后，或许那个组织能有所变化。

山下俊彦的座右铭中有一条是西堀荣三郎的话。"人生就是不断地积累新经验。"西堀荣三郎是真空管的技术人员，还做过南极越冬队的队长。

1954年4月，山下俊彦重新入职松下电器公司。入职后被调到了松下电子工业公司工作。


## 改变黑箱


山下俊彦曾在1958年和1961年两次被派遣到荷兰首都阿姆斯特丹近郊的飞利浦公司总部工厂工作，每次都为期几个月。令人意外的是，飞利浦公司准备的酒店都是极其简陋的小客栈，吃的东西也实在让人不敢恭维。他觉得"日本远比这里奢华"。

想想也是，荷兰在第二次世界大战期间先是被德国空袭，后来向德国投降之后，又被盟军袭击。在被各方势力"来回猛扇巴掌"后受伤不浅，当时一切都还在重建之中。

飞利浦公司虽然酒店简陋，但是工厂却很先进。山下俊彦在真空管和电灯的生产线上实习，一天的工作结束后，他一边划掉日历上的日期一边想："或许不管我们怎么努力，也永远都无法赶上和超越他们吧。"两方之间的技术差距自不必说，最重要的是，在飞利浦公司，一切被计算得很妥帖，公司完全按计划在运转。

工厂的办公室里只有立桌，没有椅子。当生产的成品率达不到目标值时，就用秒表测量操作时的动作，从基础训练重新开始。这里不会像日本公司那样，到处都有莫名其妙的怒骂声。另外，让山下俊彦感到既新鲜又惊讶的是，员工升任部长后，需要决定接替自己此前职位的人并向人事部门登记。

飞利浦公司对比了全球各地工厂的产能和成品率，不断寻求改进。另外，他们不只追求理性，待人接物时态度也很温和。山下俊彦觉得这是"荷兰人从他们国际化的经验中培养起来的"。这种温和的态度是开展国际交流，接触多种多样的文化后产生的。后来山下俊彦的国际化视野正是源自他在飞利浦公司的"留学"经历。

虽然松下电器公司向飞利浦公司索要了经营指导费，但是松下电器公司会计系统的"核心"——标准成本计算和预算控制相结合的"预算制度"却是向飞利浦公司学习的。此外，松下电器公司还自主构建起了"事前管理"制度，每月滚动调整预算。如此一来，松下电器公司建立起了现代化的会计制度。不管是在技术层面还是在制度层面，没有飞利浦公司就没有第二次世界大战后的松下电器公司。

但是，就算公司上下都热心学习飞利浦公司，位于门真的松下电器公司总部的"文化"却未能轻易改变。

山下俊彦在松下电子工业的职位是零件工厂的厂长，这是个生产真空管核心零部件的工厂。第二次世界大战后，松下电器公司虽然通过与飞利浦公司的合作改善了真空管的品质，但是产品的寿命依然很短，问题频发。时任零件工厂厂长的山下俊彦认为是真空管的核心部件——阴极（释放电子的阴极）出了问题。

飞利浦公司单单就把阴极这一项技术封入了黑箱，并且要求松下电器公司必须原封不动，全盘吸收飞利浦公司的做法和指示。被松下幸之助委托管理松下电子工业公司的三由清二（常务，后来成为松下电子工业公司的社长）将原封不动立为不可让步的规矩。不仅是阴极，"所有飞利浦公司的做法和指示都必须遵守。不按规定做事的人，我会揍他的"。三由清二的拳头从未闲下来过。在拳头的威势下，松下电器公司从桌子到镊子，几乎所有东西都从飞利浦公司直接进口。

真是奇怪。虽然奉行理性主义的飞利浦公司的确值得尊敬，但是当电子管的性能不佳时，用自己的脑子去验证阴极这一核心部件才是真正的理性啊。

山下俊彦的目光移向了京都大学理学部物理学专业出身的水野博之（后来成为松下电器公司的副社长）。他在山下俊彦重回松下电器公司的两年前，也就是1952年入职松下电器公司。京都大学的物理学专业十分有名，英才辈出，还培养了日本第一个获得诺贝尔奖的汤川秀树。但是在那之前，松下电器公司从未考虑过要聘用物理专业毕业的人。当合作方飞利浦公司提出"如果要做真空管，需要物理专业的人才"时，那一年才偶然开始招聘。

水野博之披头散发，穿着木屐就来上班。就算来上班了也总看不到人影。他整天去京都的美国文化馆，醉心阅读国外的论文。

山下俊彦对水野博之说："你是理论物理专业毕业的吧，去改良下阴极吧。"

1955年毕业于府立工业学校的增田淳三当时的工作是做水野博之的助手，他打心眼里觉得震惊无比："这个人到底是谁？"他竟然要改三由清二明令禁止不能动的部分。他肯定免不了要挨一顿暴揍。这个人到底在想什么呢？

要想改良阴极，就需要购买真空装置和精密测量仪器等高价的实验用机械设备。增田淳三向山下俊彦请示是否需要得到三由清二的首肯。

"不需要，不需要。跟三由说了他也不懂的，我签名就可以了。"

## 去吧

山下俊彦传奇性的准点下班就是从这时开始的。只要一到点，他一溜烟就没影了。

增田淳三偶尔被他带去酒吧喝酒，都是山下俊彦自费请客。山下俊彦身材修长，样子潇洒帅气。当增田淳三犹豫不决点哪个好时，山下俊彦对他说："这种场合，你应该提前想好自己喝什么。你看这个怎么样？"增田淳三还记得，山下俊彦当时给他推荐的是什么。

也许跟住在甲子园口有关吧，当时的山下俊彦是阪神球队[1]的狂热粉丝。工作时间山下俊彦听着广播，突然对增田淳三说："刚刚阪神球队赢了。我出去一趟。"或许跟时代有关，山下俊彦总是显得十分优哉游哉。

另外，被山下俊彦命令改良阴极的水野博之将研究成果汇总成了论文，并向国际学会刊物《应用物理学杂志》投稿。国际学会刊物通常不会刊登名不见经传的学者的论文。水野博之试着投了一下，没想到竟然被采用了，并且在国际上获得了一定的评价。水野博之也借此机会从京都大学取得了博士学位。

水野博之告知山下俊彦自己获得博士学位时，山下俊彦对他说："多亏有增田帮你做实验，你才能有今天的成就。记得要把博士的学位证给增田好好看一下，跟他道声谢。"增田淳三后来才明白，原来山下俊彦是一个如此细腻体贴的人。

水野博之的研究势不可挡。从阴极的电子发出到不纯物质的扩散理论，他的研究已经超出了电子管的领域范围，直逼研究的最前线——半导体。有一天，伊利诺伊大学给他邮寄了封信，邀请他去做年薪1.2万美元的带薪研究员。水野博之自己都觉得，公司肯定不会同意。

"去吧。"山下俊彦当机立断。

---

[1]　日本职业棒球队之一，全称为"阪神虎队"。甲子园棒球场是他们的主场。——译者注

伊利诺伊大学有发明了晶体管的威廉·肖克利和沃尔特·布拉顿，还有获得了诺贝尔物理学奖的约翰·巴丁。如果水野博之能在这里建立起国际一流的半导体人脉，必然会为松下电器公司半导体事业的发展孕育良机。

事实证明，山下俊彦没有看走眼。面对上级，他凛然树立了"个体"的特色。增田淳三曾感触颇深地说："水野也是这样的人。一般人面对这种情况都会担心，要是这么做了或许有可能被辞退。但他们两个人没有流露出一丝犹豫不安。"

标榜自己的个性，同时磨炼每位员工的个性。在离开松下电器公司的六年中，山下俊彦树立了自己的风格。

但是，越是主张个性，与上级领导的分歧就会越大。即便增田淳三也能看出，山下俊彦的处境并不容易。

当时的松下电子工业公司内部大致分为两派：电灯派和电子管派。以三由清二为首的电灯派压制着电子管派。参与创立了松下通信工业公司的山口三津男（后来成为该公司的专务）和推进电脑研发的吉田亚夫（后来成为广岛工业大学的校长）被排挤走后，三由清二独领风骚。三由清二深得松下幸之助的欢心，是个利益至上主义者。他认为电子管派的人被半导体和电脑这些"不三不四"的"食金虫"迷得神魂颠倒，是自己不共戴天的敌人。

时任真空管零件工厂厂长的山下俊彦自然也被归为"电子管派"。之后，他被调走做了松下电器公司玻璃工厂的厂长。

玻璃工厂是个"烫手山芋"。玻璃工厂的熔炉一旦点火开工，火在五年内都不能灭。这是松下电器公司唯一一家24小时运转的工厂。

此外，因为只有一座熔炉，所以也不能随意修理。松下电器公司各事业部会越过松下电子工业公司，从竞争对手日本电气玻璃公司采购更便宜的玻璃管。玻璃工厂多年来都处于赤字状态。

因为劳动环境非常艰苦，山下俊彦每天都能听到一线员工的抱怨："受够了，请让我离职吧。"作为工厂厂长，山下俊彦也只能说："发什么牢骚，要离职就离职吧。"不管山下俊彦等人向三由清二提多少次追加投资和改善劳动环境的申请，三由清二都充耳不闻。

大概在这段时期，三由清二曾怒骂山下俊彦："你这没用的东西，走开！""那我就告辞了。"山下俊彦说完就径直回家了。他或许觉得，一切都"到此为止了"。但是当晚三由清二就到山下俊彦家中登门拜访，他说："刚好来这附近，就顺便过来看看。"这是三由清二独特的道歉方式。

但是"烫手山芋"依然烫手。1962年1月，山下俊彦被任命为松下电子工业照明事业部部长。然而七个月后，他又被派到了松下电器公司的孙公司①——日本西部电器公司。有人说，照明事业部部长的职位其实换汤不换药，不过是将玻璃工厂厂长的职位换了个称呼而已。即便如此，松下电器公司是以事业部体制为基础的，虽然时间短暂，山下俊彦好歹也是担任过事业部部长的人物，任职才七个月就被换掉的确史无前例。况且，山下俊彦的新东家西部电器公司的赤字比玻璃工厂还要多上许多。

山下俊彦颓废了。当时十几岁的长子山下一彦对这段经历还有

①　孙公司是指子公司设立的子公司。——编者注

印象。

"他在家中有两三天的时间里烂醉如泥，大概他自己也想不通原因。他什么都不说，只觉得自己一直在强撑着。"

后来山下俊彦说："我从二十五六岁以后，一直到近四十岁，都拼命想着怎么能不被压垮。"当时的山下俊彦已经濒临崩溃的边缘。

## 工会突然无期罢工

在整个松下电器公司的大家庭中，西部电器公司也算是个特殊的公司。

第二次世界大战结束后，一个厨师出身的人与一个自学成才的工程师合伙在野田站附件的木板房里创立了一家真空电灯公司，这是西部电器公司的开端。工程师独具慧眼，引进了美国的闪光灯泡技术，正好赶上了照相机热潮的风口。巅峰时期，西部电器公司在日本闪光灯泡市场的占有率一度达到99%。

但巅峰没有持续太久。东芝公司进军闪光灯泡市场后，西部电器公司深陷价格竞争的泥潭。后来，西部电器公司决定与东芝公司合作。就在西部电器公司准备将股份转给东芝公司的前一天，其工厂因遭受火灾而被全部烧毁，双方资本合作的约定化为乌有。东芝公司估计想着"乘虚而入"，一鼓作气，于是进一步加强了价格战的攻势，西部电器公司捉襟见肘。

1956年，进退两难的西部电器公司投入了松下幸之助的怀抱。西部电器公司由此加入了松下电器公司。在出资比例上，松下电器公司占70%，西部电器公司占30%。闪光灯泡起家的日本西部电器公司因为与"灯"相关，最终成为松下电子工业公司的子公司。

但是，即便加入了松下电器公司的麾下，西部电器公司的业绩依然没有改善。山下俊彦被派来的时候，这家注册资金只有6000万日元的公司竟然有5亿日元的债务。就算不是山下俊彦，任何被派到这里来的人看到这样的惨状，都会黯然落泪，质疑自己"为什么会被派到这样的公司来"。

山下俊彦的职位是常务。当时约定好"不用管经营层面的事，只管技术就好了"。这怎么可能呢？到任当天，他便坐到了与工会委员谈判的桌前。

工会委员们早就对西部电器公司经营者放任经营的态度失去了耐心。他们原以为引进松下电器公司的资本后情况能有所改善，没想到待遇却比松下电器公司差太多。工会委员长在之前的"整肃"①中，曾经反对过松下电器公司，是个好战的活动家。就在同一年，松下电器公司内部也成立了与公司立场相对的工会执行部，佐久间昇二任副委员长，他后来成为山下俊彦的参谋。"1960年安保斗争"②后的第三年，整个集团的劳资关系都处在风雨飘摇之中。

西部电器公司工会的诉求只有一项——大幅涨薪。可是，想涨也

① "整肃"，是指日本第二次世界大战后被占领期间，驻日盟军于1950年前后下达指示，对日本的共产党员及其支持者进行免除公职、解聘等行动。——译者注

② 1960年安保斗争，是日本民众反对《日美安全保障条约》的斗争。——译者注

没钱，公司连日常的周转资金都顾不过来。

事业部体制的基本原则是事业部及相关公司用自己的资金开展经营活动。借钱是不光彩的事，松下电器公司总部也不会因一点小事而借钱。山下俊彦代表西部电器公司向松下电器公司总部提出借钱时，得到的回复是："日本西部电器公司是松下电子工业的子公司，让那边负责吧。"山下俊彦向松下电子工业公司提出申请时，对方说："你说什么呢？你曾经调回过松下电器公司总部，又被总部派去西部电器公司的，你去找总部借钱吧。"双方踢皮球一样互相推诿。

再这样下去就要倒闭了。走投无路之时，山下俊彦找到了松下电器公司总部电池事业部的东国德（后来成为副社长）。要想让闪光灯泡发光就需要使用电池。山下俊彦紧紧抓住这一细微的联系，利用东国德倡导的"知情意"的经营之道，他成功博得了东国德的同情。最终东国德同意借钱给他。

好不容易筹集到了资金，但是"涨薪"的要求还是无法满足。工会委员长大喊："这种公司，要倒闭就倒闭吧。"于是工会开始了无期限的罢工活动。

当时，入职已有10年的丰岛荣是工会执行委员之一，他代表了中坚一代年轻人的想法。工会和公司互不相让。经历了三天三夜的谈判后，大家疲惫至极。山下俊彦坐在桌子正对面，他已经43岁了，依然面不改色。二十多岁的丰岛荣在洗手间内晕倒，等醒过来时人已经在卫生室了。

罢工持续了三天，之后有所收敛。但工人对山下俊彦的抨击却变本加厉。从距山下俊彦家最近的车站高槻站到山下俊彦家的路上，每一根电线杆、每一面墙上都贴满了传单，上面写着"山下其实是这种人""山下，接受我们的要求""绝不原谅卑劣的山下"等。传单一直贴到了山下俊彦家的玄关前。长子山下一彦每天都要跟着母亲一张一张地撕传单。山下一彦打趣道："你都这么有名了，参加选举一定能当选。"山下俊彦只说了句："真拿他们没办法。"

虽然假装冷静，但是山下俊彦也会怀疑，是不是所有工会成员都这么想。

有一天，山下俊彦将来常务室汇报工作的丰岛荣叫住："丰岛，你知道这些吗？"他摊开了一沓照片放在桌子上。那一张张造谣诽谤的传单，山下俊彦都用照片记录了下来。丰岛荣感到很惊愕，身为工会执行委员的丰岛荣对此并不知情。原来这些传单都是在那个令人闻风丧胆的上级团体——"全国金属"[①]的支持下张贴的。

"我觉得这事儿不能就这么算了。我至少要处分一下工会委员长。你觉得如何？"山下俊彦说。丰岛荣明白，既然是以工会名义贴出的传单，他再称自己"不知道"也就说不过去了。于是他说："我也有责任。你想开除我就开除吧。如果你觉得只警告就足够的话也可以。悉听尊便。但是如果处理结果不能使工会认可的话，就需要重新处理。"

山下俊彦说："好，就这样吧。"

后来丰岛荣才知道，当时高槻警察局以涉嫌"违反法律"想要带走一些人时，山下俊彦制止了他们，说："不必了。"

---

① 全名为"全国金属机械工会"，为日本金属机械产业的工会组织。——译者注

# 工资照发，但你别工作了

不可思议的是，事情发生了转机。

工会委员长受够了劳资双方胶着的对峙状态，独自来到了山下俊彦家中。大概是他觉得自己以前也是松下电器公司的员工，如果推心置腹把话说清楚，事情或许就能解决。山下俊彦招待了工会委员长，两人推杯换盏，直言不讳。委员长畅所欲言之后，心满意足地回去了。山下俊彦的家在松下电器公司员工家属小区的正中央。工会委员长被人看到喝得酩酊大醉地从"敌方"家中出来，消息很快不胫而走。最终，他失去了大家的信任。

在这期间，山下俊彦不断地向大家耐心解释公司的现状。如果工会无期限地罢工，那么公司也会无期限地召开员工说明会。一切保持公开公正，不夸大，不隐瞒，公布最真实的数字。除了在追究老板责任的问题上山下俊彦不置可否，其余所有问题山下俊彦都做了回答。最终，工会方面对山下俊彦的不信任感逐渐消散。

在很大程度上获取到员工的信任后，山下俊彦开始着手体制改革。体制改革的中心是对管理层进行"大扫除"。他当面对几位部长和课长说："你们的工资我会照发，但你们不用工作了。"有时候常务办公室里会传来山下俊彦敲桌子的声音："走开！你就是来跟我说你做了多少事的吗？走开！"

山下俊彦淘汰了管理层中的老员工，用提拔的年轻人取而代之。其中，丰岛荣也是被提拔的人之一。他被安排去做电子闪光灯的研发。

"我做不来。"丰岛荣拒绝了四次。他知道，一次性闪光灯泡迟早会被能控制光量的电子闪光灯所取代。日本西部电器公司很早就尝试研发过，但是结果惨不忍睹。使用公司自己生产的放电管性能无论如何都无法达标。倘若继续坚持使用自制的放电管，公司可能会被引入致命的深渊。

山下俊彦说："如果你觉得咱们的放电管不行，那就不用了。""想怎么干就怎么干吗？"丰岛荣再三向山下俊彦确认。山下俊彦曾经是松下电子工业公司的零件厂长，他目睹了水野博之改良和研发阴极（释放电子的阴极）的全过程。对于放电管他肯定有自己的见解。但他没有出言干涉，将一切都托付给了丰岛荣。

丰岛荣放弃了自家制造的放电管。他一一拒绝了前辈们的反对意见，把其他零件也一同换掉了。他向专门生产特殊放电管的中小企业下订单，重新审视了生产流程。丰岛荣采用的是一种迂回战术，先学习专业公司的智慧和经验，等到品质稳定后再逐渐转向自制。这是正确的。

最终，日本西部电器公司的电子闪光灯发展到产量已经能够完全覆盖日本通用电子闪光灯的总需求了。日本西部电器公司在电子闪光灯领域独占鳌头，并以此进军小型照相机产业，这为后来松下数码照相机事业的发展奠定了基础。

回头看来，山下俊彦只有在日本西部电器公司的第一年过得很艰苦，第二年便已经看到了复兴的苗头，到了第三年，山下俊彦本人已经做好准备"在西部电器公司干一辈子了"。他唯一不想做的事情就是去母公司松下电子工业公司给决裁①盖章。他让丰岛荣代替

---

① 日企文书的一种，通常为裁决类文件。文件中所列事项，需要管理层签字或盖章认可。签字后的决裁在公司内部具有相应效力。——译者注

自己去。丰岛荣战战兢兢地出发，心想："三由一定是个十分恐怖的老头。"结果完全不是。不管什么时候去，三由清二总是说"好的好的"，爽快地给他盖章。

第四年的时候，山下俊彦被调了回去。不过，山下俊彦没有回到他"不想跨进门"的"原籍"——松下电子工业公司，而是被派去做松下电器公司空调事业部的部长。这次是晋升，而且是晋升为总公司的事业部部长。与"被贬"到西部电器公司完全相反，山下俊彦获得了一次罕见的提拔机会。

山下俊彦收到了西部电器公司员工的临别赠礼。他有两大经营秘诀。其一是公开透明。当每名员工都了解公司整体的经营状况时，自然就会与"整体"相连，团结一致。只要员工齐心协力，就一定能做出成果。

其二是寻找鲜明的个性。生产一线与公司的金字塔体制不同，其中隐藏着有真才实干的人才。发挥员工的个性特色，为集体所用。

在山下俊彦回松下电器公司的前一天，丰岛荣下班路过门卫室时，看到里面坐着的一个人。正是山下俊彦。"你今天必须要早点回家吗？""不用，回去也就是睡觉而已。""那你陪陪我吧。"滴酒不沾的丰岛荣被带到了北新地。山下俊彦与丰岛荣一起回忆了三年里的点点滴滴，临别时，山下俊彦说：

"这世界总有那么些人爱对上司溜须拍马，你可千万不能成为那样的人啊。"丰岛荣深深地点了点头。

# 第2章

## 空调事业部部长的青春

吉田和正虽然后来成为松下空调事业部的部长和松下电子元件公司的社长，但其实一开始他并不想入职松下电器公司。他大学学的是机械专业，对于机械以外的东西毫无兴趣，所以选择工作时并没有考虑电器公司。

但是大学最后一年的暑假，为了拿学分他不得不去公司实习。他按照教授的推荐以实习生身份进入了松下电器公司。教授说："听说那里既会提供软和的棉被，还会给零花钱。"而他却说："好的，但是就业的话我会再选别的公司的。"

他在生产马达的电机事业部完成了为期一个月的实习。回到大学后，教授对他说："吉田，松下电器公司给你发来录用通知了。""不去，设计马达的工作我可做不来。""八幡（日本制铁公司）和雅马哈（日本乐器制造公司）你也不想去吧。那就这么定了，还是去松下电器公司吧。"事情就这么定了下来。

第二年，吉田和正入职了松下电器公司。那是1959年，也就是"安保斗争"<sup>①</sup>的前一年，距离日本政府在经济白皮书中宣告"已不

---

① 1959年至1960年发生在日本的大规模的群众反战运动，抗议者反对修改《日美安保条约》。——译者注

是战后"也已经过去了三年。

吉田和正被分配到了生产技术总部的中央研究所机械部。生产技术总部是向松下电器公司的事业部及关联公司提供生产技术指导的职能部门，同时也负责新技术的研发，以及生产设备的自主研制和生产。吉田和正入职三年前，松下电器公司已经决定进军空调（当时叫冷气）产业，正在以生产技术总部为中心推进空调零件的自制。

吉田和正作为新员工，被安排到了空调的核心部件——压缩机的零件试做的岗位上。压缩机是一个"机械"的集合体，这位新员工吉田和正斗志昂扬。

"让我来做这个吧。不让我做我就辞职。"但是松下电器公司进军空调产业才三年，技术尚未成型，说是一无所知也不为过。电路图怎么画，真空状态能够保持几分钟，一切都是摸着石头过河。"都是没见过也没听说过的东西。真的是拼死在干。"

试做零件时，生产技术总部的部长又给吉田和正安排了新工作。"这个空调工厂的空间很快就会不够用了，你顺便负责新工厂的设计，还有买地的工作。"真是乱来，竟然让毫无经验的新员工负责新工厂的买地和建设。"你会让一个新员工去买地吗？那个时候，什么事都让我一个人干。"

开辟一项新的产业时，如果不能将每个人的潜力发挥到极致，就不足以获得离地起飞的推力。对于松下电器公司来说，1955年至1965年的十年是个波澜壮阔的时代。

# 新员工攻入市政府

第二次世界大战后，松下电器公司从1953年开始定期录用大学毕业生。这一年，战争带来的经济繁荣突然转向低迷。连日立制作所都严控招聘名额，最终只录用了15名大学应届毕业生。而松下电器公司却新招了200名大学毕业生进公司。本该在经济繁荣期入职一流公司的人才都被松下电器公司纳入麾下。

这些人在松下电器公司被称为"花之二八班"[①]。电视机事业部是当时的第一事业部，这里原本只有20多名员工，且多数是从公司内部的培训机构提拔上来的，那一年却一下子安排进了10个"花之二八班"的新员工。被派来的新人也感觉莫名其妙，一进去就被拉去画电视机的设计图。他们是日本第二次世界大战后的第一批大学毕业生，被寄予厚望。就算不明所以，也得想尽办法把电视搞出画面来。

"花之二八班"出身的员工不顾一切，疯狂工作。无论是电视机、冰箱，还是空调，第二次世界大战后松下电器公司的技术都是在他们的努力下发展起来的。

1959年入职的吉田和正也是类似的情况。因为被安排购买工厂用地，他冲进了门真市政府。他看中了门真市南部一块5万坪的土地。这是一片种植莲藕的农田，土地分属1000个所有者。"去市政府谈判时，我让他们把土地所有者名单汇总起来。我说，如果汇总不了，松下电器公司就从门真市搬出去。当时几乎算是在威胁市政府了。"

---

[①]　他们入职的1953年为昭和28年，所以这么称呼。——译者注

吉田和正一边"威胁"市政府，一边着手新工厂的设计。他没有任何建筑基础知识，临时抱佛脚翻了几页英文的专业书籍，但最具有借鉴意义的还是自家公司的后起之秀——茨木电视机工厂。那是一个长100米、宽50米的长方体工厂，由两栋楼组成。于是吉田和正决定空调这边就建成一栋长宽各100米的工厂。线条都用直线，天顶的跨梁用H型钢材，柱子只在4角立了4根。他果断采用了这种干净利落的布局。

在吉田和正画设计图时，松下幸之助的大总管高桥荒太郎（后来成为会长）偷偷来瞧了瞧。"你在建什么工厂啊？该不会是个造飞机用的工厂吧？"

最后，这5万坪的土地被其他事业部抢走了。像"飞机工厂"一样的设计图也被扼杀于摇篮。但是因为这个项目，吉田和正被当成了工厂建设领域的资深专家。之后他又被派去执行了"R计划"。R是当时缅甸首都仰光英文名称的首字母，"R计划"是指日本对缅甸进行战争赔偿的计划。

1963年，日本政府为了赔偿缅甸因战争产生的损失，与缅方签署了总金额达504亿日元的成套设备建设协议。农机设备工厂的建设被分派给了久保田，汽车和家电工厂则分别给了马自达和松下电器公司。吉田和正负责的是空调、冰箱的成套设备以及整个家电产业的涂装工厂的建设。吉田和正心有不满，空调整套设备的建设他能理解，可是为什么连电冰箱和涂装工厂也要他来负责呢？明明有比他更懂行的专家。

上司告诉了他实情："冰箱和涂装工厂都是我们主动争取来的。

不靠这个赚点钱，咱们空调事业部就撑不下去了。"创业初期，空调事业部的经济状况可见一斑。

吉田和正一向身体健壮，但在人生地不熟的缅甸干着陌生的工作，回国后很快就病倒了。这时，他听说空调事业部将有新的事业部部长上任。他将如何打破这种困难的局面呢？在事业部新部长做就任演说的当天，吉田和正满怀期待地来到公司。

但是，事业部新部长的发言从上台到下台连五分钟都不到，还真是平淡无奇啊！

这个事业部新部长正是山下俊彦。

## 幸运的男人

当时的空调事业部还叫冷机事业部。最开始由生产技术总部的部长兼任冷机事业部部长，第二任事业部部长是田上平吉，第三任就是山下俊彦。1965年，日本的空调总产量仅为10万台。而冰箱则高达231万台，洗衣机也有223万台，黑白电视机的产业规模已经扩大到了406万台。与这"三种神器"[①]相比，空调还是可有可无的边缘产品。山下俊彦就任事业部部长的第三年，也就是1967年，空调的普及率仅为2.4%。

但是，普及率的低下同时也意味着未来巨大的成长空间。同年，

---

① 三种神器原指镜、剑、玉三种日本神话中的宝物，象征着日本天皇的正统性。20世纪50年代后期起，黑白电视机、洗衣机和冰箱被称作日本家电行业的"三种神器"。——译者注

黑白电视机的普及率超过了97%，洗衣机的普及率高达80%，冰箱也达到了70%。松下幸之助预测，"三种神器"之后，空调崛起的时代将到来。从事业部部长第二任的人事任命上就能看出松下幸之助多么重视空调业务。

空调事业部的第二任部长田上平吉是从销售岗位一步步"爬"上来的。他在做空调事业部部长之前曾任东京营业所的所长，是营业总部部长兼专务藤尾津与次最得意的弟子。人们一直以为"下一任营业总部部长的人选会是田上"。田上平吉的身上总是散发着威严和活力。曾经在他手下工作过的吉田和正称他为"田上天皇"。"只是和他在楼道里擦肩而过，也会让人感觉不寒而栗。公司以前的领导很多都这样。动不动就劈头盖脸地训人，或者拿烟灰缸砸人。当时，我们几个年轻的同事聚在一起时总会说，要是以后我们出人头地了，可千万别那么干。"

职场的大环境并未改变，与第二次世界大战前山下俊彦入职时相差无几。

松下幸之助是个世间稀有的"驯兽师"。松下电子工业公司的三由清二，还有松下寿电子工业公司的稻井隆义等，都是超越常识的"猛兽"，而松下幸之助却通过操控这些"猛兽"，让松下电器公司在第二次世界大战后实现了飞速成长。田上平吉也是这些"猛兽"中的一只。松下幸之助大概也是被田上平吉凶猛的能量所吸引，才把空调这一新产品托付给他的。

但是，田上平吉干了三年后，松下幸之助改变了想法。在田上平吉看来，冷机事业部前一任部长是生产技术总部部长兼任的，所以田上平吉觉得自己才是空调事业部实质上的创业者。他一直相信自己能够连任，跟松下幸之助汇报时，他曾说："事情差不多有眉目了。"当他觉得基础已经夯实，正准备大展身手时，松下幸之助却给他当头一棒。

"田上运气不太好啊，我很担心他。"当松下幸之助被周围人问到为什么换掉了自己任命的事业部部长时，松下幸之助这样回答。

空调的核心部件是马达和压缩机，这类旋转机械的生产是东芝和日立等重型电机（如发电及工厂设备等）厂商的强项。重型电机厂商的强项也就是轻型电机（家电）厂商的弱项，所以松下电器公司的空调产业一直在步各大重型电机厂商的后尘。另外，销售出身的田上平吉缺乏生产经验，不懂得如何经营工厂。所以，田上平吉一直在与多重压力战斗。

田上平吉工作任劳任怨，但显然松下幸之助更注重运气。他觉得人没有运气，就很难成功。

松下幸之助提拔了山下俊彦作为空调事业部新部长。他与山下俊彦有过一面之缘。山下俊彦还在松下电子工业公司的时候，因为受不了三由清二的无理取闹，曾经向松下幸之助投诉过。听到山下俊彦的名字时，他能想起来有这个人，但是对他的印象也仅限于此了。

那么，是谁把山下俊彦推荐给了松下幸之助呢？

综合几个人的说法，笔者觉得应该是高桥荒太郎。高桥荒太郎时任会长一职，当时不仅人事和财务部门，就连关联公司也在他的掌管范围之内。同时，他还是日本西部电器公司的兼任董事。他深知日本西部电器公司的惨状，也了解山下俊彦被安排过去后的艰苦卓绝。此外，他管理的财务部门应该也向他汇报过拒绝山下俊彦借款申请的事情。

当初正是高桥荒太郎推动了松下电器公司与飞利浦公司的资本合作谈判，培育了山下俊彦的"原籍"——松下电子工业公司。高桥荒太郎注意到了山下俊彦，对他的印象很深刻。即使被从松下电子工业公司调到西部电器公司这样的偏远之地，他也毫无怨言。不仅如此，他还以一己之力修复了西部电器公司的劳动关系，让整个企业重整旗鼓。

"山下俊彦在西部电器公司可谓命悬一线，吃尽了苦头。但他没有抱怨过一句，将一切都处理好后，只汇报一句'一切都解决了'就完事了。他真是个有胸怀的男人。"（摘自饭塚昭男著《山下俊彦的挑战》）

如果说自主经营是松下电器公司事业部体制的灵魂，那么没有人比他更能体现事业部体制的精神了。高桥荒太郎大概是这么推荐的山下俊彦吧。

"是吗？"松下幸之助大概是这么回复的。"是吗？他能振兴西部电器公司，看来运气一定不错。"

山下俊彦就任社长之后，松下幸之助曾亲自跟他说过："你运气不错。我找到了个运气好的人。"

当然，这已经是后话了。

## 多维度的利润

山下俊彦在自己的著作《连我也做了社长》中这样写道："同样是做辛苦的工作，在有些公司员工的疲劳感会累积，而有些却不会，这取决于上司是否理解下属工作的不易。"

山下俊彦在西部电器公司的努力被上司看在眼里记在心上，能够获得上司的理解让他很欣喜。同时，在这位上司的身后，山下俊彦还能感受到这次人事调整的决定者——松下幸之助的目光。山下俊彦与松下幸之助之间的距离感又近了一些。

松下电器公司一直贯彻着事业部体制，并将其视作整个组织的根本原理。因为有事业部体制的存在，所以事业部部长作为事业部的首领，其职位的重要性及优厚的待遇是其他公司所不能比的。事业部部长配有专车，还有自己的独立办公室。山下俊彦从西部电器公司那样边缘化的孙公司，一跃成为松下电器公司总部空调事业部的部长，这是一份无比荣耀的升迁。想必当时山下俊彦自己也是感慨万千吧。

当然，山下俊彦并没有得意忘形，他冷静地思考着自己面临的局面。

山下俊彦就任事业部部长不久后，曾经与一名新人交流过。当时这名新人入职仅三年。山下俊彦问他："你知道松下电器公司最重要的是什么吗？"新人在员工培训中诵读基本经营理念和"七精神"读得嘴都快起泡了，所以他回答说："最重要的是经营理念。"

山下俊彦摇头说："你说的那是员工为了实现最重要的目标所需要具备的心态和思考方式。""最重要的，"他顿了顿，说，"是利润"。

"如果怎么努力都无法提高利润，那不如什么都不做。这项业务肯定也难以为继。要记清楚了，千万别忘记，要记在骨子里。"

这也是他说给自己听的话。

他并不是在跟基本经营理念和"七精神"唱反调。但他对公司内部将倡导基本经营理念当成业务本身的风潮渐渐地产生了抵触。山下俊彦成为社长后，除了在方针发表会等公共场合，周围几乎没有人听他谈起过基本经营理念。对"经营之神"的教导产生不适之感的他，应该如何在公司生存下去呢？他应该也在不断地追问自己。

最终，他从"利润"中找到了折中的办法。利润是松下幸之助的要穴。松下的基本经营理念提倡对社会的贡献，而松下幸之助在此基础上又说："一家企业创造了利润，就证明它对社会做出了贡献。"如此一来，即便没有日日诵读基本经营理念，只要为公司创造了利润，那么也算遵守了基本经营理念。只要将松下电器公司的空调业务扭亏为盈，就不会有人在背后指手画脚。这才是需要记在骨子里的道理。

山下俊彦接任冷机（空调）事业部的部长时，账面都是赤字。1965年，出梅①时间偏晚，空调积压了大量的库存。山下俊彦在这一年的年末走马上任，他对上司说："我会先把不良库存清理掉，然后再开始真正意义上的经营。"

山下俊彦曾经冷峻地说："最重要的事情是利润。"但是山下俊彦所谓的利润却是"多维度"的。既不能对眼前的利润不管不顾，也不能对大量积压的库存视而不见。因此，第一年的艰辛难以避免。既然如此，那就更不能慌张。

重要的是要有策略地强化公司的组织架构，确保能不停地获得利润。用现在的话说，就是创造可持续的收益。山下俊彦从一开始就沉着冷静，可以说，正是空调这种靠天吃饭的行业特性磨炼了他的意志，锻炼出了他多维度的思维模式。

每天早上，他都会背着双手，早早地来工厂巡视。山下俊彦一直

---

① 出梅，即梅雨季节的终止。——编者注

觉得，工厂必须要常变常新。今天的工厂不能重复昨天的样子，而明天的工厂必须在今天的基础上有所变化，有所改善。他巡视工厂就是为了敦促并确认工厂状况的改善。

他在腰上挂上了计步器，如此一来工作与锻炼身体两不耽误。如此一石二鸟，如此理性主义，真是独具山下俊彦特色。最重要的是，他真的十分热爱生产一线。巡视过程中，他热情地与清洁公司和合作公司的人们打招呼。事业部部长竟然对不起眼的边边角角也很在意——事业部的老员工用不可思议的目光观察着山下俊彦。

## 你的能力就到此为止了吗

听完山下俊彦不足五分钟的就任演说后，接下来的事情也让吉田和正觉得这个事业部部长很奇怪。之前的上司都是每隔一小时就发一次火，但山下俊彦却绝对不会，他沉默寡言。但是，尽管他惜字如金，他的话仍会像花椒粒一样刺得人酸麻。

起初，吉田和正被安排去装配传送带。因为白天工厂正常运转，所以他只能在夜里做装配工作。每天干到凌晨4点，打个盹到8点继续上班。这样的生活持续了一个半月后，装配工作终于完工了。吉田和正兴冲冲地跟山下俊彦汇报时，山下俊彦却说："连吉田做的传送带都能运转啊。"

虽然从赤字起步，但是山下俊彦在任时，空调事业部却陆续做了许多战略性投资。或许是从前"幻灭的5万坪工厂"的经验起了作用，吉田和正又被委派去扩建门真工厂。门真工厂的占地面积较小，吉田和正不得已，只能把厂房设计成三层楼。当他历经千辛万苦终于做完新工厂的设计图时，山下俊彦却说："吉田，我们要去草津（滋贺县）了。你做的这些（门真的增建计划）没有白干吧？"吉田和正心想："什么啊？怎么不早告诉我啊！"

1968年，草津工厂开业，当时空调业务在中川怀春专务的掌管之下。中川怀春原本是中川机械公司的创始人，第二次世界大战后为驻日盟军生产电冰箱。1952年，中川机械公司加入松下电器公司麾下。此后，中川怀春不仅全权负责松下电器公司冰箱的生产，还作为董事，同时兼管着空调的工作。

中川怀春的电冰箱部门要在草津建设新工厂，所以空调也"搭便车"来到了草津。电冰箱和空调的新工厂门对门地建在了一条路的两侧。当时负责电冰箱的中川怀春已经是松下幸之助的大掌柜之一了，他技术高超，抓一把切碎的粉末就能判断机器刀片的状态如何。而另一头，山下俊彦却只是个初出茅庐的事业部部长。两个人的设计理念完全不同。

中川怀春认为最好将空间立体化利用，而山下俊彦却优先考虑如何创造出方便工人工作的环境。所以，山下俊彦不同意安装吊顶，因为这样会使工人感到压抑。工厂整体的设计思路该如何把握？吉田和正承受着大领导中川怀春和直属领导山下俊彦的双面夹击。

比如通过压缩空气来拧紧螺丝的空气驱动机通常需要吊顶安装。山下俊彦却说："不行。这种机器改成从下往上的方式来用。"吉田和正提出反对意见："那样的话，效率会受到影响。"山下俊彦说："吉田，这么点小事，你就不能通过其他手段来提升效率，然后弥补一下吗？"

　　吉田做了很多尝试，但依然效率低下。"不行啊，做不好。"吉田和正刚说完，山下俊彦就扔来了那句话：

　　"你的能力就到此为止了吗？"

　　这句话说得太重了，吉田和正深受打击。

　　草津的新工厂开始运转后，山下俊彦每天嚷嚷着要他"保持工厂的整洁"，他说："你是在什么地方长大的？从小受的什么教育？怎么把工厂搞得这么脏？"

　　吉田和正想，同样的话，如果其他人跟他讲，他一定会恶揍他们一顿。但不可思议的是，从山下俊彦嘴里说出来，他却毫不生气。"大概这就是品德吧。"谁都知道山下那些乍一听很刺耳的话语，其实背后毫无恶意。那种高高在上地贬低下属的事情，山下俊彦是绝对不会做的。吉田和正了解山下俊彦，所以他并不生气。

　　"连你做的传送带都能运转啊。""你做的这些（门真的增建计划）没有白干吧？"吉田知道山下俊彦羞于将褒奖之辞挂在嘴边，这样含蓄的表达其实是山下俊彦特殊的慰劳之辞。

　　尽管如此，"你的能力就到此为止了吗"这句话依然说得太重。后来这句话成了山下俊彦的口头禅。在此需要对这句话稍微解释下。一般情况下，听到上司说了这样的话，下属会觉得自己的人格被完全否定，情绪消沉。但是山下俊彦却认为能力不等于人格。他深信人的能力可以通过努力无限拔高，与人格毫无关系。所以"能力到此为止"并不是对对方人格的否定，而是希望激励对方再努力一下。

　　况且，山下俊彦督促的目的是让工人能更愉快地工作。这已远远超越了企业重视效率这一简单的道理，是更高层次的意义。

后来建设汽车制冷设备的专用工厂时，绘制图纸的工作人员从山下俊彦那里收到了这样的指示："工厂的布局设计不用延续现有风格，应该着眼于未来工厂应有之貌。"建筑用地上原本到处都是山丘和树木等。工作人员觉得这些都是"障碍物"，提出要将它们一一清除，山下俊彦却说："一棵树也不要砍，修建过程中把所有东西都用上。"山下俊彦严令要求利用现有环境。他就是这样一个事业部部长。

## 准点下班

在空调事业部，山下俊彦依然保持着他一贯的风格。原则上，下属提交给山下俊彦的汇报书内容必须在一页纸以内。报告书过于冗长会被他退回。向他请求指示时，他会当场回复"是"或"否"。如果无法即刻决定，他会明确告诉对方会在哪天前给予答复。

山下俊彦的思维方式是多维度的。他拒绝单线思考，总是习惯从相反的视角观察事物和现象，并在此基础上果断抉择。"有时候就算挠破头也没有更好的办法，但也不得不做出决断。不管怎么选择都是五五开，这种时候选哪边都可以。如果不行，那就重新来过。"上司不能做出决断，那么下属下一步就不知道该怎么行动。领导的作用就是迅速决断。如果不行，就从头来过，仅此而已。

山下俊彦的桌上不放任何多余的文件。抽屉里也只有一个印章而已。这就是他彻头彻尾、简洁明朗的工作态度。

就任事业部部长后山下俊彦开始将准点下班付诸实践，这一点也是彻头彻尾的。

快下班时如果有下属来汇报，山下俊彦会让他明天再来。20世纪六七十年代是日本经济高速成长时期。那时，"不拼命就不是工薪族"的观念深入人心，山下俊彦的准点下班在松下电器公司中独树一帜。

后来成为经营企划室室长的福原耕当时在与空调事业部隔路相望的电冰箱事业部工作。他的工位在玄关旁边，面对着空调事业部。刚过下午五点，他不经意抬头一看，总能看到山下俊彦出门。

这个人可真了不起。

他做梦都没有想到，后来这个人成了社长，而他做了他的经营企划室室长。

山下俊彦担任空调事业部部长到就任社长前后的那段时间，曾经用日记本记录下自己的想法，也摘抄了一些读书时引起共鸣的语句。担任事业部部长的第三年时，他在日记中写着：

"日本人如果不在头上扎着毛巾结，废寝忘食地工作，就没有工作的感觉。这是一种伴随着悲壮感的，近乎歇斯底里的工作状态。但是这样并不能在世界的大舞台上拼出一番事业。当智慧和精力燃尽时，人就会倒下。在享受生活的同时，一边充实自己，一边扩大业务，这才是真正的理性主义。"

他还这样写着：

"经营者需要具备的资质包括50%的教养，25%的经营手腕，还有25%做出创新性决断的智慧。如果连高层都整天神经紧绷，工作一点也不从容的话，员工工作也会很辛苦。"

作为事业部部长，山下俊彦带来了崭新的经营方式。同时，可以说山下俊彦的风格也在空调业务的特性中不断锤炼和发展。

空调是典型的季节性商品。5月、6月、7月这三个月的销售额占全年销售额的80%。尤其是7月一个月的销售能占全年的40%。空调行业的发展受温度、雨量和湿度等多重复杂因素影响。但是可以肯定的是，如果7月天气炎热，商品就畅销；如果7月天气较凉爽，商品库存就会堆积如山。

## 天气、计划性及自主性

天气是人无法掌控的。面对这样的对手，应该如何开展业务呢？虽说有长期的天气预报，但毕竟是预报，不一定准确。生产空调时，如果把命运交给天气，无异于掷骰子。这不是经营，而是赌博。

山下俊彦想，可是就连原本最需要靠天吃饭的农业，近年来也没怎么听说会将丰收与否归咎于天气。空调作为近代产业之一，靠天吃饭有点奇怪。

日本的夏天是一定会到来的。但是夏天分为炎热的夏天和凉爽的夏天。两者的差别有多大呢？这是山下俊彦思考时的出发点。既然7月的销售额占到了全年的40%，那不如调查一下1954—1973年日本7月的气温如何。

日本各个年份7月气温超过30摄氏度的炎热天数有多少？最少的

是1954年，只有10天。那是一个罕见的凉夏之年。相反，最多的是1973年，有30天。那一年正值空梅①，酷暑难耐。平均算下来，1954—1973年，日本每年7月气温超过30摄氏度的天数平均有21天。

这样就能大致预测下一年的情况。炎热天数低于10天的凉夏的可能性很小，炎热天数超过21天就是侥幸。按照10天到21天之间的预测来制订业务计划就大差不差。临近盛夏，天气预报也差不多明朗了，这时再判断是否需要追加产能。分两步准备，细化生产计划，挑战不确定性。

对于山下俊彦来说，计划是起决定作用的重要工具。

1971年，销售公司的负责人汇聚一堂，召开了空调销售业绩的总括会议。销售公司的负责人集体攻击作为事业部部长的山下俊彦，质问他销售旺季断货的问题。为了避免旺季出现断货问题，他们希望空调事业部扩大生产能力，或者增加提前生产好的备用品的数量。

山下俊彦一直默默地听着，到了会议的最后，他"嗖"地站起来说："大家提交的业务计划中申请的空调台数，我们已经负责任地生产出来并送到了各位手中。遇到难以预测的酷热天气，大家希望增产，但我们无法满足。如果按你们说的那样做，整个空调业务就毁了。"

销售公司的负责人满脸震惊。山下俊彦头也不回，大步流星地离开了。

山下俊彦想说的应该是：你们明知道酷暑天气不一定会来，还要求我们以此为前提扩大设备投资，提前生产。这不是赌博是什么？我们

---

① 有的年份没有明显的梅雨，叫作"空梅"。——编者注

空调事业部已经倾尽全力，负责任地制订了业务发展规划。你们销售公司在制订销售计划时不也和我们一样吗？难道你们对自己的计划不负责任吗？计划可不是那么随意的东西。你们的自主性到底体现在哪里？

山下俊彦在计划中投入了自己全部的精力，也就是赌上了自己独立自主的个性。

关于计划，山下俊彦在自己的著作《连我也做了社长》中这样写道："我认为做一项业务，计划比任何东西都重要。在计划阶段就要集思广益，深思熟虑。这样做完计划，就相当于工作完成了60%。如果计划精度过低，发生较大的混乱，那就是押宝，称不上计划。"

计划并不是越远大越好，但一味打安全牌也是无趣的。在完成计划的过程中燃起斗志，努力实现更高的目标，感动也会油然而生。

插句题外话，在山下俊彦日记的某一页，突然出现过"西田哲学"。日记上写着："西田几多郎绝对矛盾的自己同一"[①]。山下俊彦是如何理解"绝对矛盾的自己同一"的，这件事先按下不表。西田的著作中，有这样两句话：

"未来尚未到来，但已经出现。"
"不是过去和未来永远相互联系，而是过去永远向未来移动。"

山下俊彦身为空调事业部的部长，一直与天气做斗争。想必他一

---

① 西田几多郎（1870—1945），日本哲学家。《绝对矛盾的自己同一》是他1939年发表的论文。——译者注

定被这两句话击中心房了吧。看不到的未来虽然"尚未到来"，但是已经到来。只要观察过去，认真做计划，未来是可以"看见"的。

有趣的是，松下幸之助对于天气、计划性和自主性也抱有相同的看法。

山下俊彦刚就任空调事业部部长时，松下幸之助的亲信之一木野亲之正在着手重建松下电送公司（当时的东方电机公司）。原本五年的重建计划，他提前两年就完成了。他兴冲冲地跑到松下幸之助那里汇报，以为自己一定会受到褒奖，结果却被劈头盖脸地骂了一顿。

"五年的计划，你三年就完成了，这算什么？"

他没听明白。沉默了一会儿之后，松下幸之助提高音量说：

"你知道为什么天气预报总是不准吗？"

木野亲之更加觉得莫名其妙了。

"预报不准，就是因为太想预报准确了。要怎么样才能预报准确呢？很简单，不预报，而是采取行动，让天气晴朗。"

预报交给他人去做。不去预报，发挥自己的主观能动性，为了达成目标积极采取行动，这才是经营。行动的蓝图就是计划，计划的精度必须完美。这是松下幸之助想表达的意思。

"如果五年计划制订得非常细致周到，那么按照计划，第五年完成，就可以得满分。如果只完成了80%当然是不行的，但是超额完成到120%也是不行的。这就说明经营管理的精度存在20%的误差。你的计划碰巧三年就完成了，这说明你的计划原本就做得不好。如果要打分，只能打60分。"这跟山下俊彦的那句"这是押宝，不是计划"有异曲同工之妙。

## 开始出口业务

尽管如此，天气因素还是无法完全克服的。日本市场由于气候存在不稳定性，空调作为季节性产品，很难摆脱不均衡的状态。有一个可以让人们更充分地发挥主观能动性，应对这样的局面的方法，那就是开拓"外部"市场。山下俊彦很早就开始关注国际市场了。

关于出口，有一个人走在了最前线，他叫少德敬雄，后来成了副社长。

1963年入职松下电器公司的少德敬雄当时在空调事业部的"邻居"——电冰箱事业部负责出口业务，但他一直与电冰箱事业部的工作风格格格不入。他在进出"邻居"空调事业部的经营企划室时，山下俊彦偶尔会跟他搭话："你负责什么工作？""有孩子吗？""工作有意思吗？"虽然都是些不经意的闲聊，但是依然点亮了少德敬雄茫然无措的心中的灯光。

有一次他下定决心跟山下俊彦说了实话："现在的工作没意思，我想干更加斗志昂扬的工作。请空调部门录用我吧！"

"那就来吧。"山下俊彦当即回复道。

山下俊彦就任事业部部长三四年后，空调开始正式扩大出口。出口部部长由企划部长国永昌彦（后来成为常务）兼任，山下俊彦把所有出口相关的事务，不管是商品企划，价格的设定，还是与技术部门的交涉，都全权交给了国永昌彦。虽然为决裁盖章的是山下俊彦，但决定权一律在国永昌彦。一旦决定权交出去，就彻底、完整地交出去，这是山下俊彦的风格。

但是，国永昌彦还同时兼任企划工作，非常忙碌。山下俊彦交给国永昌彦的权限又大部分下移到了实际负责的少德敬雄身上。既然已经被全权委托，那就只能好好干了。少德敬雄和另一位负责出口的同事各自负责出口市场的一半。

当时，国际机票还很昂贵。为了节省机票钱，每次出国，少德敬雄至少会待上三周，长的时候甚至两个月一直待在国外。偶尔出现在事业部的办公室，山下俊彦就过来跟他说："你一个负责出口业务的人整天待在日本干什么？多往国外跑啊！"不要因为机票昂贵就缩手缩脚，放开手脚去干吧！山下俊彦读懂了他的难处，用这种方式鼓励他。

根据生产部门的描述，少德敬雄从没有电的地方拿到了空调的订单。"订货方所在地的电压不稳定。有时200伏，有时300伏。少德敬雄要求他们生产能适应这种电压的压缩机。但是这种电压不稳的电，根本算不上有电。"

就算这么努力，差旅费依然比销售额高。其实，按照当时日本空调的实力，考虑出口还为时尚早。美国制造的窗型空调（冷气机）在日本的商用空调市场占据主导地位。那时日本的餐饮街，到处充斥着美国空调吹出的热风和发出的轰鸣声。

对美国进口产品额度的急剧增长令日本工业协会心生畏惧，他们计划对美国进口产品提起倾销诉讼。"日本制造的空调虽然噪声低，但是制冷效果差。就算出口到国外也难以销售。否则日本也不会从美国进口这么多产品了。赢不了的，不用勉强了。"这已经是业界的共识。

空调制造部部长每次见到少德敬雄都会半开玩笑地对他说："你呀，还是别工作了，乖乖待着吧。你一工作，咱们的利润就得减少。"

少德敬雄感叹道："在那种时代背景下，山下竟然能想到扩大出口业务。连国内市场都很艰难，出口更是个包袱。当时可以说是举步维艰。但山下俊彦丝毫没有动摇，毫无怨言。同时还替下属加油鼓劲。这就是山下，真了不起。"

其实，当时出口并不是为了弥补日本国内市场的不稳定。山下俊彦说过，松下电器公司最重要的是利润。但是关于出口，他却连利润的"利"字都没有提过。如果明确表示扩大出口也要与利润挂钩，那会让一线的工作人员进退两难。拥有多维度思考模式的山下俊彦没有同时务广而荒，他将目标集中在了一点上。山下俊彦明白，扩大出口是实现中长期可持续收益的必经之路，他从未迷茫过。

## 做卓越的胆小鬼

让山下俊彦下定决心的理由有两个。一个是飞利浦公司，它与松下电器公司共同创立了松下电子工业公司，是松下电器公司最重要的合作伙伴之一。山下俊彦了解过自己曾"留学"的这家公司的历史。飞利浦公司成立于1891年，创始人之一是弗雷德里克·飞利浦。他收购了位于荷兰埃因霍芬的纺织工厂之后，开始生产白炽灯，飞利浦公司自此起源。一开始公司只有二十名员工，后来不断亏损，创业第三年创始人甚至动过把公司卖掉的念头。

为了摆脱危机，1899年，弗雷德里克·飞利浦叫回了在伦敦证券公司工作的次子安东·飞利浦。安东·飞利浦建议扩大出口。这个方法一举获得了成功。1897年，飞利浦公司的电灯泡销量只有63万个，出口第一年（1901年）这一数字激增到250万个，1902年又扩大到了350万个，到了1903年，飞利浦公司的电灯泡销量已经一跃成为欧洲第三。正式开展出口业务仅三年，飞利浦公司就取得了这样的成果。

荷兰的国内市场十分狭小。弗雷德里克·飞利浦的长子杰拉德·飞利浦是一名技术员，他从创业之初就一直帮助父亲。安东·飞利浦见识过欧洲市场，他对于狭小的荷兰国内市场并无执念。一旦投入国际市场的怀抱，可能性一下子就提高了。

让山下俊彦下定决心的第二个理由，其实是更本质、更重要的一个理由。那就是挑战。当少德敬雄问为什么要尽力做出口业务时，山下俊彦解释道："做出口可以刺激技术部门，激励他们培育出能够超越其他国家和地区产品的商品企划和品质。起诉倾销是不行的，要主动出击。"

其中，山下俊彦最重视的是对品质的挑战。山下俊彦时常记录想法的日记本中曾经多次记下他对于品质的重视。"好产品必备的三大要素：品质、成本、时机。这三个要素紧密相连，但是一有不测，品质往往容易成为牺牲品。"

"例如，没赶上今天的货船，就只能等一个月后的下一班，这样便错过了销售时机。然而，假设在检查时发现这批商品不合格，但是不合格的项目在实际使用中并无大碍的话，你能够不屈服于周围的压力，停止出货吗？"

"如果以特采的名义出货，那么这将成为后人遵循的先例。从这个例子就能看出，要想严守品质的关卡，其实需要很大的勇气。"

我想特别说一下"特采"这个词。特采也就是特别采用，在特采制度下，即使产品没有达到规格标准，只要不影响使用，也可以特例将其判定为"合格"，准许出货。

如今，距离山下俊彦写下这些日记已经过去了半个多世纪。2017年，日本产业界因为检验数据的篡改问题而深受冲击。神户制钢所、三菱材料、东丽等公司都篡改了数据。各家公司高层人员相继引咎辞职。数据篡改如此普遍，令人瞠目结舌。

篡改数据的公司不约而同地拿出了特采制度做借口。他们将特采制度视作基础，并篡改数据让产品符合规格。

五十多年前，山下俊彦就深刻地意识到了特采制度的危险。他在日记中写着"做卓越的胆小鬼""不是做便宜且优质的产品，而是要将优质的产品便宜地做出来"。便宜也就是成本，优质即品质，成本和品质并非并列关系。要先保证品质，在保证品质的前提下，再考虑如何降低成本。

"品质至上"说起来容易，但是作为经营者，要将其实践并坚持下去需要非凡的勇气。正因为日本制造的空调处于劣势地位，他才主动向出口发起挑战，严格追求"品质"，精益求精。

山下俊彦下定决心要做卓越的胆小鬼。

## 是你呀，都怪你

"两匹①半"压缩机事件让少德敬雄明白了山下俊彦对品质的追求。

---

① "匹"为压缩机的功率单位，1匹（马力）=0.735千瓦。——译者注

松下电器公司主力空调产品的功率是一匹到一匹半，但是一些出口的窗型空调需要使用动力强劲的两匹半压缩机，这是商业竞争中求胜的关键。松下电器公司生产的两匹半压缩机"价格高昂，体积庞大，品质恶劣"，差评如潮。

当然，压缩机部门已经做了很多努力，力求改变现状，但结果一直不尽如人意。山下俊彦终于失去了耐心，他决定不用自家公司生产的两匹半压缩机，转而使用美国泰康公司生产的压缩机。

少德敬雄等人都觉得这个选择不妥，这相当于自己承认了松下电器公司生产的压缩机虽然噪声小、震动小，但动力确实不足。

而且，选用美国泰康公司的产品后，山下俊彦连续五年都未同意换回自家产的两匹半压缩机。"已经改良很多了，还是换回自己公司的吧。"少德敬雄等人多次提议，但均被山下俊彦拒绝了。

"如果就此妥协，技术部门又会安于现状，可能再出问题。品质问题必须从一开始就彻底消灭。在压缩机产品方面，仅仅追上美国泰康公司还不够，必须要超过它才行。这是给压缩机技术部门的一大挑战，不能轻易妥协。"

可见，山下俊彦有多么重视产品的质量。

很多事情少德敬雄至今难以忘却。不只"两匹半"压缩机的事，还有客户投诉的事。出口业务刚起步不久，残次品很多，经常会收到顾客投诉。

每次遇到投诉，少德敬雄都会向技术部门和质量部门反馈。他们会说："这么笼统的意见，我们听不懂。没有更加详细的信息吗？"

使用空调时，室内和室外的环境如何？安装工作是怎么做的？了解到技术部门的这些疑问后，少德敬雄制作了详尽的核对表，发送给了当地的客户。这样就省去了反复询问的麻烦。他自认为这是个很好的主意。

有一天，他跑进山下俊彦的办公室汇报了核对表一事。

话音刚落，很少高声说话的山下俊彦大声训斥道：

"我终于明白了。是你呀，都怪你！"

少德敬雄目瞪口呆。

"我一直奇怪，为什么过了这么久，咱们出口的空调品质还是提不上去。现在我终于明白了。原来是你呀！有你在，品质永远都不可能提得上去。"

"我们应该感谢向我们反馈质量问题的客户。而你不光不感谢，还向对方扔过去一两百个问题，为难客户。这么一来，客户肯定会觉得太麻烦，索性就不反馈了。就是你封锁了客户的投诉渠道。"

"收到顾客投诉时，我们应该抱有感激之情。我们可以把工厂厂长和品质课长派到销售一线去，让他们掌握一线的情况并想办法解决。去一线后，就算发现是对方的误解也没有关系，他们不正好可以利用这个机会了解当地的安装施工、电压状况等情况吗？"

这段话真是刻骨铭心！少德敬雄一年到头都在国外出差，活跃在各地的销售一线，他自认为没有人能比他更能理解当地经销商的心情。但实际上，他并没有真正地与经销商站在一起，还要求他们做事务性的问卷调查，真是太过分了。既然身处一线，就应该站在对方的立场上倾听他们真实的声音，然后把这些经验活用到提高品质上去。山下俊彦又一次教了他经营中的重要知识。

山下俊彦对新人的基础教育也毫不马虎。他曾突然把五个新员工分别派去五个国家并各待了两年，尝试让他们负责销售工作。

新员工，而且是负责生产的员工，被派到海外负责销售工作，这可是前所未有的。然而，结束派驻后回国的员工可以向生产部门反馈当地真实的需求。出口部门成了空调事业部向全世界学习的学校。

## 首家出口专用工厂

山下俊彦果然不是一般人。在出口业务尚未成型之时，他已经迈出了"下一步"。1971年，空调事业部决定在马来西亚建设首家出口专用工厂。

一直以来，松下电器公司的国外生产都依靠发展中国家和地区的进口替代政策，在当地建设"迷你松下"的方式开展。"迷你松下"生产的产品各种各样，包括电视机、收录机和电饭煲等，但是只销售给所在地的市场。这些工厂从日本进口零部件和设备，只需完成组装工作即可。

然而，马来西亚的新空调工厂并非如此。建工厂的契机源自高桥荒太郎。当时，他掌管着松下电器公司的海外经营局，曾受到马来西亚第二任总理、号称"马来西亚发展之父"的阿卜杜拉·拉扎克的热情邀请。"贵公司虽然已经在马来西亚建设了综合家电工厂（1965年），但也只面向马来西亚国内市场，发展存在一定的局限性。能否考虑在我们这里建立一个出口比例占九成以上的出口专用工厂呢？如果可以，这将为马来西亚整体的经济发展做出巨大贡献。"

按照"雁行发展模式"①的理论，发展中国家和地区的工业化进程一般始于进口替代品的生产，而后过渡到出口产品的生产。既然对马来西亚的发展有好处，高桥荒太郎当即同意了拉扎克的请求。但问题是把什么商品移过去呢？松下电器公司采用的是按照商品分类、自负责任经营的事业部体制。除了该商品的事业部部长，其他人无法决定工厂建设的事宜。

这是松下电器公司的首家出口专用工厂，而且国外的出口工厂会成为日本国内工厂的竞争对手。会有人愿意欣然接受这份冒险邀约吗？高桥荒太郎的脑海中闪过一个人的名字。

他可能会接受。

果然，山下俊彦接受了。山下俊彦应该隐约猜到了，推举他做空调事业部部长的人可能是高桥荒太郎。他当然想回报曾经帮助过自己的人，但不仅仅是这一个原因。

山下俊彦在做事业部部长时的日记中这样写道："希望我们事业部能永远拥有一颗年轻的心；希望我们的事业部能一直充满活力，拥有敢于冒险、不畏困难和坚决迎战的勇气。哪怕受伤了，吐口唾沫，马上从地上爬起来。希望我们能有这样坚韧不拔的精神。"

后来山下俊彦成为社长，在松下电器公司发起"六一行动"改革时，他也向全体员工传达过同样的想法。

"拥有敢于向困难事物发起挑战的勇气和行动力是首要条件。没

---

① 日本经济学家赤松要提出的发展中国家和地区经济发展理论。在西太平洋地区，各个国家和地区的经济发展像雁阵一样有序。——译者注

有这一点，什么都做不到。向困难发起挑战，或许会成功，或许会失败。但无论如何，这些都会成为锤炼企业或个人的试金石。无所作为就只能一无所得。挑战困难之后，即便没有得到任何回报，但是过程中获得的经验教训不管对公司还是个人，都将成为取得下一个重大成果的垫脚石。"〔摘自《昭和五十九年年度（1984年）经营方针》〕

海外工厂是个巨大的"困难"，这深深地激励了山下俊彦。迈出海外出口的一步已经是不小的挑战了，但与在国外建设出口专用工厂的困难比起来，简直不值一提。但是既然已经以出口的形式参与了国际市场，早晚都要迈出国外生产这一步。那就索性放手一搏吧！即便最终失败了，困难越大，每个人从中得到的磨炼越多，这会为事业部注入新的活力。而无所作为，就只能一无所得。

山下俊彦将马来西亚工厂的生产规模设定为10万台。1971年，松下电器公司的空调出口数量仅为2万台左右，一口气设定5倍的生产规模着实有些鲁莽，但是没有这个生产量，根本无法建造出山下俊彦心目中的现代工厂。生产规模就是这样倒推出来的。

既然已经建设了正式的出口专用工厂，那么再跟松下电器公司之前的海外工厂一样，从日本调集零件、原材料等的话就不划算了。马来西亚工厂需要尽快实现压缩机、马达等核心部件的一贯生产体制。

这是一开始就决定好的事情，它完全颠覆了过去国外生产的固定模式，不再采用"迷你松下"那样组装式工厂的形式。

但是，日本的空调事业部收益原本就不太稳定，建设马来西亚工厂只会雪上加霜。如果无法从日本调集零件，无论向这里倾注多少经营资源，事业部当下都要面临严重的亏损。这种状况下，即使周围人大叫"您疯了"都不足为奇。但是，这样的场面却没有发生。

少德敬雄回忆说："无须纠结做得到还是做不到。既然山下俊彦说了，我们就做。既然做了，就一定要成功。我们的方针很明确。此时的山下俊彦已经确立了很高的威望和影响力。没人抱怨，大家毫无怨言，一致追随。"

于是，他们从日本运来了大型工作机。当时还没有拆解精密工作机在当地重新组装的经验，所以将整机通过海运运过来了。但是马来西亚并没有能接收它的港湾设备。后来到了卡车运输的阶段，又因为高度的限制，卡车无法通过高架桥。最终，他们向当地的港湾部门申请了起重机，并且连夜让人临时拆解了高架桥，等到卡车通过后再将桥重新组装复原。一切都是头一次，且都是大工程。

1973年年初，马来西亚的空调专用工厂——马来西亚松下工业公司成立了。果不其然，一开始非常艰苦。

负责海外销售的少德敬雄在销售日本制造的空调的同时，也负责销售马来西亚的空调。此前，通过他的努力，日本制造在当地的信用度有了很大的提升。一方面，日本制造人气高涨；另一方面，一些顾客反感马来西亚制造。

据少德敬雄说，一开始，马来西亚产的空调虽然不是全部，但绝大部分都被运回了日本。这使得草津工厂的产量有所下滑。

即便如此，马来西亚松下工业公司依然按照原计划，在开工后的两三年间开始了重要且昂贵的核心部件——压缩机的本土化生产。当然，当核心部件实现了自主生产，制造成本就会大幅下降。但当时松下电器公司的总部也才刚实现压缩机的自主生产没多久，能够顺利将技术完全转移到马来西亚吗？

　　山下俊彦也很焦虑不安。他两年内亲自前往了马来西亚十几次。到达当地后，他把本地员工召集起来开会，完了之后又聚会交流。山下俊彦用英语或者并不熟练的马来西亚语跟大家寒暄。他从不念稿，在去程的飞机上反复听录音，然后完美地记在脑中。寒暄一结束，他就和日本派驻来的年轻技术人员打成一片。

　　"身体还好吗？有按时吃早饭吗？有食欲吗？这可不行啊。我可是一大早就吃了牛排。哎，过来一起喝酒啊！"另外，跟山下俊彦喝酒时大家都是自斟自饮，从不互相斟酒。说教也一概没有，年轻人畅所欲言，气氛热烈。

　　有一次，山下俊彦巡视完工厂后，对马来西亚工业公司的日本负责人简短地说了句"工厂好暗"。听到这话的负责人不仅下令换了照明灯，还下令将工厂的墙壁都改涂成了明快的颜色。下一次访问时，山下俊彦评论道："稍有改善。"

　　但是，仔细听就能明白，山下说的"工厂好暗"并非指照明，他想说的是"感觉不到员工的朝气"。其实完全没有必要改涂墙壁的颜色。后来会"稍有改善"，大概是因为山下俊彦的频繁到访起到了一些效果。


## "奇风"吹拂

　　之后回过头来看，这真是一次千载难逢的机遇。

　　在决定建设马来西亚松下工业公司的第二年，即1971年，美国因为无力承受巨额的国际贸易赤字而终止了黄金与美元的兑换制度，1美元兑换360日元的固定汇率制度就此终结。1971年年末，日元升值到1美元兑320日元。因为布雷顿森林体系（虽然还是固定汇率制，但汇率变幅已有所扩大）的确立，美国稍微得到了喘息，但这也仅维持了两年左右的时间。1973年2月，日本的汇率制度转为真正意义上的浮动汇率制，日元暴涨到1美元兑换270日元。

因为马来西亚的流通货币林吉特当时与美元联动，所以与日本制造相比，马来西亚松下工业公司的生产成本自动降低了两成。又因为积极推进压缩机等核心部件的自主生产，马来西亚松下工业公司享受到了日元升值、林吉特贬值的双重福利。

1973年，山下俊彦将窗型空调的生产全面转移到了马来西亚松下工业公司。少德敬雄说："真是'奇风'啊！马来西亚松下的订单多到生产不完。"

山下俊彦预见到了这股"奇风"吗？并没有。1美元兑换360日元的汇率可以持续到什么时候，他对此也曾略有不安。山下俊彦认定了马来西亚，是因为这是一个巨大的挑战。马来西亚松下工业公司的成功让山下俊彦明白，只有勇于向困难发起挑战，才会得到回报。

窗型空调全部转移到马来西亚后，日本的草津工厂开始专注于生产分体式空调（室内机和室外机相连的品种）。集中化生产让草津工厂的生产和研发效率也有所提高。同时，马来西亚松下工业公司开始生产往复式压缩机，这给日本的空调事业部带来了新的"挑战"。如果日本仍继续生产同种往复式压缩机，显然在成本上无法与马来西亚松下工业公司相抗衡。

于是，日本的挑战目标转向了耗电量显著降低的"旋转式压缩机"。不过，通用电气（GE）控制了这项技术的基本专利。山下俊彦为了尽快实现商品化，打算从通用电气那里购买技术使用权。但吉田和正让山下俊彦等一下。吉田和正自入职以来，一手培育出了往复式压缩机。

吉田和正对山下俊彦说："我查了下通用电气的技术使用费，高得离谱。我想，我们用其十分之一的研发费用就能做出来。要不我们不跟通用公司合作，自己研发吧。"吉田和正已经做了几个旋转式压缩机的样机，他感觉"大概能行"。但他还是太天真了。

"还差一点，就差临门一脚，但怎么都捅不破最后的窗户纸。我的精神太受折磨了。自制率的提高往往是靠转包商自下而上的倒逼而成功实现的，往复式压缩机也一样。有什么不明白的，请教转包商就行了。但是研发旋转式压缩机时，却无人可以依靠。真愁人。"

更糟糕的是，松下电器公司在承诺产品自制可以成功的前提下，已经与三菱重工的"大型中央空调"项目签订了供应旋转式压缩机的合同。交货日渐渐逼近，而研发却还没有眉目。山下俊彦催促："花多少钱都无所谓，但一定要完成。"

吉田和正连晚上睡觉时都抱着机器。就这样，他坚持研发，终于在1975年成功实现了旋转式压缩机的量产。历经千辛万苦将自主研发坚持到底的决心换来了丰厚的回报。因为是自主研发，所以他们不受通用电气的技术专利牵制。松下电器公司生产的旋转式压缩机除了自给，还畅销到了世界各地。韩国的乐金（LG）集团、现代公司和美国的西屋电气公司等松下在空调领域的强劲对手，也都使用了松下电器公司生产的压缩机。

1985年，在马来西亚松下工业公司开始生产往复式压缩机的十年之后，旋转式压缩机的生产又被转移到了马来西亚松下工业公司。那一年，距离山下俊彦卸任松下电器公司总部社长只剩一年。自主研发的优势加上马来西亚的成本竞争力使得销售量迅猛增长。松下电器公司一跃成为世界上最大的空调用压缩机生产商之一。

马来西亚松下工业公司的成功及旋转式压缩机的量产，是勇于挑战困难精神所带来的丰硕成果。

## 超越日本母公司

我们稍微拨快一下指针。1987年，少德敬雄接到了一份具有决定意义的委托书，他被任命为马来西亚松下工业公司的社长。顺带一提，当时松下电器公司空调事业部的部长是吉田和正。当少德敬雄去时任顾问董事的山下俊彦那里寒暄时，山下俊彦说："听说你要成什么地方的社长了，真的吗？""是的，我被任命为马来西亚松下工业公司的社长了。""太好了，你要加油啊！"

山下俊彦在这之前刚刚得到人事部门的消息，曾经跟自己并肩作战，将松下电器公司的空调产业推广到世界的人要做马来西亚松下工业公司的社长了。他用这种略显笨拙的方式，表达着高兴之情。

1989年，在已经是马来西亚松下工业公司社长的少德敬雄的主导下，分体式空调的巨型工厂开始投入使用。那时正值泡沫经济时期，总部的草津工厂无论人力还是物力都不足。尽管在马来西亚工厂刚刚成立时，为了消化马来西亚制造的产品，马来西亚松下工业公司没少给总部添麻烦，但是此时，让草津工厂员工感激涕零的是，马来西亚工厂不仅运来了商品，还派来了支援人员。当时，每三个月就有一批三四十人规模的马来西亚员工被派来支援总部。

被派遣来的员工看到草津工厂最先进的流水线和安全管理后深受震撼，带着"伴手礼"回到马来西亚。这个"伴手礼"就是努力使马来西亚工厂追上总部的意识。

少德敬雄察觉到了马来西亚员工的心思，于是组织了"Let's catch up with Japan"（追赶日本）的行动。

少德敬雄原本想将行动命名为"Beat Japan"（打败日本），但最后还是放弃了。他们用图表将草津工厂与马来西亚工厂在生产性、压缩机使用率、成品率、安全指标等各个方面的差距可视化。"日本的这个地方改善成这样了。""我们在那里再下点功夫吧！"每一点他们都曾在日本看见且实践过，还用切身经验证实过，所以讨论起来就很有魄力和说服力。公司大大小小各个方面都在不断获得着改善。

两年后（1991年），在各可对比的指标中，马来西亚均超越了日本草津工厂。当时，少德敬雄对日本媒体说："我们的成本比日本低多少？至少要低两成左右，有的型号甚至要低三成。我们在产品自制比例、生产性和成品率上都已经超过了日本。"

马来西亚的第四任总理马哈蒂尔·穆罕默德非常重视马来西亚松下工业公司。马哈蒂尔·穆罕默德倡导"Look east"（向东看），主张通过向日本学习，实现马来西亚的工业化和现代化。

马来西亚松下工业公司向日本学习，并成功超越了日本。只有肯做，才能成功。亲身实践"向东看"理念的正是马来西亚松下工业公司。马哈蒂尔逢人便夸赞马来西亚松下工业公司，媒体也争相报道。结果，马来西亚松下工业公司在马来西亚无人不知，无人不晓，成为知名度最高的公司之一。

少德敬雄回忆："每一个马来西亚人都很关注我们的工作。于是我们就想要更加努力。很多人会因家人在马来西亚松下工业公司工作而感到自豪。另外，我们的员工在乘坐公交车时，常为老年人让座，也被传为美谈。"

以马来西亚松下工业公司为首，松下电器公司在鼎盛时期占到了马来西亚国内生产总值的3%～4%。可以说，松下电器公司成为马来西亚发展的原动力之一。包括向母公司支付的分红、专利使用费和初期购买零件的利润在内，马来西亚松下工业公司总共为松下电器公司创造了相当于当初投资额四五倍的收益。

少德敬雄任马来西亚松下工业公司社长期间，有一次回日本出差时，拿着马来西亚松下工业公司的相册去了山下俊彦的办公室。里面有周年纪念活动时的照片，也有新工厂和研发中心启动时的照片。

山下俊彦突然停下了翻相册的手，看着少德敬雄说："少德，你干得真棒啊！"

这是第一次也是最后一次，少德敬雄一生中唯一一次听到山下俊彦称赞自己。

# 贵久子高龄考取驾驶证

山下俊彦将"青春"献给了空调事业部。他在《连我也做了社长》中写道："当时空调事业部有大约1300名员工，绝非一个小组织。在那里，自己的努力能即刻反映到销量上，职场里充满了活力。畅销时开心，滞销时焦虑。这种立竿见影的实际体验支撑着整个团队。我至今依然怀念那段快乐且充实的时光。"

但是，如他人的青春一样，山下俊彦的青春也并非毫无伤痕。山下俊彦也付出了一些代价，他牺牲了与孩子们共同生活的时间。

1968年，当空调事业部从门真市迁往草津市时，山下俊彦还住在高槻。事业部部长配有专车，高槻到草津的距离不算太远，山下俊彦选择开车通勤也未尝不可，但他还是住进了草津附近坂本（大津市）的一个公司员工住宅区，一头扎进了草津新工厂。

山下俊彦在高槻居住时，家庭生活是怎样的呢？当时保龄球一度很流行，山下俊彦会突然一拍脑门说："咱们去打保龄球吧！"他也不问问孩子们时间是否合适，一家四口立刻全员出动去打保龄球。他还买过乒乓球台，放在狭窄的院子里，跟孩子们打乒乓球。虽然算不上溺爱子女，但山下俊彦一向很重视家庭。

但正是这样爱孩子的山下俊彦，在草津新工厂落成时，把孩子们的母亲从他们身边夺走了。

在日本，一般情况下，母亲会为了照顾孩子而选择留在家中，但是山下俊彦家却不一样。

周一到周五，贵久子在坂本照顾山下俊彦。只有周末时，他们才会一起回高槻。两个孩子在工作日期间都吃母亲提前做好的菜，或者去附近的超市买些食材自己做饭。

"我们家对孩子都是放任不管的。"长子山下一彦说，"在母亲心中，父亲才是第一位的。我觉得，父亲应该没有要求母亲必须跟去坂本。就算父亲什么都不说，母亲也能揣测到父亲的想法，提前采取行动。她肯定觉得父亲一个人什么都做不来，才主动跟了过去。"

在公司里，山下俊彦是个"独立青年"，但在家庭中却"什么都做不来"。连脱外套都得让贵久子帮忙。不仅如此，山下俊彦做了社长之后，年迈的贵久子竟然开始学习开车，并考取了驾驶证，而这一切只是为了山下俊彦的应酬。

山下俊彦并非喜欢打高尔夫球。他虽然嘴上说"那有什么好玩的"，但担任事业部部长后，偶尔需要出席高尔夫局应酬。玩过几次之后，他就变得争强好胜起来，不甘心每次都拿惨兮兮的分数。于是他常去高尔夫练习场勤加学习，即使就任社长之后也没间断过。但是山下俊彦自己没有驾驶证。贵久子在他开口之前自己先下定了决心：既然如此，那就只能我来考驾照了。

贵久子去驾校交申请时，教练非常震惊："你现在才开始学吗？"

社长夫人亲自开车接送山下俊彦练习高尔夫。不仅如此，山下俊彦选好两三根高尔夫球杆，把球杆从车里搬到发球区的也是贵久子。在练习场上，把球放到果岭①的还是贵久子。山下俊彦只管打球就可以了。这是多么严重的大男子主义啊！

---

① 果岭，指球洞所在的草坪。——编者注

儿子山下一彦记得母亲曾经反问过父亲："你把我当成什么了？"山下俊彦回答说："处理好我身边的事情就是你的工作。""啊，原来你是这么想的。"话题就此终止。她也曾抱怨过他"真任性""不听话"，但即便如此，贵久子的口头禅依然是"不得不支持他"。

虽然看上去山下俊彦做得很过分，但是两人的关系并非可以单纯靠表面展现出的样子来判断的。

《连我也做了社长》的编辑赤木邦夫在该书的后记中写道："本书主要记录了以山下俊彦为中心的谈话会的情况。为了这次谈话，贵久子特意从大阪赶来东京。两人的对话就像'漫才'①一样有趣，从中仿佛可以感受到两人平日里的恩爱和睦。本书原本想真实再现两人的对话，但他们说'太难为情了'。很遗憾，不得已我们改写成了普通的文章，仅在文中部分引用。"

夫妻"漫才"中，负责吐槽的是贵久子，装傻的则是山下俊彦。贵久子总能找到山下俊彦身上略微偏离世俗标准的"槽点"，并委婉告诫。山下俊彦虽然惊慌失措，但也只能笨拙应战。两人一来一往，节奏流畅，观众听后心情得以舒缓。

山下俊彦就任社长的第三年，贵久子接受了杂志《选择》的总编辑饭塚昭男的采访。她这样评价自己的丈夫：

"山下俊彦乍一看似乎很冷漠，但其实他是个有温度的人。他只是不善言辞而已，所以有时会有人觉得他冷酷无情。"

---

① 日本一种喜剧表演形式。通常由两人表演，一人负责装傻，一人负责吐槽。类似中国的对口相声。——译者注

"我们之间从来没有暴发过激烈的争吵。他一生气就闭口不言，所以我们没法吵架，更没有家暴。"

"是的，从来没有过。他连不打招呼在外过夜的情况都没有。"

贵久子看到了山下俊彦的"温度"。正因为她看到了山下俊彦的价值，所以才决定完全接纳他，"不得不支持他"。

而山下俊彦也绝对需要这样一个无条件接纳自己的地方。

重申一下，松下幸之助的思想是使命感和事业部体制这两股绳子的集合。山下俊彦对崇高的志向没有异议，但是他对公司上下被使命感染成一色，每个员工都泯然众人的大环境感到很不舒服。

另外，事业部体制却是山下俊彦拥有活力的源泉。事业部部长对自己所负责的商品拥有全部的决定权。山下俊彦担任事业部部长后如鱼得水，他充分发挥了自主性，全面提倡个性化。他自始至终贯彻着对品质绝不妥协的信念，在诸如出口和国外生产等没有航海图指引的全球化领域，迈出了坚实的一步。

当然，在授予全部权力的同时，后果和责任也要严厉追究。山下俊彦对松下幸之助的另一个核心理念——使命感敬而远之。他的内心是孤独的，正因为这份孤独，他承担的责任也比其他任何人都重。作为事业部部长的山下俊彦，当时正处在深深的焦虑之中。

所以他需要一个无条件接纳自己的地方，一个犹如胎儿在母亲体内被羊水包裹着一样绝对安全的地方。山下俊彦从贵久子处找到这个安身之处，这才让他扛住了与松下幸之助对峙时的压力，勉强保持住平衡。

在《连我也做了社长》一书中，他坦率地写道："妻子对于我而言，永远都是'我方'。最近我听说在一般家庭中，母亲会与孩子结成联盟，削弱父亲的影响力。（中略）幸运的是，在我家，妻子是我的队友。对这一点，我还是有自信的。"

即便山下俊彦后来成为社长，贵久子对任何人都彬彬有礼，温柔以待。"山下俊彦对人不分三六九等，山下俊彦的夫人也一样。两个人可真般配啊！"这是员工的共识。很多人会觉得是山下俊彦成就了贵久子，但也许这样想才是正确的：正因为有了贵久子的存在，山下俊彦才成就了自己。

长子山下一彦说："总有个人无论如何都能理解自己，这对父亲来说太重要了。"山下俊彦其实也是贵久子的"作品"。

## 《生活手帖》事件

在做空调事业部部长时，山下俊彦到点就准时下班，有专车司机送他回到公司员工住宅区。家中虽有贵久子在，但他并不会跟她说很多话，大多时间直接进书房读书。尽管如此，跟贵久子在同一个屋檐下共同度过的时光，对山下俊彦而言是无比珍贵的。

当然他也不是公司和家之间的"信鸽"。或许是因为公司离家近，比较轻松，他偶尔会组织盛大热烈的"酒桌交流会"。山下俊彦酒量很好，在喝酒之前他会扬言："放马过来，我不挑'武器'。"

先来两三杯啤酒，接着换日本清酒下肚，之后他还会提议"要不来一点葡萄酒"。推杯换盏、互相倒酒是被他明令禁止的，无论是普通员工还是部长，一律都自斟自饮。酒桌上禁止谈论工作。如果有年轻的员工放不开，山下俊彦就会调侃："你们这些年轻人，情绪和体力还赶不上我一个中年人吗？你们比我厉害的难道只剩头发多了吗？"

虽然他很讨厌起哄硬要别人唱歌的家伙，但是喝到了兴头上，他偶尔还是会唱唱演歌①，其中最拿手的是《北国之春》。为了助兴，他总说"我可是得到了千昌夫②的真传"，两人或许还真的有过交集。虽然他喝得多，但是酒后从不失态，也不会拉着人絮絮叨叨，更不会搞得遍地狼藉。虽然山下俊彦也喝酒，但对于酗酒的员工他绝不宽恕。

在搬到草津之前，当时空调部门的核心基地还在门真。当时的场景吉田和正至今想来依然历历在目。

傍晚时分，山下俊彦对时任主任的吉田和正说："吉田，咱们去喝酒吧！公司里还有谁在，都一起叫来。"当时包括部长和课长在内，共计十人左右在一家寿司店的二楼聚会。

这时，山下俊彦提起了《生活手帖》事件。

《生活手帖》1968年的早夏号中，刊载了一则室内制冷机（即窗型空调）商品实验的结果。在这篇文章里，松下电器公司被抨击得体无完肤。

当时，松下电器公司使用"国际牌"商标销售空调。《生活手帖》除了测试包含国际牌在内的十种日本国产空调，还测试了通用电

---

① 明治时代开始流行的日本传统音乐形式，常用五声音阶。多受中老年人欢迎。——译者注

② 日本歌手，《北国之春》原唱歌手。——译者注

气公司和克莱斯勒公司的产品。先测试的是冷却能力是否与标识的数字相符。12种机型都标识冷却能力为2000千卡（当时不用瓦特，而用卡来标识），然而，真正能达到1800～2000千卡的只有日立、东芝、大金、富士电机、通用电气和夏普六家公司。国际牌的空调在1600千卡左右，名列倒数第二。

第二项实验是测试各款商品让室温冷却5摄氏度需要多长时间。东芝公司和日立公司的产品在30分钟内就成功了，而国际牌的空调却花了1小时以上。这一项上松下是倒数第三名。而除湿能力更是被排在了最后一名。每消费10日元电力所获得的冷却表现也排在倒数。在文章中，国际牌的空调与三菱、胜利和三洋的产品一起被评为"不太有效果的机器"。

唯一一项优秀的指标是噪声，松下电器公司的产品在所有受试品中噪声最低。但是，综合评价方面，松下的国际牌空调不但没入选三款A级（优秀）产品，甚至连评价B级（良好）的三个名额也都没挤进去。

20世纪60年代后半期，拉尔夫·纳德①主导的消费者运动在美国产生了巨大的影响。当时《生活手帖》的发行数超过了60万本。山下俊彦的空调事业部被这本拥有压倒性影响力的评论性杂志抨击得体无完肤。

这就是空调事业部的员工被召集到寿司店的原因。

"这是我的责任。"山下俊彦说："是我命令技术人员把噪声调

---

① 拉尔夫·纳德，美国律师、政治家，主要关注消费者权益保护和环境等领域。——译者注

小，保持安静的。结果让产品的其他性能降低了。"

吉田和正看了下周围，正好与上司四目相对。上司示意他不要说话。

这事之后没多久，山下俊彦到东京造访了《生活手帖》杂志的编辑部。山下俊彦见到了正值巅峰的花森安治。那时，花森安治与扇谷正造（《周刊朝日》杂志的主编）和池岛信平（《文艺春秋》杂志的社长）并称为"传媒三杰"。

"出现这样的结果也是没有办法的，测试商品性能并告知消费者是杂志社的义务。我们会努力的。等到商品性能改善时，希望你们也能写文章告知消费者。"山下俊彦没有逃避，他表达了自己不会退却的决心。

山下俊彦无论如何都不会找借口。当时，他在前文提到过的日记本上写道："与其想办法让镀金冒充真金，不如坦率承认自己就是黄铜，心甘情愿忍受别人对黄铜的污蔑，反而更心安理得。"①他还写道，"伶俐与聪明不同。伶俐的原意是巧言善辩。伶俐的人本质是为了自保。"②

《生活手帖》杂志社并没有山下俊彦到访的记录。1980年入职的杂志社营业企划部营业课长池上研治也不知道1968年的事情。不过他表示："当时，不管是造空调的还是做测试的，其实都是摸着石头过河。"

他们测试空调性能时，在六块榻榻米大小的房间里每隔四五厘米

---

① 出自夏目漱石《从此以后》，也有译作《后来的事》。——译者注
② 出自日本官僚佐桥滋对时任首相佐藤荣作的批判文章。收录在佐桥著作《忧情无限》中。——译者注

拉一根塑料线，再在每根塑料线上挂上三四个温度传感器。传感器距地面约有1米高。这个实验如假包换，就是一个手工实验。"用这种简陋的测量方式，无法正确捕捉到降温的分布点。实验非常不成熟。况且空调最重要的是舒适，并非只要能降温就够了。厂家应该也意识到了这其实是个很不成熟的实验。即便意识到了，但山下俊彦应该还是想借此机会做出改变。"

第二年，山下俊彦的空调事业部发售了业内首款壁挂式分体型空调"树冰"。这款产品跟初期的空调相比，热交换器大了一倍。"树冰"的冷却能力不仅有所提升，还采用了全新的"上出风"方式。"上出风"方式能让冷气从房间的上方像淋浴一样倾泻而下，体感更舒适。

松下电器公司的空调部门凭借"树冰"超越了日立公司，终于坐上了业内第一的宝座。

## 你要承担责任

山下俊彦在空调事业部充分体验到了事业部体制的活力。他贯彻自主责任经营的方针，在发挥主体性开展经营活动的同时，承担全部责任。山下俊彦深深信服事业部体制，他在日记本中这样写道："人的主体性在自主责任的原则中得到充分施展。"

事业部部长当然是要自负责任的。但是"人的主体性在自主责任的原则中得到充分施展"这句话不仅适用于事业部部长，也适用于事业部中的每一位员工。

当然，事业部部长与普通员工的权限相差甚大。调动员工主观能动性的前提是尽可能地下放权限。

虽然程度有别，但是每个人都应该在自己的决策范围内思考自己能做什么，不能做什么。所以，一旦决定把工作委任给他人，那就交由他全权负责。

"如果只是按照上司的指示工作，不管结果好坏，责任都由上司来承担，这样一来任何员工都不会有工作的积极性。只有当员工能够对自己的工作负责时，才会感受到工作的意义。"这是山下俊彦的想法。

所以，他严厉追究了下属的责任。

这一点，吉田和正可以作证："通常，人们都认为下属的失败是上司的责任，但他却明确表示：工作是你做的，当然是你的责任。为什么要我承担呢？当然要你自己来承担责任。"

有一次，工厂的变电所发生了起火事故。谁的责任？山下俊彦坚持不懈追查了很久，最终查到原来是电力施工公司现场监督的错。

产品出现质量问题后，曾经有个威望颇高的老员工主动站出来承担责任。山下俊彦没有因为他的诚恳坦白就对他纵容，最终还是把他调去了其他岗位，晾了两年。

在追究责任的同时，山下俊彦也会彻底放手。年轻的工程师申请购买价格高昂的工作器械时，山下俊彦只说了句"你可真是被这台机器迷晕了哟！"随即便盖章同意。约有一大半的情况都是这样决定的。

他将出口空调的定价权交给了几乎还是新员工的少德敬雄。当吉田和正近似鲁莽地提议自主研发旋转式压缩机时，他也同意了。

吉田和正说："他会干脆地将工作托付给别人。员工不会觉得自己是在被动地工作，而是自己主动承担了工作。这么一来，工作的意义油然而生。"

山下俊彦以这种方式培养并锻炼了空调事业部这个集体。山下俊彦做事业部部长时，少德敬雄有一半以上时间都陪伴在他身边。少德敬雄诚恳地坦言："山下做事业部部长的11年间，空调赢利的年份不过一两年，最多也就三年，其余时候几乎都没什么盈利。说真的，要说山下哪点最了不起，那就是在这种业绩状况下依然没被解聘是最了不起的。"

少德敬雄的"坦白"可能并不准确，不过一向重视利润的山下俊彦的确受困于利润。尽管饱受困扰，但山下俊彦依然不强求眼前的利润，继续将目光聚焦到可持续收益上，磨炼着整个空调事业部。终于在就任事业部部长的第11年，他得到了满意的结果。1976年8月，在空调事业部的部课长会议上，山下俊彦说："这两三年间，大家为改善经营体制尽心尽力。最近，空调的业绩终于不再下滑，预计未来也不会变差。要想阻止从斜坡上滚落而下的石头，需要花费很大的力气。今后，我们要慢慢把石头抬上去。我觉得我们已经具备了这样的体制。"

"树冰"跃居业内首位之后，松下电器公司的空调产品在业内的市场占有率稳步上升，1976年这一数字已经破纪录地达到了23%。同时，空调事业部的利润率也接近10%，离松下电器公司的合格线已经很近了。

当然，空调市场本身也壮大了。山下俊彦就任事业部部长的1965年，日本的空调产量仅为10万台，而到了1976年，这个数字激增到了242万台。市场壮大了，竞争也变得更激烈。在这样的大背景下，山下俊彦依然能够持续提高市场占有率，并使空调成为松下电器公司主要的赢利部门之一，足以证明山下俊彦"经营"方式的正确性。

他站在多维度的视角上向全球市场发起挑战，果断将权力托付给下属，贯彻自主经营的模式。事实证明，他这样的经营方式是正确的。山下俊彦的内心涌入了成就感，但他仍波澜不惊。

# 第3章
## 在确定新社长之前

其实早就有苗头了。

空调事业部的老领导青木岑生有一天接到了主管销售的前专务藤尾津与次的电话。"我想去草津工厂看看，但这件事你一定不能告诉别人。"不过是参观工厂而已，为什么不能告诉别人呢？太夸张了。这件事过去没多久，住友银行会长堀田庄三也来草津工厂参观了，他连秘书都没有带。山下俊彦和他单独交谈了近一个小时，之后又带他在工厂转了转。后来，日本兴业银行的顾问中山素平也来了。藤尾津与次既是前辈，又是销售团队的权威人士，而堀田庄三和中山素平则是松下电器公司的社外董事。

这么多领导纷纷来访，此事必有蹊跷。众说纷纭之时，山下俊彦就任社长的消息传来了。原来他们是来找山下俊彦"验货"的。

## 从亲族联盟到神圣体制

1977年1月8日，松下幸之助给山下俊彦去了一通电话。"1月10日我们见一面吧。"10日当天，听到松下幸之助说要让自己担任社长，山下俊彦下意识觉得"总顾问是不是疯了"。经过一番僵持，他终于在两天后的12日同意就任社长。新闻发布会被安排在了17日。

13日到16日这几天，领导们陆续造访了草津工厂。虽然山下俊彦三年前的1974年起就已经升格为董事，但对于大佬们来说，他还是个需要"验货"的陌生人。

董事排位中，他列倒数第二。山下俊彦越过了22位前辈成为社长。虽然松下幸之助选择了他，但对于松下幸之助而言，山下俊彦也几乎是个陌生人。"虽然印象里知道他是个很不错的人，但是此前从未考虑过让他做社长。"（摘自饭塚昭男著《山下俊彦的挑战》）

宣布新社长人选后没多久，松下幸之助在公司内部报刊上发了一句话："现在有四位副社长，任何一个人都足以胜任社长。"松下幸之助说的这四位副社长是指谷村博藏、中川怀春、东国德和稻井隆义。尤其是后三位，中川怀春负责工业设备，东国德负责电器，而稻井隆义则负责无线设备。他们在松下电器公司的存在感异于常人。

坊间盛传，松下幸之助中意的人选是这三人中最年轻的东国德。东国德带领的电池事业部收益颇丰。他是刀子嘴豆腐心，对下属很宽容，一直贯彻独特的"知情意的经营"哲学。大家觉得东国德是松下幸之助最中意的社长人选。

但是松下幸之助选择了"从未考虑过"的山下俊彦。事实上，松下幸之助也没有对山下俊彦明确说过选择他的理由。"这个我也想不明白。真的，想多少遍都想不明白。第一次拒绝总顾问之后，我走路时都气得不行。""我问过总顾问为什么选择我，但并没有得到能说服我的理由。"（摘自《山下俊彦的挑战》）

为什么一定要选择山下俊彦呢？这是最大的谜团。而解答谜团的"钥匙"就藏在当时松下电器公司的氛围之中。

时任人事部人事课长的村山敦（后来成为副社长、关西国际机场的社长）听闻公司里传言山下俊彦就任新社长的消息时，高兴得要跳起来了。村山敦从事业部调到总公司人事部来已经5年了，这5年他一直对总公司的氛围感到束手无策。

当时，第二任社长松下正治已经在任16年了，而副社长们做董事也分别有11～19年不等了。"真令人窒息，老社长之下又是清一色的老干部。既没有大的提拔也没有大的失误，整个组织被层层累积的砖瓦束缚。这样的体制终究不行。虽然我们不敢明目张胆地说山下俊彦新社长为整个集团带来了新鲜的空气，但我们那一批人其实都很欢迎山下俊彦的到来。"

同样感到窒息的还有创始人松下幸之助，他对于自己亲手创造的经营体制越来越感到不安。

松下电器公司创始于1918年。第二次世界大战前，是松下幸之助的亲人将它建设成了一家优秀的公司。内弟井植岁男豪放磊落，充满活力。他替体弱多病的松下幸之助打头阵，还有弟弟井植祐郎和井植熏，以及外甥龟山武雄，他们都一起分担了经营的重任。这是一个层层累积起来的"亲族联盟"体制。

第二次世界大战结束后，这个体制也随之发生了变化。井植三兄弟脱离松下电器公司，创立了三洋电机。龟山也离开了松下电器公司。1961年，松下幸之助的女婿松下正治就任社长。松下家族的地位能稳固，主要得益于高桥荒太郎和丹羽正治两个大管家，以及从第二次世界大战前开始统率技术部门的中尾哲二郎，还有谷村博藏、中川怀春、东国德和稻井隆义等松下幸之助培养起来的得力干将。丹羽正治与松下正治的妹妹敬子再婚，稻井隆义虽然是远房亲戚，但还不足以"威胁"到松下家族的地位。

这一经营体制要比第二次世界大战前的"亲族联盟"稳定得多，松下幸之助本人应该对这一牢不可破的体制很有信心。

说起稳定性，最大的功劳要归高桥荒太郎。无论是第二次世界大战前的"亲族联盟"还是第二次世界大战后的新体制，松下幸之助的两大核心思想——使命感和事业部体制都未曾有过丝毫动摇。而且高桥荒太郎还进一步打磨了松下幸之助的使命感思想，在松下电器公司内独创了一套精细的会计系统，使这一经营体制变得强大且稳固。

## 拥护者高桥荒太郎

高桥荒太郎生于1903年，比山下俊彦年长16岁。不过他1936年才入职松下电器公司，仅比山下俊彦早两年。高桥荒太郎是跳槽到松下电器公司的。

高桥荒太郎的老东家是大阪的朝日干电池公司。虽然当时他很年轻，但很快就崭露头角。他以一己之力创建了公司的会计系统，年仅24岁时就被任命为常务，升任公司中仅次于社长的第二把手。当时正值收音机的兴盛期，朝日干电池公司的收音机电池十分畅销，大家欢欣鼓舞。为了丰富员工的生活，公司饲养了两匹马。马的饲料费用为每个月70日元，而当时大学毕业生每个月的工资只有50日元左右。而这点开销在朝日干电池公司根本不值一提。

然而，1928年起，随着无须安装电池的交流收音机的普及，朝日干电池的销售额急转直下，一年后几乎降为零。高桥荒太郎想将业务从收音机电池切换到自行车车灯电池，但这需要削减三成的成本。因为赶上了收音机流行的风口，公司经营变得很艰难。苦苦思索，高桥荒太郎最终做了以下几条决定：

（1）工厂脱离总公司，独立结算。

（2）高桥荒太郎自己从常务辞职，转为工厂主任，专心于工厂事务。

（3）员工概不辞退和降薪。但是如果不能使公司复兴，包括自己在内的所有人可能都要面临失业。公司有可能支付不起离职补贴，所以要提前为全员支付离职补贴。

（4）工厂独立后的第二天起，产品以七折的价格供货。

虽然没有辞退生产一线的工人，但是工厂的管理部门从30人削减到了3人，办公室的空间也仅有2坪。这样一来，工作氛围发生了剧烈变化。每个人都主动削减成本，6个月后工厂完全步入正轨。

1936年，松下电器公司并购了朝日干电池公司，高桥荒太郎被挽留下来做了松下电器公司的一名审计课长。他拿的是破格的高薪酬。

来到松下电器公司后，高桥荒太郎邂逅了松下幸之助的经营理念，他一下就认准了它。高桥荒太郎在自己的著作《世代流传的松下经营》中写道："在邂逅总顾问的经营理念时，我想，'如果以前的公司能有这样的理念，我早就能果断确定方针了吧。'"

高桥荒太郎在上一家公司——朝日干电池公司推行的方针，其实恰好与松下幸之助在"昭和恐慌"时代采取的对策不谋而合。

1929年5月，松下电器公司的新工厂刚建成。那一年年末，销售额骤然减半，仓库中的库存积压成山。"现在只能解聘一半员工了。"领导们把这个大家一致决定的解决方案拿到了当时卧病在床的松下幸之助面前。松下幸之助当即说道："即日起，生产减半，但是不可以解聘任何一位员工。工资全额支付，但是需要大家牺牲休息的时间全力参与销售，努力消化库存。"不可思议的是，两个月后，库存就被消化完毕了。

高桥荒太郎想，自己想到当初的解决方案之前，曾经反复摸索，经历过多次慌乱和迷茫。为什么松下幸之助能够当机立断地做出抉择呢？

这个问题的关键在于决策者的经营理念。

松下幸之助倡导的"消除社会贫困"的经营理念，已经超越了一般的商业理论，它教育人要做正确的事情。先确认公司的决断对社会而言是否正确，只有正确的决断，才能孕育出巨大的商业成果。

面对危机，高桥荒太郎最先考虑的是让生产一线的员工安心。他获得了一线员工的信赖，也展示了经营的决心，感动了每一个人。这个做法是正确的，于是才结出了丰硕的果实。

高桥荒太郎瞬间豁然开朗。他体会到了松下幸之助的使命感，决心奉行松下电器公司的经营理念和基本方针。"今后不用再依靠自己微不足道的经验和聪明才智对事物做出判断了，一切都以基本方针为准绳吧！"至此之后，高桥荒太郎终生都是松下幸之助使命感理论（经营理念和基本方针）最忠实的拥护者。

高桥荒太郎遇事必谈经营理念和基本方针，他还一直倡导大家坚持诵读将经营理念文字化的"纲领"和"七精神"。

"要求大家诵读'七精神'，并不是为了公司。没有一个人是完美的，所以'吾日三省吾身'十分有必要。作为一名好的员工，好的家庭成员，大家不应该共同下定决心，尽量减少错误吗？哪怕只在诵读的时候反省一下也好。我是出于这个目的才让大家日日诵读的。不遵守公司的规定是错误的，这样称不上真正意义上的松下电器公司的经营。"（摘自《世代流传的松下经营》）

高桥荒太郎听到大家背后议论，说他像个坏了的唱片，反复说教。不过，他把这些话都当作耳旁风。

## 不合拍的两个人

高桥荒太郎的另一个贡献是创建了松下电器公司精密的会计系统。

"会计乱则经营乱""经营即会计"是高桥荒太郎的口头禅。他在入职松下电器公司后仅三个月的时间里就创建了被奉为松下电器公司会计原典的会计规定。高桥荒太郎不仅设计了事业部统一的核心会计基准制度，还在1954年提前为每个事业部设定了内部资金制度。然而，高桥荒太郎的最高杰作是"会计人员管理制度"。

会计人员从会计部门被派遣到各个事业部、营业所和关联公司，平日在事业部部长或营业所所长的指挥下工作，但是事业部部长不掌握会计人员的人事任免权。他们的人事任免权由总公司会计部门的最高责任人，也就是高桥荒太郎掌握着。会计人员一旦发现事业部部长的经营失误，无须害怕冒犯任何人，可以果断地向总公司揭发。如果事业部部长仍不改正，会计部门可以开展审计，明辨是非。会计人员既是会计，同时也是监督员。反过来说，正因为有监督员的存在，所以松下电器公司的事业部部长才可以拥有其他公司无法想象的极大权限。"放手但不放任"的会计人员体制，使松下电器公司的经营体制得以完备。

在这种体制下，各位得力干将如猛兽般在各自的领域开疆拓土。松下幸之助是"驯兽师"，他在挥舞使命感这个无形鞭子的同时，又布置了会计人员充当实际感应器，最大限度地激发了"野兽们"的能量。

松下电器公司能够在1955—1974年日本经济高度发展期持续占据家电领域第一名的秘密正在于此。

就这样，经营体制成了保证松下电器公司繁荣的一套系统。

只有一处松下幸之助失算了，那便是将女婿松下正治安排在了这个"体制"之首。松下正治是伯爵平田家的次子，他从东京大学毕业后，就职于三井银行。后来成了松下幸之助的长女松下幸子的丈夫。松下幸之助与松下正治两个人从一开始就不合拍。

在进入松下家族之前，松下正治就经常被叫出来，听松下幸之助延绵不绝的个人演讲。话到兴头，松下幸之助连嘴上叼着的烟快燃尽了都察觉不到。松下正治坐立不安，他总担心烟灰落下来会烧坏贵重的地毯。结果，松下幸之助的话他一句也没听进去。

他们不合拍的事情还有很多。后来，松下正治写下了自己对松下幸之助的回忆。"我说我在努力，但松下幸之助总觉得我这话太肤浅、太宽泛。他总会训斥我：再往前一步你就能打开全新的局面，你为什么不去做呢？他总觉得很多事情不冲到最前线就无法明白，所以总是责备我究竟在做些什么。"松下幸之助总是强调诚恳之心，但松下正治认为他接触到的松下幸之助不是这样的。"反正是个复杂的人，绝非单纯之辈。"

有不少人曾看到松下正治多次在公共场合被松下幸之助训斥。有时松下正治提出一个想法，会即刻被松下幸之助全盘否定。松下正治对身边的人感叹道："你们可不知道总顾问是怎么为难我的。"

松下幸之助对松下正治彻底失去信任的原因之一，大概与发生在1964年的第二次世界大战后松下电器公司的关键事件——"热海会谈"有关。这一事件的次年，也就是1965年，山一证券公司濒临破产，接受了日本银行的特别融资。日本第一次经济高速增长期自此谢幕，日本站在了"结构性萧条"[①]的入口上。

这时，松下电器公司旗下的多家销售公司和经销商的经营状况转为赤字。在热海举办座谈会时，台上的松下幸之助淹没在了抗议和指责声中。松下幸之助曾这样回忆："当时真是令人毛骨悚然。经销商说：'我们按松下公司说的做了，但为什么还是不赢利呢？'他们中大多数是赤字或勉强维持经营的状态。我也没想到情况会如此糟糕。"（摘自秋元秀雄《驰骋于松下商法的世界》）

座谈会的第一天和第二天，松下幸之助还进行了反驳："大家采取措施前，真的认真思考了吗？""松下电器公司给你们压货时，如果你们不需要，就不要接受。我们各自都是独立的公司。"然而，松下幸之助越说，大家越生气。

到最后一天，也就是会议的第三天，大家对松下电器公司的不满喷涌而出。

---

① 因产业结构、需求结构等引发的结构性经济危机。——译者注

松下幸之助回忆："这时，我站起来说了下面这段话。'从前天开始，大家就一直在抱怨。我也站在公司的立场上反驳了大家。但是现在，我不想再找理由反驳了。我仔细反省后，觉得归根结底还是一句话，都是松下电器公司的错。松下电器公司以前刚开始生产电灯时，销量并不好。但是大家看到我们这么努力，也都竭尽全力帮我们销售了。松下电器公司能有今天，全靠各位的帮扶。我在此向各位保证：松下电器公司之后会痛改前非，好好考虑如何才能从根本上解决问题，让大家能够心安理得地持续经营。'说这话时，我百感交集，不觉热泪盈眶。再回过神时，发现下面已有一半以上的人拿出手绢在擦拭眼泪。"

松下幸之助彻底扭转了局面。他当场做出了一个之前从未考虑过的决定，于是瞬间将蜂拥而至的对立的一方化为友方。这是连想象力丰富的剧作家也写不出的情节。

## 松下幸之助的不信任和疑惑

热海会谈结束后，松下幸之助立刻落实了约定。他命令总公司"将松下电器公司销售额的5%让利给销售公司和零售店"。当时在总公司会计部工作的平田雅彦（后来成为副社长）觉得这太离谱了。"如果拿出5%的利润，松下电器公司的账面就会变成赤字。""没关系。就算我们暂时赤字，也要先保证销售公司和零售店的利益。只有销售公司和零售店恢复活力，才能卖得动松下电器公司的产品。"

但是，怎么才能挤出这5%的钱呢？当时真是让人绞尽了脑汁。

松下电器公司的产品此前都是由事业部通过营业所向销售公司供货。后来跳过了中间的营业所，由事业部直接向销售公司供货，这样便大幅削减了流通经费。

另外，当时普遍使用的是100天或者150天的承兑支票，而如果切换为月末现金支付，就能节省利息。当然，突然改成现金收款，零售店手头没有可支付的现金。为了让零售店可以现金支付，松下电器公司又成立了按月分期付款的公司，专门收购零售店的分期付款债券。

就在这一年，松下电器公司退出了大型计算机的研发项目。这一举措削减了高昂的研发费用，据悉也是为了筹集5%的费用所采取的措施之一。

松下电器公司除了将5%的利润返还给了销售公司和零售店，还按照一地区一公司的原则，重新组建了销售公司和经销商的架构。这一调整意在消除销售公司间的地域竞争。为此，松下电器公司的员工不得不与零售店的经营者协商，调整各家的领域范围。松下幸之助替换下因病疗养的营业部部长，以代理营业部部长的身份，亲自在前线做指挥。

松下幸之助做到这一步，应该也曾深深叹息过吧。自己已经70岁了，还要主动请缨，以代理营业部部长的身份在一线工作。社长到底在干什么呢？在热海会谈前，松下正治为什么将事情搁置不管呢？是没有意识到公司已经病入膏肓了吗？这已经不只是身为企业一把手的社长的问题了。体制到底是否还有效呢？这时，他开始担心自己亲手构建的这项体制。

后来成为山下俊彦参谋的佐久间昇二说，其实一线的人在热海会谈很久之前就已经察觉到了异样。1959年，当时佐久间昇二年仅27岁，还在东京营业所工作。他与几个年轻人一起提交过建白书[①]。

建白书的主要内容有：几家重型机电厂家进军家电行业，激化了市场的价格竞争；为了维持市场占有率，松下电器公司的压货已经常态化，流通库存急剧增加；销售店和代理商的恶性竞争以及承兑的长期化使经营状态不断恶化，等等。建白书在递交给高管之前就被撕碎了，文中精准地指出了热海会谈上呈现出的惨状。

通道是闭塞的。经营体制已经不能正常运转了……

松下幸之助的愤怒，先发泄在作为社长的松下正治身上。1973年，松下幸之助将会长的职位让给高桥荒太郎，隐退为顾问。当时，松下幸之助公布了《会长、社长及现任诸高管的注意事项》。其中第三条指出"现任诸高管是指专务或者常务以上。会长和社长只要指出经营中重要且基本的问题即可，不需要对每个业务做出具体指示"。这个文件可以理解为将松下正治排除在大部分业务之外。

1975年，松下幸之助又尝试修改了经营体制。他在事业部之上设置了工业器械、电器和无线设备三个总括事业总部，分别安排中川怀春、东国德和稻井隆义三个实力派副社长担任总括事业总部部长。至此松下电器公司主要由这三人管理。这样松下正治就被架空了。

松下正治一定无处宣泄自己的怨愤。但是，这时的松下幸之助更加焦虑了。仅仅将松下正治架空，对经营体制的小修小补依旧无法抵御时代变化的潮流。松下幸之助的焦虑与日俱增。

---

① 建白书：下属向上级反映意见或建议的一种文书。——译者注

## 毁灭啊

热海会谈后，1965—1974年的十年，松下电器公司又经历了几次大的洗礼。其间，日本公平交易委员会发布过禁止倒卖的公告。彩电的双重价格问题，即出口价与国内销售价不同，引发了消费者的拒绝购买行动。这次事件是对松下幸之助使命感这一经营理念的挑战。

松下幸之助一直引以为豪，自己创造了厂家、销售店和消费者"共存共荣"的价格体系。厂家提高利润后，继续将资金运用到设备投资中，通过扩大生产降低价格，最终使消费者从中获益。这样，"消除社会贫困"最终得以成功实现。

由厂家（产业资本）主导，实现"社会公平"，这是产业资本的使命。日本公平交易委员会的禁止倒卖公告和消费者的抵制运动否定了这份使命感。松下幸之助大喊道："这真是毁灭啊！"

最终，松下电器公司做出妥协，废除了双重价格体制。松下幸之助在追求使命感的同时，也是一个现实主义者。他意识到了自己所创造的体制与时代之间的分歧越来越大。这次事件给松下幸之助心中留下了无法磨灭的苦闷。

此外，这段时间还发生了石油危机。那是1974年，日本经济在第二次世界大战后首次陷入负增长，松下电器公司的收音机、音响和电子元件等事业部被迫只上半天班。虽然只工作半天，但工资照常发放。这和"昭和恐慌"时一样，当时也是工厂半休但工资照发，全员四处奔走消化库存。

公司停止了管理职位的涨薪。松下幸之助还表示："松下电器公司有陷入赤字的可能。希望大家能明白，现在的状况已十分危急。"

任何组织都会随着时间的推移产生冗余，组织功能会陷入失调的窘境。松下电器公司的经营体制也不可避免地会与时代发生冲突。1970年前后，松下电器公司的经营体制已经遭遇了瓶颈。

村山敦时任松下电器公司的人事课长，他是1961年入职的。那时刚刚成为社长的松下正治给他发了入职通知书。"第二任社长（松下正治）管理时期，松下电器公司没有任何根本性的变化，仅仅是小修小补而已。会长（松下幸之助）曾经将实际业务交给过社长（松下正治），但是到热海会谈这样的危急时刻，出来动大手术的还得是会长。自那之后，社长（松下正治）也一直在小修小补。松下电器公司真的停滞不前了。不过也真是没有办法啊，毕竟公司的领导都是长期掌权的。"

从员工的角度来看，1975年松下电器公司虽然新成立了总括事业总部，但是担任部长的依然是资历达11～16年的董事。你能指望这些人未来做出多少改变呢？在事业部之上再加一层楼，这么一来，本就头重脚轻的体制变得更加沉重不堪。

村山敦说："会长（松下幸之助）认清了时代的变化，他比任何人都迫切希望做出改变。"的确如此。

小修小补无济于事，必须从根本上做出改变。有一个证据可以证明松下幸之助已经有此打算。确定总括事业总部制度的第二年，也就是1976年1月，松下电器公司将电子元件事业部从总部分离出来，单独成立了"松下电子元件公司"。

当初建立总括事业总部制度的目的是想统领各大事业部，强化总公司的掌控力。但是，公司化的措施又助长了事业部的离心力，使他们更加自立。松下在短短一年间做了两个完全相反方向的实验。

当时电子元件事业部的部长是国信太郎，是松下幸之助的得力干将之一。他是典型的"一将功成万骨枯"①性格的人，就算部下突然去世也不会出席部下的葬礼。山下俊彦后来升任了社长，国信太郎依然称呼他为"山下君②"。供货时他并不会优先集团内部，他觉得"零件即使卖给东芝和日立公司也无所谓"。公司内部不少事业部对他投以不信任的目光。

但是松下幸之助却很喜欢他。国信太郎虽然是会计出身，但他极具想象力，总爱在座位上摆弄些新奇的机器。据说，当时松下幸之助在松下医院住院时，经常偷跑出来，与国信太郎见面。

他命令国信太郎"离开总公司，独立经营"。这遭到了电子元件事业部所有人的反对。如果离开总公司独立，原来积累的小金库就要被总公司拿走，事业部将一穷二白。不仅如此，还要为总公司的出资支付两成的分红。当时受石油危机的冲击，事业部早已负债累累。

电子元件事业部的会计部部长浅井昭次感叹："没见过这么做的。创始人（松下幸之助）做得太绝了。"他代表事业部全员，带着请愿书去医院看松下幸之助，"希望您能再考虑一下。"第二天，总公司负责会计的专务樋野正二联系了他。

"不用了。电子元件事业部独立的计划取消了。"这次轮到国

---

① 出自唐代诗人曹松的《己亥岁二首（其一）》诗，意思是牺牲无数士兵和部下才换来将军的功绩。常用来代指领导不关爱下属。——译者注
② "君"在日语中通常用来称呼晚辈或下属。——译者注

信太郎他们震惊了，请愿书的"愿"，是希望总公司能够在他们独立后，以其他形式弥补事业部的损失。他们从来没有想到已经决定好的事情会被如此轻易地推翻，而且事实上，他们已经在为事业部独立做前期准备了。

松下幸之助到底在考虑些什么呢？大家都摸不着头脑。国信太郎召开了紧急会议，经过充分的讨论后得出的结论是："我们可能辜负了创始人（松下幸之助）的信任。如果独立出去，就会拥有更大的自主性。就算在这种局面下，创始人依然选择相信我们，决定将胜算压在我们的自主性上。我们不光没有报答创始人的信任，反而只知道打自己的小算盘。"

浅井昭次说："自立是多么的可贵！它与道理、损益这些东西统统无关。经营权交给我们，我们的风险并未增加，反倒是创始人愿意为我们的风险买单。我们看似理解了创始人的用意，其实根本没有。创始人告诉我们取消事业部的独立，是想让我们意识到这一点，好让我们提起干劲。"

国信太郎提出："我辜负了创始人的信任，我想引咎辞职。"干部们都聚在一起宽慰他说："不，所有干部都负有连带责任。我们加油干吧！"浅井认为，正是他们当时的团结一致，才换来了之后十年间电子元件业务的复苏与繁荣。

独立经营和自主责任经营是事业部体制的原点。此时，一切又重新回到了原点，需要彻头彻尾地改革了。松下幸之助下定决心要改革体制。

# 谁推举了山下俊彦

立石泰则的著作《复仇的神话》以独特的视角叙述了昭和时期松下幸之助的所作所为。根据此书的描述，第一个推举山下俊彦做新社长的是松下正治。立石泰则曾经有机会直接采访松下正治，从他本人那里听说了事情的经过。据说，松下正治向松下幸之助推举山下俊彦并得到认可是在山下俊彦就任社长前一年的年末。下面是几段断断续续的引用。

"我曾经考察过很多人。综合考虑年龄、能力和人品等因素，我觉得还是山下最适合社长一职。"

"我主动找总顾问（松下幸之助）商量，说：'是时候将社长之位让贤给年轻人了。'"

"然后，总顾问问我：'那你觉得谁合适呢？你有什么想法？'这时，我自信地说：'我觉得山下最合适。请您务必说服他，让他同意就任新社长。'当时总顾问自始至终保持沉默。"

松下正治说，这件事都没有跟时任会长的高桥荒太郎商量，是他和松下幸之助两人决定的。立石泰则在书中指出，松下正治在接受采访时发言踊跃，常常面露笑容。松下正治行使了指定后任社长的权力，完美地完成了"身为社长的最后一项重大任务"。从书中能感受到松下正治接受采访时亢奋的语气。

"我觉得除了他，再无别人可以胜任社长。怀着这样的信念，我一直坚持不懈地劝他接受这项任命。他应该也很为难。我劝了他三天。一开始我跟他讲的时候，他十分震惊，极力推辞说：'岂敢岂敢。'即便如此，我还是劝了他三天。"

劝了他三天，这应该是真的。但是松下幸之助会不假思索地接受松下正治的推荐吗？公司体制的弱点之一就是松下正治，松下幸之助怎么可能会对这个人的话动心呢？

不可能的，松下电器公司的领导一致否定。那么，最早跟松下幸之助提起山下俊彦的名字并推荐他的人是谁呢？

有几位资深领导异口同声地表示："一定是高桥。"他们说的高桥就是大管家高桥荒太郎。资深领导虽然也没有准确的证据，但这种推断是合情合理的。选新社长的事本就源自高桥荒太郎向松下幸之助请辞会长一事。根据高桥荒太郎自己的描述，向松下幸之助表达请辞意向是在"去年（山下就任社长的前一年）的后半年"。而这比松下正治向松下幸之助推举山下俊彦的"前一年的年末"要早得多。

高桥荒太郎再三请辞，而如果高桥荒太郎从会长的职位辞职，松下正治就会沿袭会长的职位。那么谁来继承松下正治的社长职位呢？在高桥荒太郎的再三请辞中，自然要谈到这个话题。如果松下幸之助问："谁来接任比较好？"高桥荒太郎可能会提议山下俊彦。这样，故事情节才自然顺畅。

高桥荒太郎本就是山下俊彦的第一个伯乐。本书中已经提到过，将山下俊彦提拔为空调事业部部长的很有可能就是高桥荒太郎。高桥荒太郎从山下俊彦在西部电器公司工作时就一直关注着他。山下俊彦成为空调事业部部长后，高桥荒太郎也没有忘记他。

有这样一个的传闻。山下俊彦担任空调事业部部长的后期，曾经为了扩大业务范围，尝试进军汽车制冷设备领域。一上来就用自家产的零件很难，所以作为市场的新人，他们只能先用市场上别的企业销售的零件。为此，山下俊彦亲自拜访了负责汽车相关产品的特殊机械营业总部，请求他们的协助。当时特殊机械营业总部的部长是松野幸吉，后来他成了日本胜利公司的社长。

松野幸吉的绰号为"白天的灯笼"①，他强烈反对松下电器公司进军汽车制冷设备领域。汽车制冷设备根据车型不同，容量各不一致，且安装的五金零件也不同，用市场上的一般流通商品根本不可行。"走开！"松野幸吉大声回绝。他不允许山下俊彦再踏进营业总部部长的办公室。山下俊彦觉得越是困难的事情越要挑战，所以在营业总部部长的办公室前，他一定咽下了满肚子的不甘。

松野幸吉赶走山下俊彦后，为了保险起见，又把当时刚刚当上主任的守随武雄叫过去反复叮嘱。守随武雄后来被调到空调事业部，做了山下俊彦的部下。再后来，守随武雄后来还成为日本胜利公司的社长。

松野幸吉对守随武雄说："汽车制冷设备的事情，你去问下中尾（哲二郎）副社长和中川（怀春）副社长吧。"中尾哲二郎在第二次世界大战前曾主导电熨斗和收音机的研发，第二次世界大战后也继

---

① 日本俗语，表示不顶用的人，多余的人。——译者注

续在核心技术部门工作。而中川怀春除了是中川机械公司的创立者，还从事过进口汽车销售行业，对汽车很是精通。守随武雄向两位请示时，果然他们都说："汽车制冷设备太难了，松野说得对。"不过，中尾哲二郎又追加了一句："但是，高桥（荒太郎）说应该做。只要高桥（荒太郎）一张嘴，就算做不了的东西也能做成。"守随武雄感觉像在听故事一样。不过，松野幸吉知道后，还是撤回了他的反对意见。

高桥荒太郎不断关注并支持着山下俊彦。山下俊彦重建了西部电器公司，还完美建成了高桥荒太郎跟马来西亚总理承诺过的出口专用工厂。高桥荒太郎觉得，他或许能行。

"原来如此。"松下幸之助听到高桥荒太郎推荐山下俊彦后应该会想："原来你是这么认为的啊。"

## 欲望在更深之处

松下幸之助本人曾明确表示过，从未考虑过将山下俊彦立为社长候选人。毕竟山下俊彦是离自己"很远"的人。

日本兴业银行顾问、人称"资本界的鞍马天狗"[1]的中山素平受松下幸之助之托，长期担任松下电器公司的社外董事。当山下俊彦还

---

① 《鞍马天狗》原为大佛次郎的时代小说，描写了德川幕府末期志士化名鞍马天狗活跃于世的故事。后多形容一个人惩恶扬善，扶贫助弱。——译者注

是一个无名董事时发生的一件事令中山素平感到十分震惊。

"我这么说可能有些失礼，但在我看来，山下做董事时，简直就是个玩世不恭的小混混。当时大家坐在一起，讨论在公司外出版总顾问著作的事。坐在角落的山下举手说：'你的想法在松下电器公司内部能被人理解，但在外面还差些火候。我认为还是先别出版比较好。在公司内部你想怎么说都无所谓。'他面不改色地说了这种话。总顾问当时脸上相当尴尬。"

高桥荒太郎提起山下俊彦的名字时，松下幸之助想到的也许正是山下俊彦反对他出书时候的场面。高桥荒太郎作为经营理念的'拥护者'，可以称得上是公司经营体制的共同创造者之一了。松下幸之助想：你离我"很近"，但竟然把离我"很远"的人推荐给了我，你是不是也深切体会到了这个体制的局限性了呢？

山下俊彦这个选项是松下幸之助意料之外的。一些人将其称为"山下跃"，舆论一片哗然。但是，仔细观察就会发现，这并非反常离奇的选择。

事实上，如果要从根本上变革体制，新社长的筛选范围自然就很受限了。时任社长松下正治64岁了，而改革又需要好几年的时间。这样算来，候选者就集中在50多岁的那一批人中。当时的董事中，50多岁的共有6人。他们分别是：常务城阪俊吉（55岁）、常务兼东京分社社长鹤田三雄（55岁）、美国松下电器公司社长原田明（56岁）、住宅设备机器营业总部部长浅野男（57岁）、山下俊彦（57岁）和特殊机械营业总部部长浅田义男（56岁）。其中，城阪俊吉虽然是毕业于东北帝国大学的高才生，但他更醉心于技术，而非经营。原田明是从日本通商产业省（现日本经济产业省）领导岗位退休后来任职的。至于浅野男，大家一致认为他不是当社长的料。

那就还剩三人。鹤田三雄比山下俊彦年轻2岁，曾经是他那一代人的希望。浅田义男与山下俊彦性格相反，能说会道，性格张扬，豪放磊落。虽然他人气颇高，但是跟鹤田三雄一样只干过销售，没有生产方面的经验，这成了两人的劣势。

人们常认为松下电器公司是个销售公司，但其实松下幸之助从生产插座起家，他最初是个生产者和创造者。所以，松下电器公司才以事业部的生产环节为基轴，组建了事业部体制。松下幸之助大概也希望新社长有任职事业部部长的经验。同时满足这些条件的人，就能猜到是谁了。奉行理性主义的松下幸之助选择山下俊彦的方法之一，大概就是排除法。

我们回到《复仇的神话》。松下正治说"山下最能胜任"的时候，松下幸之助"自始至终保持沉默"。"原来如此，连正治你也这么想啊！"也许这才是松下幸之助沉默的含义。

松下幸之助、高桥荒太郎和松下正治一致同意后，就只剩下该如何说服山下俊彦了。一向能言善辩的松下幸之助也感到很为难。山下俊彦不明白自己被选中的理由，松下幸之助也不告诉他原因。最后，山下俊彦只能跟自己生闷气。

松下幸之助的话缺乏说服力，是因为让山下俊彦做社长的想法并非他最早提出的，而且当时大改革的具体举措也还未固定成型。山下俊彦顽强地拒绝到底，社长松下正治则拼命地说服到底。

松下正治在《复仇的神话》中这样说：

"当时我只能对山下说：'我真的希望你来做社长。'仅此而已。就算我告诉他松下的情况如何如何，他也听不进去。他肯定会说不想听。哈哈哈……"

"我是怀抱着完全信赖和期待的心情去拜托他的。不然我也装不出来那种强横的气势。正因为我认定了非他不可，才萌生了气势和说服力。所以，我有信心一定能说服山下。"

"他没有任何野心。怎么说呢，他不仅没有野心，也没有任何功名心。他就是那种性格。"

松下正治看透了山下俊彦的性格。但是，没有任何野心，一直拒绝松下幸之助的山下俊彦，会输给松下正治吗？其实，松下正治有他的"必杀计"。关于这一点，《复仇的神话》的作者立石成功从山下俊彦本人那里打听到了。

"如果我不同意，总顾问可能会亲自出山。这种事情他做得出来，重回一线什么的。所以，如果我同意了，总顾问就不用这么做了。假如我不同意，事情就不好说了。如果总顾问真的重新出山，那可就乱套了。当然，营业总部部长生病时，临时代理一下倒还无所谓。"

原来松下正治对山下俊彦说了"如果你不答应做社长，总顾问就会重新出山"之类的话。这是真的乱套了。难道让松下幸之助做社长，松下正治做会长吗？如果这样，松下电器公司只会离现代化企业越来越远。山下俊彦妥协了。

冷静地思考一下就知道，松下幸之助并没有重新回来做社长的必要。高层管理者曾证实："第二任社长（松下正治）管理时期，事业部部长们谁都不理社长，大家一边倒地支持总顾问。因为他们觉得自己是受总顾问之托管理经营事务，而非社长。"所以，就算松下幸之助重回社长岗位，实际情况并不会有任何改变。

松下正治担心的是，如果山下俊彦拒绝，社长的选拔就会回到原点。那就会如街头谣传的一样，副社长东国德就任社长的可能性变大。东国德与松下正治同岁，他只把松下正治当作同事，甚至同事以下看待。松下正治担心松下幸之助如果让他自己一手栽培的东国德做社长，他做会长之后只会被"晾"得更严重。

反之，如果"无欲无求"且离松下幸之助最远的山下俊彦做了社长，松下正治就可以指导山下俊彦，这样他就能实质上掌管松下电器公司。所以，松下正治才会拼命说服山下俊彦。

《复仇的神话》中，作者立石成功跟松下正治提起"总顾问重新回来做社长"的部分是全书最精彩的篇章。松下正治听后惊慌失措。书中是这么记述的："'那是谎言，完全是以讹传讹。'松下正治脸色突变，笑容瞬间消失。"

这是松下正治的谎言还是他的臆测呢？不管怎么说，让山下俊彦改变主意的是松下正治的那一番话。他是把山下俊彦推上社长职位的最大功臣。

新体制成立了一个月后，松下幸之助在公司内刊《松下电器公司时报》（1977年3月21日号）中发表文章，对新体制的伟大意义和作用给予了充分肯定。文章标题是《我对新体制寄予的愿望　成为21世纪的顶梁柱　朝着60周年再出发》。

"静静地思考再三之后，回荡在我脑海中的还是那个答案——'这样下去不行'。我的欲望在更深之处。我觉得我们的经营还能做得更好。所以，虽然大家现在已经是优等生了，但我希望大家能做优等生中的尖子生，我希望大家能把不可能变成可能。"

"现在，我已经不光考虑松下电器公司的经营了，我常常想，21世纪即将到来，那时的日本、那时的世界会是什么样的。想着想着，我就愈发觉得，现在的松下电器公司某些环节有问题。""世界的繁荣下一步会转移到哪里呢？可能会转移到日本。如果真是这样，我们就需要有接受这一切的心理准备。松下电器公司想要承接这份繁荣，不，应该是我本人想要承接这份繁荣。在这里，无论如何我都想告诉诸位，我们必须同步改变自己的心态，才能配得上这份繁荣。"

"到目前为止，松下电器公司的经营都是以振兴产业界为使命的经营。但是今后要在振兴产业界的使命之外，再追加一条目标：努力让日本成为世界经济的核心之一。"

"考虑到这一点，我觉得必须要有一个卓越的人，能够在相当长的时间里，革新想法，制订改革的具体方案，付诸实践并取得成果。我认为下一任社长必须是这样的人。所以我选择了山下。""他既然已经接受了，那我就必须要让他拼命做好，而且我也相信他一定能拼命做好。虽然他嘴上没表决心，比如说：

'男子汉，干就是了。'但我相信他一定下了非常大的决心才接受了这份工作。"

松下幸之助用下面文字结束了他的豪言壮语：

> "松下电器公司肩负着振兴日本经济的重大使命，我希望大家作为其中的一分子都能勇敢站出来。另外，大家要记住，我们公司必须要站在尖子生的位置上。"
>
> "我希望大家能意识到我们肩上的使命，并且加倍努力。不行，加倍还不够，希望大家能拿出十倍百倍的力量，奋勇拼搏。"

松下幸之助将1932年定义为"命知元年"，那一年，他打出了"产业人的使命是消除社会贫困"的口号。当时，松下幸之助口中的"社会"还仅限于日本。日本公平交易委员会的政策和消费者运动暂时削弱了松下幸之助的使命感。后来，松下幸之助为使命感注入了新的活力，使其获得重生。

真是造化弄人。松下幸之助意识到了自己使命感，但站在"加倍加量"后的使命感的最前线的却是离他"很远"的人。而这个人要负责激发出员工身上"加十倍加百倍"的能量。

## 仁义和体贴

1977年1月份的某天，山下俊彦突然对长子山下一彦说："我们去兜兜风吧。"这很少见。贵久子也在一起。山下一彦还以为是母亲开车，没想到公司的车居然来了。要知道，山下俊彦此前从来不会因为私人原因使用公司的车。

山下一家从吹田市青山台的家中出发前往附近的箕面市。山下俊彦先开口："有人让我做社长，我也不好拒绝。你觉得怎么样？"山下一彦感到很震惊。"这会给我添麻烦。""原来他是社长的儿子啊。"他不想这样被别人另眼看待。贵久子只在一旁默默聆听。

山下一彦从同志社大学的理科研究生院毕业后入职了松下电器公司。他对音响感兴趣，所以决定在家电行业闯荡。不过因为父亲在松下电器公司，他不好去其他竞争对手公司。他瞒着父亲提交了入职申请，后来是人事部员工告诉的山下俊彦。山下俊彦只问了他一句"为什么不说"，仅此而已。

那时的山下俊彦还只是一个事业部的部长。如果山下俊彦真成了社长，会有更多的闲话传来，儿子的生活会饱受困扰。所以他提前告知了儿子。原来这些话在家中是不能讲的。

"当时感觉父亲已经彻底想明白了。我们谈完之后就回家了。"

大约在那前后，山下俊彦作为空调事业部的部长问下属金城市郎："你能开车载我一下吗？"山下俊彦说自己一会儿要去田原久雄（除湿事业部部长，后来成为副社长）家，想开车去买点酒和下酒菜。

刚到田原家，山下俊彦就对田原夫人鞠了一躬。"今后工作上要辛苦您丈夫了，请多多包涵。"

"辛苦的工作"肯定是指事业部部长的职位。金城市郎不禁问："那山下先生您去哪里（任职）啊？"山下俊彦答："我要去做社长了。"金城又问："哪里的社长啊？"

"当然是松下电器公司的社长啊！"

山下俊彦一边说，一边自己也笑出了声。

在将空调事业部交给田原久雄时，山下俊彦做了体贴细致的安排。在出发去总公司的前一天，他把青木岑生叫到了自己的办公室。青木岑生自山下俊彦就任事业部部长以来一直跟着他，大家都认为他是山下俊彦最有希望的接班人之一。山下俊彦拜托他："以后多支持田原。"

山下俊彦说："我知道你肯定会心有不甘。"接着他列举了选择田原久雄作为继任者的三大理由。第一，空调销量受天气影响严重，业绩变化大，所以需要找一个经验丰富的人，不会因为天气变化而摇摆不定。这一点青木岑生无法接受，论经验，青木岑生更胜一筹。不过，还有第二个和第三个理由。

第二，山下俊彦经常到各工厂参观，田原久雄的除湿机工厂是最整洁、最有活力的。这和田原久雄经常去生产一线视察有很大关系。第三，山下俊彦常能看到有人在与田原久雄探讨、交流，田原久雄善于倾听别人的意见。

在松下幸之助创立的松下电器公司里，从上到下每个人都是有温度的。然而山下俊彦却格外冷漠无情。山下俊彦自己也说过："训斥了部下，就算对方情绪低沉，我依然会置之不理，不会去安慰。"但事实好像并非如此。

除了青木岑生，山下俊彦与其余部长的谈话都只花了四五分钟。青木岑生应该也觉得，自己在最后关头被救了下来。一向冷漠的山下俊彦充满诚意地跟他做了说明。青木岑生原本打算离开空调事业部的，因为这次谈话他又留了下来。之后的三年时间，他一直辅佐着身为空调事业部部长的田原久雄。

# 第4章

# 成为"危机感先生"

大家都用好奇的眼光看着山下俊彦。山下俊彦觉得大家看他简直像看小丑一样。整个公司被搞得乌烟瘴气。多家媒体以"特别晋升四级""商业大革命"等对山下俊彦的就任大肆宣传。要求采访山下俊彦和松下幸之助的申请也纷至沓来,在山下俊彦正式就任社长的1977年2月,日本广播协会的镜头进驻到了松下电器公司的董事会里。

## 并不是个了不起的社长

松下电器公司的新社长上任的消息跃入了日本大众视野之中。一个毕业于工业学校的不知名董事突然当了社长,况且还是在那个"经营之神"存在的公司。很多日本人都为松下幸之助的英明决断拍手喝彩。

松下幸之助或许觉得一切都在自己的意料之中。然而,山下俊彦却不善于应对媒体。他慢慢习惯了记者招待会的喧嚣和排队等着采访的媒体,逐渐恢复了一贯的沉静。他在自己的书中写道:

> "在决定接受社长的职位时,我的心里完全没有'想要大干一场'的决心,更没有那份闲心。现在想起来,我还是不太开心。"

松下幸之助曾催促山下俊彦："你开条件吧，要怎样才肯同意就任社长？"山下俊彦回答说："没什么条件。"换作其他人，可能会把原来在空调事业部知根知底的员工带到总公司来，但他只带了司机，此外再无他人跟来。

就连选秘书，山下俊彦也没有设任何条件。

山下俊彦的第一任秘书土谷准明原本想去国外工作。总公司的工作，而且还是社长秘书，这种职务土谷准明根本就不想干。他狠狠地发了一顿牢骚，之后才勉强同意。他第一次见山下俊彦时，把不情愿三个字写在了脸上。"我还没有习惯这份工作，请您多多包涵。"山下俊彦说："我也一样。"

有一次，土谷准明与山下俊彦随行，想要替山下俊彦拿包，结果却被训斥了。"你有四只手吗？你拿好自己的包就行了。我自己会拿自己的包。"跟做空调事业部部长时一样，山下俊彦工作到下午5点半准时下班。如果没有聚会宴饮，他就去书店。人们常常能看到他抱一堆书从书店走出来。

山下俊彦刚就任社长不久，人事部部长高桥英雄曾经听到山下俊彦小声抱怨过好几次闲得无聊。有一天，山下俊彦招呼他一起去吃晚饭，他原以为是去商量工作上的事情，顺便吃个饭，没想到去的竟然是山下俊彦常去的酒吧。那时，天色还没暗下来。后来他们又接着去了另一家山下俊彦熟悉的酒馆。山下俊彦不会装腔作势，更不会摆架子，他始终真诚地面对员工。

山下俊彦就任社长的消息刚刚发布没多久，松下电器公司日本各销售公司社长会议召开。这是山下俊彦作为社长的首次公开露面。会上，他宣称："我并不是个了不起的社长。"

"迄今为止，松下电器公司非常幸运地拥有了像总顾问（松下幸之助）、松下社长（松下正治）这样优秀的经营者，他们都是获得了全世界认可和尊敬的商业领军人物。能够在拥有他们这样领导的松下电器公司拼命工作，我感到万分荣幸。我想，松下电器公司的每一名员工都跟我是一样的心情吧。不仅松下电器公司，我想，同在'国际牌'的旗帜下工作的销售公司和销售店的诸位应该多多少少也和我一样吧。但是，随着我当上社长，这份荣幸可能就消失了，甚至一些人可能不以为荣反以为耻了。现在，许多报纸杂志都在大肆报道咱们这项人事任命，也是因为他们觉得最不合适的人竟然意外地当了社长。虽然我是不得已才登上了社长之位，但是毕竟是我让各位失望了，所以我必须郑重地向各位道歉。"

之后，山下俊彦称赞了四位老前辈，即谷村博藏、中川怀春、东国德和稻井隆义。"我相信各位前辈一定会比现在更努力。在这一点上，我觉得完全不需要尊老爱幼的精神。"这句话逗笑了大家，接着山下俊彦进入了正题。

"松下电器公司的社长这个职位高不可攀。未来我当然会拼命努力，但是想让我仅用几年的时间就蜕变成配得上这个职位的人，肯定是不可能的。如果大家对我有这样的期待，我会不堪重负，彻底崩溃的。

我希望大家能充分认识到，松下社长这个职位高高在上，而我仅是个无名小卒。大家有什么事都可以来找我。当然，就算我听了大家的反馈，事情也很可能无法解决。但是我可以跟许多前辈们一起商量，大家一起绞尽脑汁思考解决方案。我的学习之路也会就此开启。"

山下俊彦这样说，不仅仅是谦虚谨慎。他反复强调自己"只是个无名小卒""配不上这个职位"，只是为了要告诉大家，他的目标不是要成为世人所期待的松下幸之助那样的领导，而是要做个有自我风格的新社长。

他安静从容却又干脆地宣布，自己将要"脱离松下幸之助"。

## 倾听一线真实的声音

山下俊彦算是重新跟自己说了一遍。反正无论如何自己都是个跟松下幸之助没法比的"小混混"社长。自己不卓越，也不存在任何人情纠葛，那不如就用全新的目光审视公司。上任后，山下俊彦从观察公司的一草一木开始做起。原本他就酷爱生产一线，于是他走访了松下电器公司在日本各地的工厂。先去走访的就是那些"问题单位"。

其中之一便是关联公司松下产业机器和配电器事业部的守口工厂。

守口工厂主要生产高压受电变压设备和变压器，它们不像电视机和冰箱，贴上"国际牌"的商标就可以销售。这个事业部属于较边缘的一类，前一年刚"做过大手术"，300名员工中有100名被调到其他岗位。山下俊彦到了之后，脱下西装，只穿一件白衬衫。大家围坐在会议室圆桌周边后，主任级别的年轻员工争先恐后地诉说起自己的担心。

员工说："变压器的原材料费率是70%，原材料价格一旦上涨就什么办法也没有了。变压器和家电不一样，根本没有确定的销售渠道。再加上资金又缺乏，所以机械化也很难实现。再这么下去，估计又得'动手术'调岗了。"

这是最真实的声音。山下俊彦不插嘴，偶尔在笔记本上记录几句，耐心倾听到了最后。

山下俊彦说："我明白了，大家有很多烦恼和痛苦。我这话说得可能有些极端，但其实不断克服困难正是我们的工作内容。各位工作非常努力，但如果我因为看到了大家的努力就允许你们赤字经营，你们会怎么想呢？你们反而会觉得被特殊对待，感到不满吧。我可以和大家站在同一立场上，但是这么一来便无法取得任何进步。所以，大家尽情苦恼吧，这些苦恼绝不会没用的。"

一般来讲，先不造访这类单位更合乎情理，但山下俊彦没有逃避。他想告诉大家，自己正在认真关注着公司的点点滴滴。

山下俊彦到达松下电子元件公司的电容器事业部时，正赶上公司的运动操时间。员工蜂拥而来围住山下俊彦，争相与他握手。他可是当时的红人。

这家工厂当时正在快速推进自动化，但生产一线的体制还没有完全适应这个节奏。员工向穿着白衬衫的新社长山下俊彦倾诉了对工厂厂长的不满。

员工说："生产一线的工人整天都在忙着维护先进设备。工厂厂长是不是不知道我们一线人员有多辛苦啊？"

山下俊彦："这不也挺好的吗？如果一切都顺利自动化了，你们不就没工作了吗？"他开了个玩笑，想缓和一下气氛。

员工说："现在工人的人数越来越多了。一条生产线上的6个工人中有时甚至有4个人在休息。40多岁的员工很难熟练操作机械。"

山下俊彦："你们说人很难熟练操作机械，那是因为你们的思考方式是以机械为中心的。试着以人为中心思考一下吧。你们一定要研发出人类能够熟练使用的机械才行啊。站在一线员工的角度思考问题，这很重要。"

还有人对所谓的提建议制度表示了质疑。

员工说："提的建议太多了，负责审查的人也很累。自动化过程中配置了精密仪器后，提建议这件事情本身也变得更难了。"

山下俊彦说："设立提建议制度的目的，不仅是为了让大家提出有助于改善的意见，同时也是为了让大家对工作产生兴趣。特别是在自动化进程中，提建议制度能培养大家思考的习惯，成为大家迸发劳动热情的源泉。你们觉得一些人提建议的水平低，这再正常不过了。但是，你们不能觉得这些建议就不算建议。你们需要站在提建议者的角度思考问题。"

不以机械为中心，中心永远是人。需要永远站在一线员工的立场之上思考问题。山下俊彦和在空调事业部做部长时一样，依然关注着生产一线的每一名员工。

之后，山下俊彦去了位于藤泽市的电视机事业部。他与员工在能容纳600人的食堂里共进了午餐。这是松下正治做社长时从来没发生过的事情。

这里的问题就有点"棘手"了，因为藤泽电视机事业部是批评事业部体制的"急先锋"。

当日本家庭已经开始普及彩电时，藤泽电视机事业部依然是一家生产黑白电视机的专业工厂。年龄稍长些的读者可能还有些印象，那时松下推出了一款能在户外观看的便携式黑白电视机，名叫"变身"（Trans Am）。他们选择了高见山大五郎[1]为新款电视机拍摄广告，引起了极大反响，"变身"的利润率远超彩色电视机。

但是"变身"之后，同时拥有黑白电视机、收音机和磁带录音机功能的新产品"三合一"却没赶上好时机。其实松下很早就有了这个想法，但是产品实际落地时，公司内部调整花去了大量的时间。

松下电器公司的事业部体制主张"一人一业"。每个事业部专攻一项商品，这样才会强大。但是，当需要跨多个事业部生产复合类产品时，斡旋和调整就变得很困难。多个事业部参与到同一个新商品时，激烈的公司内部竞争不可避免。比起竞争对手公司，每个事业部更警惕消息会泄露到本公司的兄弟事业部。所以，在"三合一"产品的研发中，藤泽电视机事业部、收音机事业部和录音机事业部之间冲突不断。

有人问了山下俊彦一个非常直接的问题。

员工说："我觉得研发复合类产品时，最好一开始就决定好由哪个事业部负责。"

山下俊彦答："如果过分强调不得互相侵犯各事业部的领域，那么大家就不去做临界点附近的工作了。业务上就会出现漏洞。其实，我更希望大家能多去做交叉领域的业务。"

员工："但是，在'三合一'产品的实际研发过程中，我们曾经去拜托过收音机和录音机部门，结果也没能得到他们的全面配合。"

---

① 高见山大五郎，日本相扑运动员，于美国夏威夷出生。——译者注

山下俊彦："是啊，我猜也会这样。虽然大家脑子里都明白，但是毕竟不是自己部门生产和销售的产品，自然很难做到全面配合。这确实是事业部体制的缺点。本来我们就知道事业部体制有利有弊，但是综合权衡下来还是利大于弊，最终才采用了事业部体制。也正因为此，在生产一线人员的配合下，将事业部体制的弊端降到最低十分重要。"

员工："干脆把相关领域统合在一起，这样说不定更好。"

山下俊彦："如果把相关领域统合在一起，沟通确实会变得更加顺畅。但是，这样也有一个巨大的缺点。藤泽的电视机事业部因为必须靠黑白电视机才能生存下去，所以才这样拼命挑战新产品。收音机那边也一样，如果他们被别的事业部兼并了，或许收音机早就停产了，这样就不会有'陪伴（pepper）'（口袋大小的薄型收音机）这类畅销品问世了。经营着夕阳产业的事业部，除了研发新产品，别无生路，所以他们才会拼命努力，思考生存下去的方法。这就是松下电器事业部体制的优点和强大之处。"

事业部体制是松下电器公司强大的基础。山下俊彦对这一点深信不疑，一步也没有退让。

每个事业部都坦率地向新社长抱怨不休。大家对宣称自己"并不卓越"的新社长毫无戒心，从不设防。员工像被吸入黑洞一般，倾吐着自己的心声。

新社长从不敷衍，他坦然倾听所有来自生产一线的声音。面对苦苦挣扎的配电器事业部，他没有否认再度动"大手术"的可能性。他坦率直言："如果利润依然无法提高，那么必须要重新审视你们的经营方式了。"在电容器事业部，他仔细阐述了他的一贯主张，即"机器只是工具，要以人为本"。不管在哪个事业部，他都展示了他真实的一面。

山下俊彦有一次被逼问："既然社长您说提建议制度有意义，那要不您也提个建议试试吧！"山下俊彦回答："如果让你们知道社长也只能想出个类似的建议，我会很没面子的。社长可不能随便出错。"这番话引得全场哄笑。

看来，新社长和员工间的交流算是有个不错的开头。

## 为事业部评级

山下俊彦一边转工厂，一边客观冷静地重新审视数字。虽然他嘴上对周围人说自己"闲得要死"，但其实自就任社长后的一个月里，他找到反映松下电器公司当下经营状况的公司内部资料，埋头研读。结果，松下电器公司的经营状况出乎他的意料。

松下幸之助曾说："松下电器公司是优等生。"日本的很多人也都觉得松下是优良企业。但经营数字却表明，松下电器公司存在经营危机。公司的利润率已经呈现下降趋势。

松下电器公司的营业利润率一度达到巅峰是在1969年，数值是11.3%。而1976年这一数字却降到了4.2%。在这期间发生了石油危机，竞争对手公司的利润率也下降了。但是，日立公司制作所1976年的利润率也有8.5%，约是松下电器公司的2倍。而且，日立在巅峰时（1968年）的利润率是13%，1976年恢复到了危机前65%的水平。然而，松下电器公司的恢复率仅为巅峰时期的37%。

丰田公司和松下公司不属于同一业态，它们的情况如何呢？丰田公司巅峰期（1967年）的利润率为11.1%，1976年则是7.4%。它的恢复率也达到了67%，同样大幅超过了松下电器公司。难道这还不能说明松下电器公司的"体质"，也就是基本盈利能力和修复能力相当羸弱吗？

松下电器公司要求各事业部的"基准利润率"必须达到10%。但是，将近50个事业部中，利润率达到7%以上的也仅有13个，绝大多数的事业部都没有达到"基准"。但大家对此不以为意，山下俊彦对这样的公司氛围感到疑惑。

走访工厂时，生产一线的员工会坦率地向山下俊彦反映各种问题。与此相反，领导之间却流行着"报喜不报忧"的坏风气。我们公司绝不会倒闭，这样的大公司意识正在公司内部蔓延。山下俊彦觉得这相当危险。

于是，山下俊彦成了"危机感先生"。

1977年2月，山下俊彦刚刚就任社长没几天，他就在众多领导都参加的首届经营研究会上开门见山地说："松下电器公司的光辉历史都是过去努力的结晶。现在我们需要考虑的是，我们目前所做的工作是不是在明年、后年乃至十年后的未来依然能够在松下电器公司名垂青史。"

"面临危机时承认危机并非难事，但是在顺风顺水时依然能感知到危机的存在，其实非常困难。然而，最糟糕的莫过于明明身处危机之中却不敢承认，将不能取得满意业绩的原因推给艰难的大环境，简单地以为所有公司都一样艰难，进而放纵自我。"

"为了认清现实，我希望大家不妨将1969年的业绩设为基准，仔细研究一下自己部门的实际业绩。我希望大家能准确地认清现实，意识到自己的责任，考虑自己接下来应该做什么。在松下电器公司，事业部体制是一切经营的基础。无论如何，请各个事业部务必好好思考一下，是否可以满足于现状。"

山下俊彦决定公布每个事业部的"成绩单"。他将所有事业部进行了评级，并公之于众。完成基准利润率指标90%以上的事业部是A级，60%～90%的是B级，40%～60%的是C级，不足40%的是D级。如果连续两年在C级或C级以下，就必须更换事业部部长。

这一决定遭到了强烈的反对。的确，松下幸之助认为"利润是企业对社会做出贡献的体现"，所以无论如何也不允许出现赤字。但是，松下幸之助并不提倡过度顾及利润率，只要不是赤字就行了。被评级的各事业部表达了不满，批评声不绝于耳。"我们的使命并非一味地提高利润率。""有时为了孵化新业务或进行新的战略投资，暂时会出现收益恶化的情况。我们又不是接受考试的学生，不需要什么成绩单。新社长只依据当下的利润率对事业部做出评价，这一做法是错误的。"对此，山下俊彦一概充耳不闻。

或许当时会有人觉得"山下太狡猾了"，但山下俊彦本人就奉行多维度的经营方式。在空调事业部时，尽管收益摇摆不定，但他依然坚定地做了战略投资。

而且，山下俊彦就任社长不久后就兼任了技术总部部长。这无异于向世人宣布，松下电器公司将倾注最大的能量到技术研发领域。山下俊彦下定决心，要纠正松下电器公司惯有的"恶习"。

社会上不少人讽刺松下电器是"剽窃电器"①。松下电器公司不承担独自研发的风险，其他公司推出畅销产品后，松下电器公司便模仿跟随，依靠自身的产能和销售优势奋起直追，最终一口气打败领先的厂家。山下俊彦决定舍弃这种靠模仿其他产品谋利的经营方式。山下俊彦在与作家城山三郎的谈话中表达了自己的决心："竞争对手公司的新产品面市后，我们一旦判断走势可能会好，即刻就会筹备类似产品，抓紧面市。松下电器公司惧怕失败。虽然这也是一种经营之道，但这么一来，企业真的会丧失活力。"

1980年年初，山下俊彦当着领导们的面说："工作的风险越大，相应的附加价值也越高。要想孕育出业界领先的新产品，就要有勇于向风险挑战的勇气和决心。"

技术实力是孕育新产品最大的源泉。这一年，山下俊彦将原来的技术总部划分为新技术总部和研发总部，意在强化新产品研发能力。同时，负责基础研究的松下电器公司中央研究所也筛选出了10个重点主题，建立新机制。山下俊彦将松下一半的研发人员都配置到了这里。

## 向芝麻粉碎机学习

山下俊彦主张脱离模仿生产的经营方式，这一点事业部的人可以理解。将技术研发设为首要课题，这也没错。既然如此，又为什么要

---

① "松下"（matsushita）与"剽窃"（maneshita）的日语发音相似。——译者注

用单年度的利润率来评价事业部的好坏呢？这难道不是自我矛盾吗？这才是令事业部部长们愤慨的地方。

山下俊彦充耳不闻，他将精力集中到了对松下电器公司"体质"衰退产生的危机感上。不管是新产品的研发，还是技术的研发，抑或是对设备的投资，都不能充当不改革体制的借口。他要让大家抛弃一切天真的想法，仔细认真地重新构筑并强化松下的"体质"。所以山下俊彦才对事业部进行了评级。

这就是山下俊彦典型的行事风格：站在多维度的视角，快刀斩乱麻。

回首看来，1977年在山下俊彦就任社长时，彩色电视机的普及率就达到了96.4%，洗衣机和冰箱的普及率也分别达到了98.5%和99.4%。在这些松下电器公司既有的主力领域内，要想通过增加销售额来实现利润增长已完全不可能。松下电器公司需要建立一个新体制，保证即使销售额停滞不前，甚至出现减少时，也能获得利润。松下电器公司已经来到了这种局面的跟前。

石油危机之后，各事业部并没有袖手旁观，它们纷纷投身于产品自制。之前的松下电器公司简而言之就是一个集成商。松下的各个部门从合作公司收集零件和连接配件，并将其组装起来。但是，石油危机之后事情发生了巨变。模型制造、冲压自不必说，钣金、镀金、印刷等工序也都尽可能在公司内部完成。再通过自动化生产，提升各道工序的产能。接着再将触角伸向零件和材料加工领域，确立了多品种小批量的生产方式，深化了制造业的形态。

当然，制造业的形态还需要无限地深化下去。但是山下俊彦明白，松下电器公司当下的收益恢复能力依旧薄弱，所以仅仅是目前的这些变化还远远不够。

山下俊彦以普通利润率超过30%的日本京瓷公司[①]为例说："我们的利润率连10%都不到。在日元升值的大环境下，京瓷公司的出口占比那么高，居然还能实现高收益。这多亏了他们极端严苛的经营体制。我希望大家铭记，民营企业不管做到多大，稍有疏忽就会倒闭。我们需要学习京瓷公司这种严苛的经营态度。"

那么，究竟应该怎么做呢？

山下俊彦从不会自上而下，站在总公司的立场上向事业部下达任何具体指示。"我不会下达任何具体的指示命令，我只会做一个倾听者和商量对象。当大家努力过，但仍然感到很吃力时，请随时找我商量。""具体该怎么做只能让各个事业部自己去想。此外，别无他法。"

评价结果（利润率）时，山下俊彦很严格，但他绝不插手事业部的内部事务。他完全信任事业部员工的主观能动性和自主性，这是山下俊彦一贯以来的信念。

山下俊彦知道是有解决方法的。他关注到了电池事业部的"芝麻粉碎机"。

在山下俊彦就任社长的第二年，电池事业部推出的芝麻粉碎机成为畅销商品。电池事业部为什么会推出芝麻粉碎机呢？

1931年，松下电器公司开始生产干电池。当时，干电池主要用在

---

① 日本京瓷公司主要研发和生产精密陶瓷等，其创始人是稻盛和夫。——编者注

手电筒和自行车车灯上。第二次世界大战刚结束时，因为经常停电，干电池十分畅销。但是后来供电情况很快好转，用于自行车的车灯也被发电车灯取而代之。1955年，日本的干电池需求量接近1亿个，达到顶峰，其后持续下滑。电池事业部的未来一片黑暗。

这样下去，电池事业部早晚会消失。于是，他们转变方向，开始自行研发能使用干电池的新产品。

他们在1956年研发了点煤气灶用的打火机。这种打火机需要使用两节干电池，这样每年就多出了1600万个的新需求。接着，他们又研发了浴缸按铃和110警报器。新产品增多后，消费者希望能够在电器店之外也能买到电池。听到这一需求后，松下电器公司又开辟出杂货店、园艺店、文具店、渔具店、药妆店等多条电池的新销售渠道。每开辟一条销售渠道，又会发现新的需求点，比如针对园艺店研发的电池式喷雾器，针对渔具店研发的内含锂电池的电浮标，针对药妆店研发的电动牙刷等。电池事业部将这种方式命名为"连锁式"研发。

芝麻粉碎机也是这样制造出来的。在"连锁式"研发的过程中，技术、制造和销售部门的员工，以及会计部门的员工一起参与进来，以头脑风暴的方式做决策。连"芝麻粉碎机"这种不禁让人莞尔一笑的产品名称也是员工头脑风暴时讨论得出的。

顺便说一下，电池事业部在1977年的事业部利润率排名中相当靠前。此时，同样排在前列的电熨斗事业部同样面临市场饱和与技术枯竭的问题。电熨斗事业部是怎么做的呢？它将决算制度分别引入各个工序和团队当中，在提高小集团自主性的同时，还开办名为"电熨斗道场"的电熨斗熨烫技巧班，缓慢地积累忠实用户。

没有新技术和新产品，就无法高收益吗？事实并非如此。要善于捕捉信息，开动脑筋，慢慢告别模仿其他厂家的经营方式。看看电池事业部吧！看看电熨斗事业部吧！正是连生存都受到威胁的强烈危机感让这两家事业部果断迈出了改革"体质"的脚步。

再进一步说，四十年多后的今天再回过头看，电池事业部当时研发的商品相当微小，且寿命短暂。但是，研发部部长在生产芝麻粉碎机的同时，也这样考虑过："未来我们或许可以将电池、马达和电脑组合在一起，适应社会需求，研发出电动汽车等绝佳的交通工具。"

其实松下电器公司电池事业部与大发工业公司①曾经共同研发过一款使用镍铁电池的"电动汽车"（改造自大发公司夏利款车型）。1978年秋天，松下幸之助参与试乘后兴奋地说："驾乘体验不错。"所以，电池事业部不仅将街头巷尾的小需求孜孜不倦地转变成了商品，还可以仰望天上耀眼的星辰。

"危机感先生"更加坚定了自己的信念。

## 首度在经营方针发表会上发言

松下电器公司是一个注重仪式感的公司，尤其对两项活动格外重视。其一便是每年5月5日举办的创业纪念仪式。松下幸之助在大阪市大开町创立松下电气器具制作所的时间是1918年3月7日，那为什么创

---

① 大发工业公司，日本汽车制造企业之一，是丰田公司的合资子公司之一。——编者注

业纪念日会是5月5日呢？那是因为在1932年的这天，松下幸之助领会到了自己"作为产业人的使命"，后来他自己将这一天确定为"命知之日"。创业纪念日不是公司创立的日子，而是使命感降临到松下幸之助身上的日子。

创业纪念仪式在日本的事业部和营业所同时举办。1977年5月5日，山下俊彦作为社长登台致辞。"我们有让全世界的人刮目相看的方针，方针也为我们指明了未来的努力方向。在创业纪念日这一天，我想重申这一方针的含义，为达成使命继续努力。"

另一项重要的活动是经营方针发表会。这一会议定于每年1月10日举办。当日，松下电器公司及关联公司、工会的领导们聚集在松下电器公司体育馆和东京会场，社长将在7000人面前明示该年的经营方针。如果说创业纪念日的会议是重新确认使命感的地方，那么经营方针发表会就是社长作为主角表决心的舞台。这个舞台一年一度，庄严无比。

山下俊彦在1977年经营方针发表会的当天收到了松下幸之助发出的就任社长的邀请。所以，当天紧接着举办的经营方针发表会上，他只是个普通听众。山下俊彦首次作为社长参与经营方针发表会是在1978年1月10日。距离他就任社长已经过去了将近一年的时间。他将自己所有的感情都倾注到了会议致辞中。

"在这个社会上，出现过太多有历史、有传统，而且人才济济的公司突然如空中楼阁般轰然倒塌的例子了。一家公司历经岁月，年龄渐长之后，会拥有自己的历史和传统，社会信用度也将获得提升。但与此同时，新的缺陷也会随之而来。缺陷会随着时间逐步扩大，愈发严重。"他先用委婉的语言讲述了工商管理上的普遍现象。不用说，山下俊彦口中那家"缺陷随着时间愈发严重"的公司正是松下电器公司。

公司逐渐壮大，组织分工明确，员工就会故步自封于自己狭隘的工作内容中。他们惧怕摩擦和冲突，交流止步于表面的寒暄，一心想自保其身。山下俊彦坦率地批判了松下电器公司的肥大化和保守化。

但是，批评还只是"前菜"，山下俊彦早在方针发表会之前的会议上就反复强调过危机感。这次方针发表会上，他投下了首颗重磅"炸弹"。山下俊彦提出"要从员工的角度来刻画公司应有的样子"。

"公司除了需要保持在社会上应有的角色，还需要透过员工的角度重新审视。对于员工而言，可以说自己的一生都托付给了公司。在公司的生活就是员工的人生本身。"山下俊彦继续说，"所以，每位员工的目标与公司的大方针一致，公司的目标存在于每位员工目标的延长线之上，这才是我最期望看到的状态。"

新社长在说什么？现场的领导们瞬间目瞪口呆。

在松下电器公司，放在第一位的是使命感，即"经营基本方针"。让每名员工（个体）融入公司（整体）中，这才是松下幸之助的松下电器公司。但是山下俊彦却强调员工优先，还说希望在个体的延长线看到整体的目标。这与松下幸之助的观点背道而驰。

其实，山下俊彦并没有否定松下幸之助提倡的"产业人的使命"，他认可企业应该消除贫困，做对社会有益的事。山下俊彦在他的自传《连我都当了社长》中写道：

"不管是强调经营理念还是经营方针，关键都在于每位员工究竟有没有怀抱着这份使命感。使命感不能依靠自上而下的强制推行硬塞给每名员工，只有当每名员工都发挥了自己的能力，拼命努力并达成目标之后，感动油然而生之时，使命感才会自然而然地在心中萌生。"

使命感不是员工理念的桎梏。每个人都怀抱目标，发挥能力，努力达成目标，收获感动，这才是公司经营的基础。

山下俊彦首次在经营方针发表会上发言就果断表明了自己的经营思想，之后他在多个场合不断重复。1981年度的经营方针发表会上，山下俊彦说："我已经重复说过很多次了，我们公司为了对社会做出贡献，正在不断做出努力。如果整个公司的努力不能与在公司工作的员工的幸福联系在一起，那这一切就是矛盾的。过去，人们为了获得收入而工作。多一点收入，就能买到自己想买的东西，进而获得满足感。但是现在，人们的生活已经一定程度富裕起来了，员工的意识也随之发生了巨大的变化。现在，人们在工作本身中追求满足感。在工作本身和职场本身中追求满足感。"

人们常说，"日式经营"以员工为主。毋庸置疑，松下电器公司作为"日式经营"的代表，是一个为员工考虑的公司。松下幸之助在经济不景气的1965年，在其他大公司之前率先实施了每周5个工作日的新体制。同时，松下电器公司每年的涨薪幅度也是业内首屈一指的。公司就像个大家长一样，爱护着每一名员工。

"日式经营"下"以员工为中心"的思想归根结底还是"以公司为中心"的。特别是在推崇使命感的松下电器公司，"整体（公司）"是优先于"个体（员工）"的。

山下俊彦觉得这很奇怪。

员工都觉得幸福吗？如今员工追求的满足感已经不仅仅来自收入了。他们在工作本身中追求满足感。倘若如此，为了让每一名员工都幸福，就需要变革工作本身、工作的应有之态以及规定工作的公司。不是"个体"单方面地接受"整体"，而是将"个体"置于"整体"的中心。

"公司的目标存在于每位员工目标的延长线之上，这才是我最期望看到的状态。"山下这么说的时候，一定也曾感慨，自己终于用语言表达出了自己的真实想法。入职以来一直对松下幸之助抱有的无形的违和感，山下俊彦终于用语言把它描绘出来了。

## "罢免"四位副社长和三由清二

大概当时没有几个人理解了山下俊彦饱含深意的话。让他们震惊的反倒是之后紧接着公布的董事会人事任免决定。公司上下一片震惊。

山下俊彦撤销了谷村博藏、中川怀春、东国德和稻井隆义四位副社长的职务。这四位都是松下幸之助最信任的得力干将。中川怀春、东国德和稻井隆义三位副社长更是作为总括事业总部的部长，曾经在松下电器公司分而治之。新社长就任才第二年，竟然裁掉了四位拥有很高实权的副社长。

当然，山下俊彦肯定提前与松下幸之助商量过解聘四位副社长的事宜。"没关系，只要你觉得这是最好的方法，那就放手去做吧！"松下幸之助虽然嘴上这么说，但还是感到了不安。难道自己要亲自出马，告诉他们四人这个结果吗？松下幸之助问："那谁跟副社长们说这件事呢？"

"请让我自己去跟他们直接说吧！"山下俊彦比任何人都更明白松下幸之助的心情。松下幸之助天才般知人善用，他通晓情理，也重视感情。四位副社长为松下幸之助鞠躬尽瘁奉献了几十年的青春，要让松下幸之助亲口将解聘的消息告诉他们，多么残酷啊！

不过，对于山下俊彦而言，这四位副社长同样是大恩人。将离开松下电器公司的山下俊彦劝回来的是谷村博藏。如果当初谷村博藏不劝他回来，就没有就任社长的他。中川怀春是山下俊彦做空调事业部部长时的上司。山下俊彦在西部电器公司因筹集不到资金而发愁时，东国德是唯一向他伸出援手的人。虽然与稻井隆义的关系远一些，但是山下俊彦十分敬佩他彻底消灭残次品，严格管控品质的态度。

但山下俊彦将这一切都抛之脑后。

消息宣布后，工会方面也吵嚷不休。工会委员长高畑敬一极力反对："这样极端地追求年轻化，真是乱来。工会一直致力于老中青三代在公司内和谐发展。这一人事任命与工会的方针严重不符。"但山下俊彦毫不理睬。松下幸之助在选择山下俊彦时，曾表示要让"人心焕然一新"。山下俊彦相信，这就是松下幸之助所期待的"焕然一新"的做法之一。

在免去四位副社长的职务时，山下俊彦的首任秘书土谷准明记得山下俊彦曾说："原以为最好说话的人竟然最难缠，真是让人捉摸不透啊。"四位副社长中，中川怀春、东国德和稻井隆义在退任副社长的同时也退出了董事会（他们分别专注于做子公司松下冷机公司、松下住设公司和松下寿公司的社长），只有谷村博藏一人作为总公司的一般董事暂时留任。但是谷村博藏的一般董事也只做了一年，山下俊彦这一下还真是毫不留情地彻底"革新"。

与四位副社长同时被"裁"掉的董事还有一人，那就是三由清二。他是松下电器公司最重要的子公司松下电子工业公司的社长。从某种意义上说，三由清二也是山下俊彦的恩人。

山下俊彦对于突如其来的社长就任邀请感到困惑不解时，曾找三由清二商量过。三由清二说："你以为当了社长之后就能命令我吗？我可不会听。"

三由清二作为反面教材，也算是山下俊彦的恩人。山下俊彦后来常说："过去，松下电器公司里有很多天才与疯子只有一线之隔的人。如果没有总顾问，那些人根本就不行。"代表人物之一就是三由清二。

有一次，三由清二叫来工会的书记长，通知他公司将要引入"两班倒"的制度。书记长拒绝道："工会不会同意两班倒的，还是继续执行加班制度吧。"三由清二说："加班不加班是经营者决定的事情，用不着你来多嘴。"他突然抓住书记长的领口，左一拳右一拳殴打起来。书记长的衬衫扣子都被打掉了。

三由清二受到了停职处分，他向松下幸之助哭诉道："为什么给我停职了？如果我做得不对，那之前你为什么还要让我加倍努力工作呢？"

人事部部长抱着"不成功便成仁"的决心向三由清二提建议。三由清二说："你跟工会合谋来跟我作对吗？"结果人事部部长被逐出了松下电子工业公司。甚至有干部说："我连杀三由的想法都有。"

松下幸之助将松下电子工业托付给了这个"天才与疯子只有一线之隔"的三由清二，三由清二斗志昂扬。

松下电子工业公司作为一家零件公司，虽然曾屡次受到家电行业开工率①的影响，但在三由清二担任社长期间，却从未出现过赤字。三由清二看待公司收支的眼光狠毒到甚至可以用凄惨来形容。为了达到这个目的，三由清二将道理和常识都一脚踢开，采用了暴力式的经营模式。

松下幸之助一边教导三由清二，一边安抚员工，他充分利用了三由清二的个性。这种技能，除了松下幸之助之外无人能及。山下俊彦将三由清二和四位副社长一起"罢免"，终止了松下电器公司依靠松下幸之助的个人技能开展经营的模式。

其实，这次革新也是山下俊彦烦恼许久之后才做出的决断。当时共同通讯社的记者中西享每天早晨陪山下俊彦慢跑。他说："有一次，跑在前面的山下俊彦突然撞到电线杆上了。他大叫'好疼'，蹲在地上一动不动。我想，糟了，得赶快叫救护车。没过一会儿，他又站起来了。一定是因为他脑子里尽想着公司事务去了，结果分散了注意力。"

山下俊彦每天慢跑的路线固定不变，在这样的路上竟然也能撞到

---

① 开工率表示企业生产设备实际运转的比率。——译者注

电线杆,分散他注意力的应该就是脑中关于革新的万千思绪吧。

松下电器公司权力构造的重心发生了巨大变化。接下来一起决定性事件的发生标志着这个变化真实地出现了。山下俊彦在撤销四位副社长职务之后,重启了常务会议。会长松下正治提出想参加常务会议。

山下俊彦曾固执推辞,不愿担任社长,是松下正治不厌其烦将他劝回来了,所以松下正治内心总自豪地以为自己是山下俊彦的监护人。松下正治心里打着小算盘,如果参加常务会议且一切进展顺利的话,就能超越社长,获得更高的影响力。

山下俊彦从副社长安川洋那里得知松下正治打算参加常务会议的想法后,当即回答:"明白了,那让会长出席常务会吧,我就不出席了。"

就这样,松下正治取消了出席常务会议的计划。松下电器公司的第二任社长是松下正治,但他只有社长的名,没有社长的实。而山下俊彦想要成为松下幸之助之后,松下第二个有实际决定权的社长和首席执行官。

## 宴饮和大调动

山下俊彦对于总公司的第一印象是"总公司太无聊了"。就算是在任职社长的后半期,这句话依然如口头禅般挂在山下俊彦嘴边。"总公司太无聊了,有权限但不用负责任。只有负责地完成任务之后,才会产生感动的情绪。不管好坏,生产一线的工作一定常常发生令人感动的事情,而总公司却没有任何能让人感动的工作。扔掉总公司吧,总公司没用。"

只有在生产一线和事业部才能孕育"感动"。此时，事业部体制依然是贯穿山下俊彦内心的信念。

三名兼任总括事业总部部长的副社长被撤职，同时意味着总括事业总部体制的废除。事业部部长可以卸掉肩上的重担，直接向社长汇报。山下俊彦最大限度上发挥了事业部部长的自主性，找回了事业部体制原本的初心。

山下俊彦开创了"联合会议"制度。他让事业部部长、营业所所长会聚一堂，这样经营高层与生产一线的领导就能直接沟通。会上他们确认方针，坦率讨论。山下俊彦创设了一个社长和事业部部长可以直接沟通的场所。

这还不够，山下俊彦提出想与全体事业部部长促膝畅饮。时任总公司人事课课长的村山敦被山下俊彦安排去筹备宴饮事宜。他说："可有意思了。这样盛大的火锅宴会我们大概安排了三次。"

事业部部长总共将近50人，他们每个人都乘坐黑色的专车来赴宴。有能停得下这么多车的会场吗？村山敦想到了箕面观光酒店（当时的名字），因为是观光酒店，所以才会有停得下观光大巴的超大停车场。

"所有事业部部长聚在一起喝酒，这在松下电器公司还是头一次。山下俊彦做到了。另一方面，他又按照利润率给事业部分类。山下俊彦不仅会对工作严格要求，还想创造一个可以敞开心扉聊天的机会。火锅宴会的气氛热烈极了。事业部部长们觉得，现在的社长能够理解自己的辛苦，他们感到很欣慰。"

山下俊彦没有带任何一个空调事业部的老员工来总公司。他将人事课课长村山敦和总公司会计部会计课长松田基视作亲信勤加使用。

这可真是绝妙的搭配。

松下电器公司在实施自主自立的事业部体制的同时，还引入了高桥荒太郎创立的一套中央集权式的会计和人事体制。会计和人事专员被派遣到各个事业部，但事业部部长却不掌握对他们的人事裁决权，而这些权力都由总公司一手掌握。这套系统有效地用总公司的向心力抵消了各家事业部的离心力，这也恰恰说明了会计部和人事部的权力有多么强大。

山下俊彦将手伸向主计局和人事局，提拔了两位负责实际业务的课长。这两人是总公司组织的关键人物，就算山下俊彦不说话，他们也会向他汇报情况。会计部和人事部的前课长如果体会到社长的用意，推出相应措施，那么就连他们前部门的部长也不得不支持。

设定ABCD评级体制大纲的，是从会计课长转为山下俊彦下属的松田基。同样，村山敦也将自己的前上司——人事部部长高桥英雄拉进来，一起风风火火地实施了松下电器公司创立以来的首次大规模人事变动。山下俊彦认为，人事流动优先于一切，是最重要的命题。山下俊彦在1978年年初的经营方针中明确提出了这一点。

"没有一个人意志消沉，所有的人都活力满满地在组织中工作，这样才会促进公司的发展。要想达到这个目标，人才流动是第一必要条件。看看现在的松下电器公司，全公司员工的流动仍不充分。就算有流动，也仅限于同一职能范围内。这导致各职能岗位之间的差距拉大，同时也存在优秀人才故步自封的隐患。"

山下俊彦担任社长之前，一名员工进入松下电器公司时被分配到的岗位就决定了他的一生。如果入职了电视机事业部，一直到退休都在电视机事业部。一旦被分配到会计部，就不可能从会计这个领域中跳出来。在事业部员工看来，事业部部长就是社长，一提起总公司，总有种"天高皇帝远"的感觉。员工都将自己故步自封在小小的保护壳中，害怕摩擦和冲突。这样下去，松下电器公司强大的源泉——事业部体制迟早会面临"廉颇老矣，尚能饭否"的困境。

为了杜绝这一现象的发生，需要让员工破壳而出，让不同事业部和职能部门之间的轮岗变得常态化。在松下电器公司这种以事业部体制为基础的组织里，这确实是名副其实的一次大变革。

1978年，松下电器公司就设定了跨事业部轮岗2000人、跨职务轮岗1000人，总计3000人的轮岗目标。1977年仅有1662人轮岗，一年间这一数字翻了近一番。

不管是事业部部长还是职能部门的领导，口头上没人对人员流动提出异议。但是大家却是整体上赞同，细节上反对。每个部门都紧紧抓住优秀人才不放手，只把累赘往外送。山下俊彦下了命令："人事评价拿到A的人，集中轮岗。"山下俊彦还规定，成为课长前要有三个岗位以上的经验。

为了使轮岗顺畅进行，山下俊彦还改进了薪酬体系和人事考课的制度。薪酬制度由原来的职务工资变更为职能工资，即不再以部长、课长等职务头衔来确定工资，而是按照能力高低调整薪酬。另外，山下俊彦还在人事考课过程中导入了资格制度①。一般来讲，变更制度

---

① 资格制度，主要根据能力、学历、工作年限等条件为员工评级。——译者注

需要与工会交涉，动辄耗费几年的时间，山下俊彦却风驰电掣般掀起了变革浪潮。

自此之后，松下电器公司每年都会有三四千人轮岗。

## 赋予感动

山下俊彦表示，人才流动的目的是提高组织的活力。这一点当然是毋庸置疑的，不过，其实山下俊彦的举措另有深意。他想赋予每个人以"感动"。

当时，松下电器公司每个月都会召集当月退休的员工与社长召开座谈会。山下俊彦在会上听到一名退休员工向公司表示感谢。"我在一个岗位上干同样的工作干了40年，我感到十分幸福。"山下俊彦听后觉得很困惑，这样真的好吗？通过不同的岗位、不同的工作内容积累经验，发现自己意料之外的可能性，难道不是更好吗？

正如之前介绍的那样，山下俊彦座右铭之一是西堀荣三郎的"人生就是不断地积累新经验"。

山下俊彦做空调事业部部长之后，不，应该是从他入职松下电器公司之后，就一直在思考"工作"的意义。在任事业部部长时期的日记本中，山下俊彦写道："人们是不得不工作，还是从工作中获得人生的意义和满足感，这是个很大的问题。""人使唤人是不行的。"

松下幸之助为"工作"赋予了"社会富裕，一扫贫困"的社会使命感，而山下俊彦在意的是"工作本身"的根本意义以及人生的满足感。

在山下俊彦担任社长的后半期，他时常将"感动"挂在嘴边。"只要是人，就不得不工作。既然这样，那不如在工作中与同事共享感动，这样更美好。""人生就是感动。你的一生中有多少感动的机会呢？我的工作就是要多给员工创造享受感动的机会。"

山下俊彦认为工作的周期应该以五年为单位。最初的三年需要竭尽全力熟悉工作。从第四年开始，可以增加自己的想法和智慧，开拓新境界。一旦超过五年，工作内容会变得千篇一律，人也会流于懒惰。轮岗就是为了告别千篇一律，积累新的经验，开拓新的可能性。这样才可能有创造新感动的机会。这是山下俊彦的想法。

但是，每天悠闲自在是无法获得感动的，必须付出努力。山下俊彦的那本日记本中记录下了曾任日本京都大学校长的平泽兴的名言："要想让可能变成能力，必须具备相应的力量。所谓力量是指浓烈的激情和坚忍不拔的毅力。磨炼毅力不会永远像一开始那样艰苦生硬。当身体记住毅力之后，它就会成为人的第二天性，变得柔和且愉悦。"

山下俊彦认为，人的能力，甚至性格都能靠后天努力和锻炼而改变。他经常用跳水项目来打比方。

没有人一开始就敢从那高得令人头晕目眩的跳台跳下来。但是，先从一米跳起，然后两米，缓缓提升高度，最终十米跳台也变得游刃有余了。

山下俊彦认为，勇气和忘却讨厌的回忆的能力也是可以通过锻炼获得的，所以失败和挫折也是一种锻炼。

晋升课长的条件之一是需要有三个岗位的工作经验，山下俊彦认为这是为了给年轻人失败的机会。在挫折中磨炼自己，继续努力，一旦能力得到提升，就可以继续向更高层次的目标发起挑战。这个过程中也能收获更多更大的感动。

被分配到自己讨厌的上司手下工作也是一种锻炼。山下俊彦在动不动就发火的上司手下吃尽了苦头，在与年轻员工的座谈会上他谈道："与其和稀泥不彻底地抹除争端，不如索性任凭争端发生。大胆地跟上司争吵吧。能在好上司手下工作当然是好的。但是现实情况是，不是所有的上司都是好的。有些人虽然不能当好上司，但是工作能力很强。面对不那么好的上司，其实也有相处之道。"

跟不可理喻的人相处时，无论如何都要找到相互的立足点。拼命努力，从意想不到的角度重新看待当下的情况。这样，思考的幅度也变宽了。山下俊彦认为，比起明事理的上司，在动不动就发火的上司手下工作更能获得成长。

即便如此，无论如何都没有折中之法的时候该如何处理呢？山下俊彦建议："考虑下这个人的家人吧。"我们仅在公司和他相处，而他的家人可是一年到头都得面对他忍耐他啊。

人事变动（大轮岗）一开始以年轻人为主，后来逐渐波及事业部部长等。接到调职通知的当事人的心情可能比"感动"要复杂得多。

令人瞠目结舌的人事变动层出不穷。总公司生产技术总部的部长被调到了一线做事业部部长，这还仅仅是开始。熊本营业所所长被调到了电视机事业部做事业部部长，这是销售到生产的调动。而微波炉事业部部长被调到广岛营业所做所长，这又是从生产到销售的调动。此外，一直专注于生产马达的子公司常务被调去墨西哥，做生产立体声设备的工厂厂长。他也很困惑：我只懂马达，为什么要去海外搞立体声设备？他们原本规划好的人生轨迹突然发生了偏移。

这些人拼命反抗："我不是做这个的材料。我没有任何经验。"这些借口最终都敌不过山下俊彦的一句回击："我也一样。我也没有做社长的经验。"

最终，连一手策划了人事调动的幕后推手也加入了大轮岗。

一年半后，山下俊彦的下属、推动了人事变动的前人事课课长村山敦和制定ABCD评价制度的前会计课课长松田基也被调岗。村山敦被调到了英国的电视机工厂，松田基则被调到了美国的电视机工厂。另外，曾是两人上司的人事部部长和会计部部长也在不久后被调到了事业部。虽然是自己一手促成，但村山敦依然觉得这样的人事变动非同小可。会计部和人事部是总公司重要的职能部门，这次大轮岗似要将整个总公司连根拔起。

去英国赴任前，村山敦来跟山下俊彦寒暄。山下俊彦说："你的这次调岗用的是额外的配额，所以一定要加倍努力啊！"

一般来说，会计部门的员工被派去海外工厂只是兼任总务和人事，但村山敦不同，他被任命为专职的总务部部长，所以山下俊彦才说他用的是"额外的配额"。这句饯别辞也是一如既往，独具山下俊彦风格。

村山敦的任务是重振英国工厂的雄风。"我为你特别准备了能收获满满感动的地方，尽情成长，期待你衣锦还乡"，这应该就是山下俊彦饯别词的真实含义吧。

## 秘书的任期三年为止

山下俊彦的第一任秘书土谷准明干了一年后，山下俊彦似乎看穿了土谷准明的心思，说："你总做这样的工作可不行。熬个三年吧。"的确如此，土谷准明的秘书工作做到三年零一周时，他如愿离开了日本，被派驻去了美国。

山下俊彦的第四任秘书桥本达夫第一次见山下俊彦时，山下俊彦就说："虽然秘书岗位不值一提，但你还是勉强坚持个三年吧。"什么？桥本达夫感到困惑不解。既然被任命为社长秘书，他已经做好了相应的准备，也愿意做这份工作。但社长却说"秘书岗位不值一提"。

在慢慢摸清了山下俊彦的思考回路后，桥本达夫解开了困惑。山下俊彦认为"工作需要发挥主观能动性"。自己有工作意愿，自己设立计划，不断下功夫，推进目标达成，这才是有价值的工作。所以山下俊彦才为秘书划定了三年的任期。

三年过后，工作内容也大致熟练了。对于用人方而言，这正是用起来最顺手的时候。事实上，不管是松下幸之助还是时任会长的松下正治，他们都一直使用同一个秘书，没有放他们去追逐自己的梦想。然而，山下俊彦却没有只考虑公司的状况，而是更优先地考虑了员工，也就是劳动者的立场。

山下俊彦不是个麻烦的社长。他公私分明。"我身体不舒服，明天休息一天。"桥本达夫担任秘书的三年间，只有一次在休息日接到了这一通电话。日本国内出差，他也会独自前往。有一次，桥本达夫去机场接机，山下俊彦感到十分讶异："发生什么事了吗？""没事。"山下俊彦的表情好像在说:"你有来接机的功夫,还不如多读点书。"

一开始,山下俊彦连海外出差也独自前往。有一次,他去布鲁塞尔参加一场电机厂商的国际会议,需要在法兰克福转机。山下俊彦顺利到达了法兰克福机场,但至布鲁塞尔的航班却因大雾取消了。于是他决定改乘火车前往,但是手头没有现金。环顾四周,他发现了一名贸易公司的日本员工。山下俊彦向他借了100美元,并拜托他给布鲁塞尔的松下电器公司办事处打了电话。

山下俊彦好不容易到达了布鲁塞尔的车站,却迟迟等不来接站人。原来,布鲁塞尔有两个火车站,接站人搞错了,去了另一个火车站。山下俊彦不知道酒店地址,只好原地打转,而接站人又迟迟等不来社长。该办事处的员工甚至以为社长失踪了,一时相当混乱。回到日本后,山下俊彦给那位贸易公司员工写了封感谢信。

在布鲁塞尔事件之前还发生过"墨西哥事件"。山下俊彦在未告知公司的情况下,试图登顶墨西哥的波波卡特佩特火山。这还不算什么,最重要的是那天夜里他扭伤了脚,被困在了山间漆黑的小屋中。山下俊彦拖着脚伤回到日本,要求秘书土谷准明保密:"不许告诉别人。"但是,脚扭伤这种事情哪里瞒得住。

秘书室室长气炸了。他对土谷准明下了命令:"山下俊彦可是几万名员工的社长,万一有个三长两短怎么办?不能让他一个人出国,你一定要跟着他。"然而山下俊彦并未理会。"这点事情没关系的。没事的,放心吧。"

然而,只有他一人受伤倒无所谓,像布鲁塞尔的事情一样连累到周围的人，山下俊彦也觉得不妥了。自此之后，山下俊彦去国外出差时，会有海外事业总部或者相关事业部的员工随行。

## 每十分钟看一次时间

山下俊彦总是事件缠身。他刚就任没多久，就发生了媒体鼓吹的"新社长的首次失败"事件。事情是由变更空调销售渠道的问题引起的。

松下的空调业务由山下俊彦一手扶植起来。一直以来，松下的空调销售不走家电渠道，而走设备渠道。但是，当空调正式开始在家家户户普及时，山下俊彦决定将销售渠道从设备方向改换到家电方向。这么一来，城市内的零售店销售空调更方便。更换渠道有其合理性。然而，对于空调占到了总销售额六七成的设备销售部门而言，更换销售渠道无疑是生死攸关的问题。激烈的反对声如潮水般涌来。

设备部门的销售员当时的想法应该是："你是靠我们设备渠道努力卖空调才当上的社长，现在这么对我们简直是过河拆桥，恩将仇报。"

于是，山下俊彦临时撤回了决定，取消了原计划。新社长颜面扫地。松下幸之助表示了担忧，他多次说："这关系到你的面子，最好不要撤回。"但山下俊彦并未动摇。

山下俊彦认为社长的工作是做决定，并且需要快速做出决定。遇事犹豫不决会使部下感到为难。如果做错了决定，尽快改正就好。"如果不做决定，下一步也不知道该怎么开展。既然已经做出了当时觉得最佳的判断，那么完事之后就无须再烦恼了。毕竟烦恼也没用。"

顺便提一下，两年后的1979年，山下俊彦确认设备营业部门已经开拓了新的销售渠道，确立了开辟家装业务的方针之后，果断重新执行了变更空调销售渠道的决定。

山下俊彦干任何事情都不拖泥带水。员工向他做汇报时，他也不允许汇报冗长。通常临近早上8点，山下俊彦就会到达公司，但是9点前他不允许任何人进入他的办公室。9点起，他以半小时为单位安排行程。山下俊彦的第四任秘书桥本达夫感叹道：“员工的汇报时间定好是30分钟就是30分钟。可以提前结束，但决不许超时。当我还在担心今天无法完成全部日程安排时，社长竟然自己创造出不少空余时间来了。于是我见缝插针，临时插入些安排，社长也能顺利消化。只能说效率太高了，真的高。”

有一次经营企划室室长来势汹汹地对桥本达夫说：“今天的事情比较复杂，无论如何都没法在30分钟之内说完。能不能多给我安排些时间。”即便如此，汇报只持续了10分钟左右，他就从社长办公室出来了。“啊？这么快就结束了？”

社长办公室内，山下俊彦的右手边放着一个时钟。汇报时间超过了10分钟，山下俊彦就会瞥一眼时间。如果汇报还没结束，他就再瞥一眼。山下俊彦看表的间隔越来越短，汇报者如坐针毡。

山下俊彦急性子是有原因的。他觉得，既然这份工作是你负责的，那么你觉得没问题就行，没必要解释得这么复杂。

山下俊彦担任社长前，按规定，新商品的价格需要由社长最终决定。于是，当时的旋转机事业部部长来找山下盖决裁章。山下俊彦说：“为什么要我盖章呢？这项工作你们最了解。我被你们骗了我也不知道啊，我不会在这种文件上盖章的。”自此之后，价格的决裁章只需申请到营业总部部长为止即可。

事业部体制倡导自主责任经营。山下俊彦相信，"人类的主观能动性能够在自负责任的原则中得到充分发挥"。每个人负起责任，主动思考，以自己的力量开拓新局面，这样工作才会变得有趣。

山下俊彦从不长篇大论。倘若他对汇报内容不满意，只会一言不发地退回去。他不会指出具体哪里不好。没让他满意前，他会反复退回。到最后实在不行了，他会说出那句口头禅："你的能力就到此为止了吗？"被退回的人如坐针毡。总之，山下俊彦一贯主张：自己开动脑筋，主动思考。

山下俊彦对于下属额外的关心和体谅也概不领情。下属前来汇报时，总觉得很少有跟社长一对一交谈的机会，所以汇报之余，想多说几句客套话。这也会被山下俊彦果断制止。"你还有什么不好的消息要告诉我吗？有的话我可以听，没有的话赶紧回去工作吧。"

在山下俊彦担任社长的后半期，松下精工公司遭遇了经营危机。松下精工公司主营大型送风机和换气扇，精工公司的会长1986年以前一直由大管家高桥荒太郎担任，松下电器公司内部都称它为"高桥荒太郎的公司"。松下精工的会计部部长直接向山下俊彦汇报："精工的业绩正在急剧恶化。"会计员工有权直接向总公司社长汇报情况。

山下俊彦回复："减少分红不就可以了吗？"会计部部长没料到山下俊彦会这么答复，他拒绝了："松下精工公司是上市公司，这么丢人的事情做不得。"

这可是"荒太郎的公司"。减少分红意味着会让高桥荒太郎颜面扫地。他可是松下电器公司"会计系统之父"，也是松下幸之助思想的"拥护者",这种事情千万做不得。"总公司能否采取稳妥一些的做法,给点特殊关照呢?"这才是会计部部长直接向山下俊彦汇报的本意。

然而,山下俊彦却毫不留情。"是赤字就老老实实地做成赤字吧。这么一来,就能减少分红,把事情解决了。子公司中出现一两家这样的公司也无伤大雅。" 当时松下精工公司的社长是由高桥荒太郎亲自任命的,他也因此丢了饭碗。

自从山下俊彦被派去西部电器公司以来,高桥荒太郎一直都是关照他的领导。没有高桥荒太郎,就没有山下俊彦的社长之位。但是,一码归一码,山下俊彦的字典里没有"通融"一词。

## 天真烂漫的山下俊彦

山下俊彦的第三任秘书北山显一认为山下俊彦是"保留儿童率真品性的成年人"。山下俊彦对北山说:"北山,撒谎可不好哟。撒了一次,就要一辈子记得跟这个人说过什么谎话。这可太累了。不撒谎就不用担心这个了。"

他毫不在意地将没有学历的自卑感挂在嘴边。他直言自己很羡慕在大学中就建立了人脉的大学毕业生。"可是,不管我怎么羡慕都无济于事。没有就是没有。自卑感这个东西本身并没有什么不好。"

人一旦权力傍身,就总爱追求浮华虚饰。可是山下俊彦却不同。他刚就任社长时,宣称自己并不伟大,在任数年后依旧如此。不管是对松下幸之助还是对年轻员工,他的态度都没有任何改变。

成为松下电器公司的社长后，山下俊彦每天晚上总是应酬不断。秘书照顾他身体，所以午餐都替他安排对肠胃温和的乌冬面。今天是天妇罗①乌冬面，明天是肉乌冬面，变换着各种花样。大约过了一年，山下俊彦才略显客气地问："为什么每天午餐都是乌冬面呢？我没那么喜欢吃乌冬面。"

松下幸之助曾嘱托日本兴业银行顾问的中山素平将山下俊彦介绍到东京的资本界。有一次，中山素平带着山下俊彦去参加河本敏夫（辞去三光汽船公司社长职务后转入政界）的内部聚会，中山素平还没回过神来，就突然看到山下俊彦坐在主桌边与水野总平（当时日本资本界内能源派的顶梁柱）亲密交谈。后来中山问山下俊彦："你之前就认识水野吗？"山下俊彦答道："原来他就是水野啊。"

第一次见面连名片都没交换，山下俊彦就能如故旧般与陌生人交谈。他很自然地卸下自己的心防，对方见状，也会放松警惕，同样自然地开始和他的交谈。

历史悠久的老牌饭店"大和屋"位于大阪南的繁华街区。第二次世界大战前，松下电器公司的员工就是这里的常客。山下俊彦还在西部电器公司时，上司谷村博藏就常带他来这里吃饭。在大和屋的老板娘阪口纯久的印象中，山下俊彦总是一个人坐在角落里默默饮酒。谷村博藏之前老说"由着他去"，有一天，他突然悄悄对阪口纯久说："山下当社长了。""啊？是那个山下吗？"

没过不久，刚好山村雄一（临床免疫学者，大阪大学校长）也在

---

① 在日式菜品中，用面糊炸的菜统称天妇罗。——编者注

大和屋跟老板娘聊天喝酒。"听说有个小伙子当了松下电器公司的社长。""是个怎样的人呢？很好奇。"碰巧这时山下俊彦在其他房间参加松下电器公司内部的聚会，阪口纯久灵机一动，说："那不如就见见这位社长吧。"

山下俊彦被阪口纯久拉了出来。"怎么了？拉我去哪里？见谁啊？""别问了，乖乖跟我过来吧。"

就这样，山下俊彦与山村雄一畅聊了三十分钟。医学界权威人士山村雄一是个性鲜明、眼光毒辣之人。山下俊彦却毫不发怵。山下俊彦走后，山村雄一对阪口纯久说："还有这样的社长啊？真是大开眼界。"

没有欲望，不说谎言，从不粉饰，对任何人都一视同仁。受松下幸之助之托照顾山下俊彦的中山素平十分喜欢山下俊彦的这些"没有"和"不"。同时，他也十分担心。"这样单纯明快、无欲无求的人真的能胜任堂堂松下电器公司的社长吗？世事繁杂，如此复杂的公司，用一般手段是对付不了的，必须根据对手和场合不断变化战术和战略才行。倘若不管对方如何出招，都只按一个策略来应对，必然会招致惨败。"

然而山下俊彦好像并没有听取这些忠告。有一件事中山素平感到十分震惊。某次宴会，山下俊彦提前退席。结果他在离开时错把中山素平的鞋子穿走了。这也就算了，可中山素平这双鞋山下俊彦竟然就这么穿了五天。

山下俊彦有时就是这么天真烂漫。

# 大家工作开心吗

松下电器公司内部刊物《松风》每年会举办一次年轻员工与山下俊彦的座谈会。这是山下俊彦可以与年轻员工直接对话的机会，所以他对此十分重视，乐在其中。跟年轻员工在一起，一向沉默寡言的山下俊彦变得相当活跃。

他用这样语气问年轻人："大家每天工作开心吗？""工作有趣吗？"对年轻员工的任何问题，山下俊彦都坦诚回答。

员工问："您入职时，想过自己有一天会成为社长吗？"

山下俊彦答："没有人会想得到吧？（笑）你们当中有人这么想过吗？"

员工问："您会想要加油努力，争取成为社长之类的吧？"

山下俊彦答："如果真的这么想，那就很荒谬了。能当社长纯属偶然，有这种想法很奇怪。"

问题还涉及家庭生活。

员工问："您会跟夫人去逛街吗？"

山下俊彦答："不会。我不会浪费时间在这种事情上。（笑）"

电熨斗事业部的员工开起了玩笑："社长，您在家会熨衣服吗？"

山下俊彦答："不会。（笑）"

员工继续追问："年轻的时候呢？"

山下俊彦答："抱歉，也没熨过。"

员工说："您以后可以试着用一下我们生产的电熨斗。哪怕一次也行。（笑）"

山下俊彦做空调事业部部长时，他就将"好的职场"定义为年轻人活力四射的职场。换言之，就是年轻人做主人公的职场。

山下俊彦在接受《东洋经济周刊》的采访时曾回答："不是把公司分配给自己的工作做完就了事，而是要以主人公的姿态，主动投身工作中去。我觉得，如果现在的年轻人能做到这一点，那么他们将大有可为。"

"在这之前只有部长和董事有这种意识，下面的人主要负责做好被安排的工作。今后让全员都拥有这种意识，企业的活力也会随之提升。"

事业部体制将商品从研发、生产到销售的所有权力都交给了事业部部长，这种组织体系下，事业部部长是整个工作的主人公。如果松下电器公司强大和成功的秘诀是使事业部部长拥有了主人公意识，那么这种主人公意识能否推广到年青一代呢？能否创设一套新的体系，让年青一代也能发挥主人公意识呢？这是山下俊彦一直思考的问题。

山下俊彦刚就任社长时，有人曾问他"想把公司变成怎样"。他回答说："想把松下电器公司变成一个不留疲劳感的公司。"员工自己成为主人公的公司，就是终极的"不留疲劳感的公司"。

山下俊彦相信年轻会带来无限可能。当然，不能只顾着礼赞年轻而什么都不做。山下俊彦在做空调事业部部长时，常常在新员工的欢迎仪式上半开玩笑地说：

"年轻意味着拥有无限可能。所谓青春，就是任何人都曾经拥有，却又注定要失去的东西。美好的并非青春本身，如何利用青春时光决定了青春能有多优秀。相信年轻，但是不要沉溺于年轻。"

要想成为公司的主人公，需要付出努力，勤加锻炼。山下俊彦在座谈会上又一次引用了跳水从一米板开始的例子。就任社长第二年时启动的3000人规模的大轮岗，应该就是山下俊彦创立年轻人成为主人公的组织体系的第一步。

尽管如此，山下俊彦在新员工座谈会上依然是温和的。他静静地倾听大家的烦恼。

负责研发的技术人员抱怨说："连续加班，我都快面无血色了。"

山下俊彦回答道："加班不太好。加班最好控制在不影响体力的范围之内。如果每天都加班到晚上10点，虽说能从中都获得工作的成就感，但是这样的成就感很奇怪。"

那是一个加班再正常不过的时代。社长却建议大家适当加点班就行。

山下俊彦还说："把工作当作兴趣当然可以，但是这么一来，一旦工作遭遇不顺，就没了拯救良方，还是培养点工作之外的兴趣比较好。""我们并不能保证一切工作都能按照自己的想法来，有些工作即使想做也有可能做不了。这时，若是没有别的办法，就很容易神经衰弱。培养一项健康的兴趣爱好，把它用作逃离工作的工具之一，这很重要。"四十多年前，应该没有人会告诉山下俊彦这些道理，但他已经拥有了"工作与生活相平衡"的思考方式。

## 登山

在《连我都当了社长》一书中，山下俊彦写道："工作是人生的重要元素之一，将其当作生活的价值和意义，也是一种生活方式。但我不会这样做。哲学、艺术、登山等都是我人生的组成部分。我希望在这些事情上多倾注些热情。"

松下电器公司可以说是工作狂的"总部",为什么山下会在这里思考出"工作与生活相平衡"的理论呢?因为他从上学时就有"在工作之外设定其他目标"的想法。工作后,他在公司遇到了各种各样的烦恼,于是他将目光放到了工作之外的地方。一开始是读书。书籍是他走投无路时拯救自我的良方。山下俊彦从书中找到了慰藉,扩宽了人生的宽度。

读书成了他的习惯。担任社长后,休息日不读两三本书他就感觉不自在。山下俊彦读的书很杂,从经济、工商管理、自然科学、天文学到推理小说和传记,想读什么就读什么。在出差时,一坐上飞机,他立马摊开书本沉浸其中,如果没读完,到达酒店后他会闭门阅读,直到读完。

山下俊彦的登山爱好也是经由读书发掘而来的。他读了深田久弥的著作《日本百名山》后对山很感兴趣。《日本百名山》首次出版是在1964年,所以山下俊彦应该是在成为空调事业部部长前后读到的这本书。山下俊彦的事业部部长专用车的后备厢中常备着登山靴。估计一有空他就到滋贺和京都北部爬山去了。

也是在担任空调事业部部长时期,山下俊彦开始对国外的山感兴趣。他考察松下电器公司首个空调出口专用工厂马来西亚松下电业公司时,首次与驻在地员工一起登上了海拔一千多米的福隆港山。那次爬山十分艰难,让山下俊彦气喘吁吁,可是他反倒因此坚定了继续登山的决心。山下俊彦决定挑战位于马来西亚加里曼丹岛的东南亚最高峰京那巴鲁山（海拔4095米），并于就任社长两年前，即1975年成功登顶。

山下俊彦在全球的山峰中选择了四座自己最想挑战的山。一座是马来西亚的京那巴鲁山，其余三座是伊朗的达马万德山（5610米）、墨西哥的波波卡特佩特山（5426米）及非洲的乞力马扎罗山（5895米）。筛选的标准是，可以驱车至山麓，最好附近有松下电器公司的工厂。海拔7000米以上的山需要重型装备才能攀登，不在山下俊彦的考虑范围之内，但是，轻轻松松就能爬上去的小山头又缺乏挑战意义。跟工作一样，爬山时山下俊彦也会设定较高的目标，激励自己拼命努力，尽力达成。这还真是典型的山下俊彦风格。

挑战国外的山峰时，山下俊彦几乎都是自己聘请导游和搬运工，独自进山。虽然组队登山能提高安全系数，但如果自己身体不适，会给同行的队员添麻烦。如果独自行动，即使中途放弃也能心安理得，不用勉强自己。其实，山下俊彦曾两次挑战墨西哥的波波卡特佩特山，两次都中途打道回府。第一次是1979年的11月，山下俊彦在山间小屋住宿时迷路闯入了设备间，扭伤了脚。他叮嘱秘书土谷准明"不要告诉别人"的正是这一次。第二次是1983年，同样是在11月，前一天他还在酒店与驻在地员工开怀畅饮到半夜，第二天又在宿醉状态中开始冲击山顶。好不容易终于到了上次的山间小屋，但是登顶依然遥不可及。

山下俊彦虽然放弃得快，但准备却毫不马虎。他不仅收集信息，还询问了专业的登山人员。他曾经说过："计划制订得好，相当于工作已经完成了六成。"登山也一样。制订详尽周到的计划也是登山的乐趣之一。

接着，为了实现目标，山下俊彦加强了身体素质的锻炼。每天早上4点，山下俊彦就会起床，开始慢跑。单程4千米，跑到箕面的胜尾寺。跑完之后冲个澡，喝一罐啤酒，清爽舒畅地去上班，这是他每天必做的事。卸任社长之后，山下俊彦虽然中断了每天的慢跑项目，但是要准备大型登山计划时，他还是会提前三个月重启慢跑锻炼。

细心周全的计划也好，锻炼也罢，这些都是山下俊彦的工作作风。但是对于山下俊彦来说，登山最大的作用是让自己从工作中、从公司中完全解放出来。

开始登山后，需要集中注意力，关注脚下的每一步。公司的事情自然会全部抛诸脑后。

就任社长的第一年，山下俊彦没有登山。第二年的1978年7月，山下俊彦向伊朗的达马万德山发起了挑战。达马万德山因为山顶冠雪的姿态被在伊朗的日本人称为"伊朗富士"。

登顶前夜，无数颗星星在触手可及之处闪耀着光芒。第二天一早，山下俊彦出发去山顶时，空气中弥漫着硫黄的味道，他呼吸困难，头痛欲裂。他摇摇晃晃，拼命攀登，终于登上了山顶。在登山过程中，他与伊朗导游之间因为共同的目标而产生了团结协作的意识。经历过后回头再看，即便是当时难以承受的苦难，也是大自然包罗万象的一环。与宏大峻峭的大自然相比，工作的事情都变得微不足道。回到日本后，山下俊彦的身心都得到了复苏。

# 第5章
# 被指认为反叛者

松下电器公司总部二层的走廊被称作"松之走廊"。"松之走廊"的最东边是山下社长的办公室，西边则是松下幸之助的办公室。

松下幸之助每周必定会从"松之走廊"的这头走到那头，去往山下俊彦的办公室。停留的时间在三十分钟到一小时不等。部长们汇报时，山下俊彦虽然每十分钟便会瞥一眼时钟，但对待松下幸之助，他自然不能说"您可以回去了"。

不知从何时起，换成了山下俊彦从东边跑到西边，自己前往松下幸之助的办公室。自己去的话，就能够自己决定返回的时间。于是松下幸之助便向身边的亲信嘟囔，"那家伙，来我这里坐也不坐，杵在那里，着急忙慌地把话说完后立马走人。喝杯茶也好啊，我这儿的茶里又没放毒药。"

刚当上社长的那会儿，山下俊彦得知自己和事业部部长说的话全被松下幸之助的秘书逐一录了音。松下幸之助夜晚总是很难入眠，于是他在半夜睡不着的时候，将这些录音放在枕畔听。"我被监视了，竟然如此不信任我吗？"即便是山下俊彦这样的人，遇到这样的情况也要浑身起鸡皮疙瘩。

## 烽烟起

松下幸之助很享受自己当初提拔山下俊彦后给世人带来的震惊感以及人们因此对他这一决断的溢美之词。他对新手社长的评价大体上也曾是好的。"他还没有到可以真正承担社长工作的地步。他还在学习途中，不过学习方式要是太拙劣可不行。还好他很能抓住要领。总的来说，在经营大公司方面，山下还是合格的。"（摘自《财界》1978年2月15日号）但从四位副社长卸任开始，松下幸之助对山下俊彦的评价风向发生了微妙的变化。

松下幸之助曾拿了块写着"大忍"的匾额到山下俊彦的房间。那是松下幸之助亲自书写的。"我的办公室里也挂着块一样的匾额。当你看着这匾额，正在努力撑过去的时候，我也正看着这匾额，努力忍耐。"这个故事很有名。但也是从这时起，松下幸之助的内心开始起了波澜。即便如此，他还是抑制住了内心的焦躁情绪，不让其溢于言表。

"大掌柜"丹羽正治率先发声，指出了问题。他娶了松下正治的妹妹敬子，曾经继承过松下幸之助的祖业——架线和照明器具业务，担任过松下电工公司的会长。高桥荒太郎卸任后，他是在职员工中松下幸之助最亲近的人。

公司内部刊物《松风》1980年5月号用六页版面登载了采访丹羽正治的报道，题目是《再多研究一下老爷子如何》。纵观全文，丹羽要么在担心松下幸之助与员工的距离不知为何疏远了，要么不满意当时的中高层管理者，觉得他们在向新员工传达松下幸之助的思想和精神方面有所欠缺。

"松下电器公司与其他公司最大的不同点在于，创业者依旧健在，且现在仍然操持和承担着一部分工作。其他地方还有这样的公司吗？""换言之，带有总顾问气息的思想、理想状态和行事方式现在依然存在于公司各处。""社会上所有公司表面上都奉行由会长或是社长负责的原则。松下电器公司表面上也遵循这个原则。但是总顾问做好了终身在职，一干到底的打算。这种事情其他公司根本做不到。"

松下电器公司是靠终身在职的松下幸之助的思想、行事方式在运营，也必须靠这种模式运营下去。其他公司"一个接一个地更换社长，下一任社长来后会说'前任社长怎么样我不管，我要这么干'，于是大刀阔斧地改变方针"。松下电器公司不是如此。丹羽正治其实想说：在松下电器公司，社长，即山下俊彦不过是表面上的原则而已。

狼烟就此而起。1980年8月，夏休①还没结束，松下幸之助突然说要召开"夏季经营恳谈会"。事业部部长、关联公司社长、工会干部等592人被召集到了大阪中之岛皇家酒店。第一排是会长松下正治、社长山下俊彦及各董事。

登上讲台的松下幸之助一边追溯50年前的往昔，回忆当年，一边朗读纲领、信条和七精神，并同大家一起唱和。接着又一起聆听了1932年第一届创业纪念日庆典的录音带。1981年是"命知五十年"，松下幸之助想要再次确认使命感。恳谈会从早上10点开始，中途吃过午饭，一直开到了下午3点。基本上是松下幸之助一个人在台上演讲。

"我觉得这十年来，公司业界第一的宝座稍稍有些不稳了，失去

---

① 日本企业年中的盂兰盆假期。——译者注

了往年松下电器公司的气势。"

"我无法对如今的境况熟视无睹。""所有带'长'字头衔的人,如果没有与发号施令相匹配的见识,别说让公司发展了,甚至会导致公司后退。""光靠热情是没办法干下去的,如果有人认为,如今靠热情不也干得如火如荼、顺风顺水,那更是大大的错误。这么想的话,就已经迈出了衰退的第一步。"

"当时所有的干部都把我的想法当作正确的指针,是他们的鼎力相助造就了今天的松下。最近虽然大家依然这么认为,但是找借口、说理论的实在太多,因此很费时间。"

"现在的松下事态紧急,必须立即创造出畅销品,即使深陷泥潭也必须背水一战。虽然数字上没有表现出来,但是我知道公司的根本正在被侵蚀。所以我才敢这么说。希望大家能真正明白,现在的情况有多紧迫。"

激烈的言辞仍在继续。明年即将迎来"命知五十年",这种亢奋感唤醒了松下幸之助。"公司的根本正在被侵蚀。"松下幸之助的这句话只能被理解为他对山下俊彦经营策略的否定。松下幸之助甚至说出了带'长'字的人若名不副实,公司就会衰退这种话,言辞直指山下俊彦。

山下俊彦从自己的座位站起来,开始陈述答词。"松下电器公司的传统和社风根植于总顾问常年对我们耐心且充满诚意的提醒。""今天,我在此与松下电器公司的干部们一起起誓,必定在今后的经营中继续用好这个传统。"山下俊彦嘴上说着老套的答词,心中却早已狂风呼啸。

## 即刻离职

1981年，松下进入"命知五十年"，情况开始愈演愈烈。9月20日星期日，340名干部齐聚技术总部的讲堂，召开思考反省与飞跃的经营会议。会议开头，松下幸之助说："其实我想花个三五天，开个走心的会议。不需要老套的说辞，大家说说心里话。"那天谈到的有1956年的销售额增长5倍的五年计划和1960年宣布每周工作5天等事件，这些都是松下幸之助提出想法且全部成功实现的故事。

会议持续了8个半小时。

接着高潮来了。1982年1月10日的经营方针发表会，从来都是先由社长陈述经营方针，但是从前一年开始，顺序发生改变，由松下幸之助最先发言。"听得到我说话吗？"松下幸之助提高了嗓门。据说为了这一天，这两个月来松下幸之助每天一起床就反复做发声练习。"今天是个很重要的时刻，所以我要尽可能慢慢地说，大伙儿也要仔细听。"

松下幸之助很快就进入中心议题。为什么目前为止松下电器公司从未出现过大的失误？那是因为我们有基本方针。四十多年来，一直重申基本方针的是高桥荒太郎。"高桥前会长一直强调，谨遵基本方针，并沿着方针开展经营，就绝不会出错。""但是最近，那般苦口婆心提及的基本方针，你们到底有没有理解呢？你们在没有理解基本方针的情况下，正在重复着失败。你们正在做的事不符合松下电器公司的风格。明明不是松下电器公司该做的事，你们硬要做，而且丝毫没有察觉，也不反省。"

松下幸之助仿佛被自己的话语刺激到了一样，言辞越发激烈。

"我曾经说过不准做的事，如今你们却正在做。脱离经营基本方针，越做越起劲。结果就是，一部分转变成了失败，正在反噬公司。""一个拥有半吊子知识和智慧的人，很容易就会对事物采取批判的态度。会觉得过去的东西'已经过时了''陈旧不堪''不够现代'。"

"你们正做着松下明令禁止做的事。所以我才会说'你们在做什么蠢事啊'。你们完全违背了松下电器公司的传统。"

松下幸之助的讲话原定30分钟，但完全停不下来。"虽然告诉我只有30分钟，但讲个3小时也无妨。只要诸位愿意听，我就想一直说下去。"

此时会上播放了前一年，也就是1981年，高桥荒太郎作为松下电器公司贸易会长训诫讲话时的录音带。这不是高桥荒太郎本人的声音，是松下幸之助的秘书照着高桥荒太郎写的稿子朗读的，录音带的时长达到了40分钟。

内容是松下电器贸易公司在第二次世界大战后饱尝艰辛的故事，以及将基本方针引入与菲律宾的合资公司精密电子设备公司（现菲律宾松下制造公司）后，扭亏为盈，重振经营的故事。而这盘录音带在员工半公开的议论中，被贬损成了"高桥的破旧唱片"。

录音带让松下幸之助愈发激昂。"刚才高桥说的正是松下电器公司的基本方针。""我决不允许任何人对其批判指摘，说它是老旧的、过时的。说这种话的人就应该即刻从松下离职！"

"松下电器公司的人，20岁的普通员工也好，50岁的部长也好，董事也好，都应该像金太郎棒棒糖①一样，切开之后都一样，这正是松下风靡一时的秘诀。但是，最近却并非如此。最近松下电器公司变了。批判总顾问（松下幸之助），批判高桥，批判管理者，说什么'那些都是老生常谈了，一直说那些是行不通的。时代在不断进步'。松下电器公司现在已有各自为政的倾向。这可不行。"

"员工对产业人真正使命的自知正在逐渐淡化。不是在逐渐上升，而是在逐渐下降。"

言辞反复。这表明松下幸之助的怒气很大，已无法抑制。"有人批判高桥，批判我，否定经营理念，抛弃'真正使命'。这些人当中有反叛者。"

"这种人就应该即刻从松下离职！"

## 迷茫的松下幸之助

有人说松下幸之助的愤怒是指向会长松下正治的。松下正治在接受采访时曾说过"金太郎棒棒糖无法应对时代的变化"之类的话，有分析称这是松下幸之助对此番发言的过激反应。大约并非如此。松下幸之助对松下正治的不满并非一两天前才有，而且当时执掌松下电器公司的并非松下正治。一年中最大的活动，确立一年大方针的经营方针发表会，在那种场合喷涌而出的愤怒，目标只有一个，那就是山下

---

① 日本江户时期起流行的一类棒棒糖，切开之后从任何角度看都能看到同种"金太郎"的图案。——译者注

俊彦。山下俊彦被松下幸之助呵斥"即刻离职！"。

为什么松下幸之助如此激动？

因为松下幸之助很迷茫。

松下幸之助比谁都清楚，用"大掌柜"巩固后的经营体制必须要赶快革新，因此才提拔山下俊彦为新任社长。但是，随着四位副社长从总公司的"松之走廊"离去，接着，1979年和1981年谷村博藏和一贯支撑着松下电器公司技术发展的中尾哲二郎相继离世，无以言表的孤独感向松下幸之助袭来。这种孤独后来转变为了后悔和迷茫。

松下幸之助迷茫的是："大掌柜"曾与自己同甘共苦，这样处理他们真的恰当吗？还有，对体制的革新真的正确吗？

松下幸之助在经营方针发表会上爆发愤怒的前一年，负责宣传和广告领域的尾崎和三郎当选了新任董事。第二次世界大战刚刚结束，他便被调往PHP研究所①从事"通过繁荣实现和平与幸福"活动，算是松下幸之助的一名亲信。当时尾崎和三郎已经66岁，早已过了退休的年纪。而山下俊彦正在极力推进董事会年轻化运动。松下幸之助强行反其道而行之，硬把尾崎塞进了董事会。从这里也能看出松下幸之助的迷茫。

松下幸之助一生最看重"坦诚之心"，但是自己却与坦诚相距甚远。松下幸之助与山下俊彦一样，用矛盾的方法看待事物。但山下俊彦当机立断，不做纠缠。而松下幸之助则在决断前劳心苦思，勉强决

---

① 1946年11月，松下幸之助创立PHP研究所。该研究所的愿景是通过实现物质与精神两层面的繁荣，创造和平与幸福。——编者注

定后依旧烦恼不已，真是个复杂又矛盾的人。

决定松下电器公司命运的是录像机战争。关于这个，后面的章节会详细叙述。当初，在这一行业先行一步的索尼向松下幸之助提议，为了业界发展，不如松下电器公司也采用索尼公司的盒式录像机的"贝塔麦克斯"（Beta max）系统标准，统一产品规格。结果，松下幸之助拒绝了索尼公司的建议，决定采用子公司日本胜利公司研发的家用录像系统（Vidio Home System，VHS）标准。决定之后麻烦来了，录像机事业部部长谷井昭雄（之后担任社长）因此吃尽了苦头。

某天，谷井昭雄被松下幸之助叫去。"昨天，我去了盛田①那里，他们可拼命了。你去过索尼公司了吗？"松下幸之助这么说，其实是要谷井昭雄去尝试和索尼公司合作。可是，事业部当下正全身心地投入VHS的生产中，双方已经没有任何合作的可能了。

没过多久，谷井昭雄又被叫去了。"用'Beta max'生产普通机型，用我们自家的VHS生产高级机型，区分开来生产两种你看如何？"这也是不可能的。松下幸之助依然不放弃。"那么，能否把两种规格统一到一个机型里呢？"

谷井昭雄说："'能否将两种规格统一到一个机型里？'这话我可不是只听了一次，而是两次。而且，都是总顾问跟我说的。"

松下幸之助这么做，其实与"共存共荣"思想有关。可是，做出决断之后，松下幸之助还是会无边无际地苦恼，一直迷茫下去。松下幸之助自己无法坦诚，所以才一直劝说他人坦诚些。真是个矛盾的集

---

① 盛田家族，索尼公司的创始家族。——译者注

合体。

对山下俊彦的提拔应该也是如此。为了革新体制，松下幸之助选择了山下俊彦，令世人瞠目结舌。但是决断之后，他又无法斩断迷根。在松下幸之助心中，类似丹羽正治那句"回到第一任社长的管理时期吧"的声音依然根深蒂固。选择山下俊彦真的对吗？那迷茫在松下幸之助心中的角落里凝结，逐渐膨胀变大。

## 分离独立还是扶植

1981年的一天，松下幸之助突然来到生产技术总部，说："把工厂自动化业务独立出去，新成立一家公司。"这命令来得太突然了。当时，工厂自动化业务隶属于生产技术总部，是集团各事业部自动化和提升生产性能的后援部队。虽然也会对外销售些产品，但主要任务还是为集团各事业部服务。即使在生产技术总部内部，大多数人也这么认为。

"你们啊，如果只在松下电器公司干活，那就只能积累到松下电器公司的知识和窍门。要想搜罗到全世界的知识和技术，那就必须独立出去。"生产技术总部的领导又问："独立出去之后，新公司也是松下电器公司100%出资的全资子公司吧？"

松下幸之助摇摇头。"不。同行也好，客户公司也罢，都要尽可能让他们持有新公司的股票。100%公开募股。"

这时工厂自动化部门刚开始着手研发机器人，母公司竟不抓住前景大好的产业，而是想要尽早将其分离出去。松下幸之助觉得，虽然事业部体制已经赋予了事业部部长生杀予夺的全部权力，但如果独立出去，公司将获得更高的自主性，发展也将加速。

在信奉事业部体制方面，山下俊彦毫不逊色于松下幸之助。山下俊彦经营理念的首要根基就是事业部体制。但是，山下俊彦同时也觉得，像工厂自动化这样虽然拥有巨大技术潜力，但还处在初期阶段的业务，需要总公司的支援，需要时间培育技术。他认为松下幸之助"尽早100%独立"的论调实在操之过急。

结果，工厂自动化独立的计划被搁置了。

谷井昭雄同时接触了松下幸之助和山下俊彦的思维模式。他说："总顾问想的是要彻底坚持事业部体制，他总是着急地催促下属将业务分割开。总顾问觉得，分割之后，产品自然会孵化出来。另一方面，山下俊彦却认为业务需要先扶植一段时间再进行分割。所以，虽然总顾问总说分吧分吧，但山下俊彦也有不听的时候。"

山下俊彦不听从命令，松下幸之助这下恼火了。

"山下绝不是反对总顾问的观点。但是，每个人都有自己想走的路。总顾问有时候不直接找山下抱怨，反倒会跟我讲。好几次我感觉总顾问仿佛就是在说：'你去和山下俊彦这样讲。'"

两人的龃龉不只停留在听与不听的程度，而是存在根本上的不一致。从本书中举出的各种例证可以看出，两人在"整体"与"个体"关系的问题上，观点完全不统一。

山下俊彦会对事业部体制产生深深的共鸣，是因为事业部部长被当作"个体"看待，事业部部长的自主性即自由在这个制度下得到最大限度的保证。山下俊彦在现代个人主义中觉醒过来，在他心中排在第一位的是"个体"。

为了最大限度地发挥事业部部长作为"个体"的能力，松下幸之助赋予了事业部部长权力。但是，"个体"又受到"使命感"的束缚，不得不从属于"整体"。对于松下幸之助来说，排在第一位的是"整体"。

山下俊彦认为，公司的目标位于每个员工的目标的延长线上是最理想的状态。而松下幸之助最期盼的状态则是"金太郎棒棒糖"。"松下电器公司就像金太郎棒棒糖，不论怎么切开，都是一样的。必须要做到，无论问社长、专务，还是部长或一般员工，都和金太郎棒棒糖一样众口一词。"

从松下幸之助急于让事业部公开募股便可看出他有多么相信自主的力量。但是，"金太郎棒棒糖"又如何能自主经营呢？它只能在"金太郎棒棒糖"的范围内自由发挥，个体影响整体决策的权利从一开始就被剥夺了。

或许有些让人难以相信，在山下俊彦担任社长前，松下电器公司任何一个事业部都没有单独制订自己的中期计划。

在松下电器，中期计划也好，长期愿景也好，都由松下幸之助垄断。

1956年1月的经营方针发表会上，松下电器公司发布了首个五年计划。22年后，松下幸之助回忆这段经历时表示："松下电器公司现在势头正盛。所以，我们要趁热打铁在未来五年内，让生产销售额涨4倍，到第五年年初，争取突破800亿日元。这些话是我当时站在讲台上说的。恐怕那时听到这话的诸位都在想：能做到吗？根本不可能吧。"

然而，五年之后，销售额岂止涨了4倍，竟然涨了5倍，达到了

1000亿日元。

1960年，松下电器公司决定将完全实施每周5个工作日的制度，并提出了工资水平与欧美公司持平的长期愿景。而这一想法也是松下幸之助站在讲台上向员工讲话途中，偶然想到并当即宣布的。

松下幸之助凭直觉抓住时代潮流的能力毋庸置疑，但是这也导致松下电器公司的中长期展望全由松下幸之助的一时起意而来。中长期战略由松下幸之助负责，而事业部部长只需要起草一年以内的业务计划即可。在这样的结构体系下，事业部部长作为"金太郎棒棒糖"，只能享受一年的"自由"。

## 成为"没有松下（幸之助）的松下电器公司"

山下俊彦改变了这种结构。他首次将中期计划的理念引入事业部，让事业部自己去思考原本只存在于松下幸之助脑中的中期计划。

1978年9月，第四届联合会议，事业部部长们齐聚一堂。山下俊彦要求他们制订"三年中期计划"，并严格限制在一个月内制订完成。

事业部以前从未想过中期计划，突然要求在一个月内完成，结果可想而知。各事业部制订出的计划充其量都只是一些替代品。

山下俊彦在第五届联合会议上这样讲评："内容方面，大家1979年度的计划都很扎实，但1980年、1981年的精度就不行了，还停留在想法层面上。时间不够不是没有做好的借口。""即便再给你们三四个月，你们做出来的东西应该也都差不多。""松下电器公司一直以来都只考虑半年，顶多一年内的事情，缺乏长远目光。这是体制的问题。问题的本质在这里。"

山下俊彦严令一个月内必须完成，就是为了要让大家尽快察觉这一点。事业部明白了，原来目前为止都只考虑了一年内的业务计划。要想预测到三年后的情况并做一个扎实的计划，需要做什么样的准备工作，需要怎样的组织架构，这件事必须认真考虑了。

既然要认真考虑，那自然是越快越好，所以山下俊彦才严令"一个月内"必须完成。

之后过了两年，到了1980年。新的中期计划以1983年度为最终年份，被正式确定了下来。计划规定，松下电器公司整体的市场份额每年度需要提升1%，年增长率则需力争达到9%。特别是负责信息设备和半导体的"特殊机械"部门，年增长率的目标定为20%。磁带录像机部门当时正值鼎盛期，中期计划中他们的目标设定为比1979年提升3倍。计划中到处都是诸如此类充满野心的内容。这份中期计划既不是肯定能实现的简单计划，也并非那么高不可攀、遥不可及，这是山下俊彦最爱的，所有员工共同参与，集众人最大的努力就可以实现的目标。自此之后，各事业部逐渐培养出战略性的思考能力，开始学会耕耘中期计划了。

接着，山下俊彦迈出了下一步。第二年，也就是1981年年初，山下俊彦宣布将筹划制订"长期愿景"。从松下幸之助获得使命感的"命知元年"（1932年）算起，1981年是第50个年头。同时，1981年又是20世纪80年代的起步之年。山下俊彦抓住这个时机，要求总公司制订"长期愿景"。另外，他还规定，所有事业部、所有关联公司都需基于"长期愿景"制订整个20世纪80年代的大策略。

山下俊彦认为，"个体"要想独立自主地与"整体"发生联系，"计划"是最好的手段。不依靠松下幸之助，由事业部自己制订中期计划，自己规划长期战略，这样"个体"（事业部、员工）就能参与"整体"的决策。这一举措标志着整个公司正在朝着"没有松下（幸之助）的松下电器公司"的转变。

这是后话了。山下俊彦后来刚退居顾问时，《东洋经济周刊》杂志记者曾问他：

"如果没有总顾问的话，松下电器会变成什么样呢？"

山下俊彦的回答很简单明快。"那就不需要向心轴了吧，事业部部长加油干就行了。优秀的事业部部长会做好一切的。只需要高层们选几个优秀的事业部部长就完事了。"

如果事业部部长将触角伸向"整体"的大战略，获得完全的自主权，那就不需要向心轴了。"没有松下（幸之助）的松下电器"正是山下俊彦的方针。

没有人比松下幸之助更加理解山下俊彦的目标和方向了。正因如此松下幸之助才会恼怒。因为他明白这一切，所以才会说"现在的松下电器公司大家各自为政"这种话。

但是，这应该也是松下幸之助在谋求经营体制革新的过程中的目标才对。正因为松下幸之助觉得松下电器公司即便不依靠自己也依旧可以发展下去，所以才将离他"最远"的人提拔为新任社长。可当山下俊彦真正开始着手建立"没有松下（幸之助）的松下电器公司"时，松下幸之助又陷入了迷茫。

四位大掌柜被解任的时候也是如此。松下幸之助虽然知道必须这么做，可自己却不想下手。四位大掌柜被从总公司放逐后，松下幸之助内心的痛苦油然而生。"没有松下（幸之助）的松下电器公司"是正确的，但同时仿佛又像自己被否定了一样，疏远感、寂寥感扑面而来。于是，松下幸之助的情感控制机能开始发狂了。

回到1982年1月经营方针发表会上松下幸之助的大演讲。他在结束时说："今后，松下电器公司必须取得更大的飞跃。是谁在阻挡这种飞跃呢？可能大家觉得意外，但不正是我们在阻挡吗？正是所谓的最高级别管理者们，在出手阻止我们取得更好的成绩。所以，我觉得责任不在员工，而在管理者。"

松下幸之助口中的"管理者"除了山下俊彦，别无他人。

## 下午4点半的饭馆

山下俊彦知道，自己能继承社长大统，唯一的依靠便是松下幸之助。自己是被松下幸之助选中的，所以自己正在做的事情也代表了松下幸之助的想法。

正因为有松下幸之助的支持，山下俊彦才能成功撤销四位副社长的职务。他觉得不管做什么，都有松下幸之助做后盾。

但是自己独一无二的后盾——松下幸之助却指认自己是反叛者，甚至还说"即刻离职"。

山下俊彦感到无比孤独，好似自己一人被放逐到漆黑一片的宇宙中。那段时间山下俊彦是如何忍耐过来的呢？

当时，山下俊彦在公司内部刊物《松风》举办的座谈会上对年轻员工说："如果向他人倾诉就能解决问题，那就不会烦恼了。向他人倾诉就能解决的烦恼不能称之为烦恼。无法向他人言说的东西，才是真的烦恼。"他还说过，"要说孤独，每个人都是孤独的。任凭是谁，最终都会变成孤身一人。所以，要是没法在某种程度上忍受住孤独，人会患上神经衰弱病的。这时候，去山里就行了。"山下俊彦笑了起来。

当然，山下俊彦去了山里，同时还带上了他那"向他人倾诉也解决不了的"烦恼。山会治愈心灵，但是山居生活终归不是日常。国外自不必说，就连周末在日本国内轻松爬几座小山都不能尽如人意。山下俊彦心中应该积压了不少郁结的心绪。

大阪南的饭馆大和屋的老板娘阪口纯久时不时会因山下俊彦的突然到访而震惊。山下俊彦的司机会突然打来电话说："山下先生说，一会儿就去您那里。"

她觉得惊讶，看看时间才下午4点半，而且还说要一个人来。老板娘问："您这么早来，吓我一跳。怎么了，没事儿吧？"山下俊彦的回答也很冷淡："这么早来不可以吗？"

下面是老板娘阪口纯久的回忆。

"我一般会先搁一瓶酒，对吧。我刚给他放了瓶唐培里侬[①]，他自己就一整瓶都喝掉了。不能喝这多酒啊！他喝太多了，甚至我都想叫其他人帮他喝点儿了。"

山下俊彦不怎么吃菜，也不发牢骚。他一边兴致盎然地听其他人

---

① 法国的香槟品牌。——译者注

说话，一边静静地喝酒。两小时过后，他便说："我回去了。"

这样的事情不常有，但不时就会出现。

自从山下俊彦在西部电器公司时的上司谷村博藏带他来过大和屋之后，这里便成了他无拘无束的所在。早一点儿来的话，也还不到宴会开始的时候，不用担心会碰上公司和经济界的人。山下俊彦常借着酒劲让自己漂浮在"虚无空间"。在这两个小时里，大和屋便是山下俊彦的"庇护所"。

但是，"庇护所"也只能偶尔去去。在之前提到的《松风》座谈会上，山下俊彦提出了一套自己的解决办法。"喝酒解决不了问题。办法只能靠自己苦心寻找。我自己的办法是忘却。这是一项训练。"

山下俊彦认为，"忘却"也是一项能力，且这种能力可以通过努力和训练获得。有些事情要是一想起来都让人心碎不已，那不如把它忘得一干二净。他应该真的有拼命训练过自己这方面的能力。但是，他真的成功忘却了吗？

这也是后话。山下俊彦成为顾问后，受杂志《新潮45》（1988年11月号）之邀撰写了一篇随笔。标题是：克服"社长孤独"的方法。"我并非感受不到身为社长内心的孤独，只是我一直告诉自己，社长的孤独并不是什么大不了的事。"这世上，有人还在与更绝望的孤独战斗着。这些人还著书留存于世。

其中之一，便是职业作家簸田鹤子。她患有重度大脑性瘫痪，四肢无法自由行走。她曾将自己半生的遭遇记述在《告发神明》一书中，而山下俊彦恰巧读过这本书。簸田鹤子被自己的亲生母亲、姐姐斥责为"怪物"，还被她们骂"到底要作祟到什么地步才肯罢休"。

簱田鹤子多次企图自杀，却因手脚不能动弹，连跳楼自杀都办不到。
她忍受着令人绝望的孤独，却用脚和口述笔记的方式写下了这本书。

　　"回想起来，我担任社长的时候，一被工作的艰辛和寂寞侵袭，
也曾拼命找来这类书来看。"

　　山下俊彦一直在与孤独做斗争。

# 第6章

## 录像机的时代

山下俊彦没有被击溃。

如同松下幸之助断言的那样，山下俊彦被选为空调事业部部长时就已经开始在走运了。时代总是站在了山下俊彦这一边。山下俊彦就任社长时，日本的家用录像机也开始真正进入了起飞阶段。

如今的年轻读者可能很难想象录像机给当时的家电行业到底带来了多大的冲击。

现在的主流影像录像装置，是将影像记忆在硬盘或半导体上，而录像机则是记忆在磁带上，再用磁头读取信息播放出来。说白了，磁带录像机就是磁带录音机的影像版，但即便同样都是磁带，影像的信息量也是声音的200倍以上。为了刻录、读取影像信息，就必须用比录音机快200倍的速度转动磁带。

但世上不可能有能够承受如此高转速的磁带。于是，录像机的发明者让负责刻录信息的磁头本身高速旋转，以虚拟的方式让读取速度获得了飞跃般的提升。

1956年，美国安培公司率先将这一想法商品化。他们制造出的商品价格为5万美元。它们生产出来的产品体型较大。可是即便如此，电视台、大学、研究机构依旧趋之若鹜。当然，谁都知道，如果将商用录像机的个头缩小，研发家用录像机，必定能大受好评，成为后彩色电视机时代的明星产品。安培公司等全球电器制造商瞄准家电市场，制造出了150种家用录像机，但都高不成低不就，最后都销声匿迹了。

唯一仅存的便是日本。第二次世界大战后日本家电行业积累的各类技术都集结于家用录像机一身，终于结出了丰硕的果实。这当中有决定磁头性能的材料技术，有正确控制磁头高速旋转的伺服马达等精密配件，还有用半导体代替电路，实现装置小型化的"轻薄短小"技术等。

松下电器公司的录像机事业部部长，曾任副社长的村濑通三在追述往事时感慨万千。"收音机也好，电视机也罢，全是他国研发的东西，都是由欧美人制定全球通用标准，在他们设定的框架下制造出来的。唯有家用录像机不同。家用录像机是由日本制定标准，最终普及全球。日本能做到，是因为家用录像机用的技术都是日本研发的。日本的制造技术成了世界第一。"


## 新社长高举动员旗

这第一中的第一便是松下电器公司。录像机极大地提升了山下俊彦任社长期间松下电器公司的业绩，让"全世界的松下电器"这一地位变得牢不可破，而且这也成了山下俊彦和松下幸之助关系修复的原因之一，当然这是后话了。

我们先把时钟拨回到山下俊彦就任社长的1977年1月吧。

不可思议的是，就在山下俊彦确定就任社长的那一年那一月，松下电器公司正式宣布将采用集团旗下日本胜利公司研发的VHS标准。这一决定意味着松下电器公司生产的家用录像机都将统一采用VHS标准。

当然，VHS标准的采用与山下俊彦是否就任社长并无关系，但在那之后没多久，他却亲眼见证了具有决定性的重大场面。

1977年3月，美国无线电公司提议，"希望以委托生产方式来生产VHS"。美国无线电公司作为黑白电视机、彩色电视机的发明商，拥有辉煌的历史，当时与天顶电子公司①平分美国家电市场。如果确定能向业界知名企业美国无线电公司交货，VHS的风评地位一定会更加稳固。当时，会长松下正治和录像机事业部副社长稻井隆义飞往美国无线电公司的大本营——美国明尼阿波利斯，直接与其交涉。稻井隆义一年之后被山下俊彦从副社长的职位上撤下来，自然，当时的他是无法知晓的。

美国无线电公司向松下电器公司提出了十分苛刻的要求。VHS的卖点在于"录像时长可达2小时"，而先行一步的索尼盒式录像机时长基本只能达到1小时。不过，索尼扬言要将可录像时长从1小时延长到2小时。这样一来，为了保住绝对优势，美国无线电公司只能要求松下方面把VHS的录像时长从2小时提升为4小时。如果能达到4小时，不管是足球赛，还是美式橄榄球赛，都能录完全程。"录像时长达到4小时"，这是美国无线电公司提出的必要条件。

---

① 天顶电子公司是美国一家老牌电子公司，现为韩国乐金电子公司的子公司。——译者注

将录像时长从2小时延长到4小时在技术层面上到底是否可行呢？产品交付期限是8月，只剩下5个月不到的时间。

身在明尼阿波利斯的松下电器公司谈判团无法给出明确回答。那天的谈判结束后，当地时间下午3点，谈判团返回酒店。此时日本时间已是凌晨2点。村濑通三时任录像机技术部部长，每天晚上天还没亮他都会接到电话："能延长到4个小时吗？怎么答复美国无线电公司才好？"

村濑通三也无法即刻给出答案。其实，此时松下电器公司即便是录像2小时的VHS，也还无法成功量产。第二天晚上，村濑通三刚决定躲进常去的酒馆，电话居然打到了店里。

不过，松下电器公司没有选择的余地。索尼公司已经决定向美国市场的另一巨头——天顶电子公司交货。如果松下电器拒绝了美国无线电公司的条件，美国无线电公司定会奔向索尼公司。倘若将美国市场拱手让于索尼公司，那么在那一瞬间，松下电器公司的录像机就等同于被宣告"死亡"了。

这是新人社长山下俊彦第一次面临"决断时刻"。山下俊彦才刚刚就任社长，立马就在事业部部长和关联公司社长全员出席的经营研究会上举起了动员旗。

"这次和美国无线电公司的合同谈判已经有了结果。这个项目关乎松下电器公司的存亡。我知道这是冒险，但我想挑战试试。如果在此退缩，公司定会就此衰退，一去不复返。勇敢前进虽然需要冒很大风险，但是同时成功的可能性也很高。"

"大家可能觉得我的要求强人所难，但我希望大家能尽全力挑战这个难题。恳请所有事业部部长，所有关联公司的社长，给予录像机部门全面的协助。物理层面无法提供协助的事业部，在精神上也要支持他们。"

山下俊彦热情洋溢的演说持续了一个小时。

那时，山下俊彦才刚就任新社长，社会上对他的讨论依然热火朝天。一个从普通董事被提拔为社长的男人，被松下幸之助选中的男人正在高举动员旗。这一办法居然奏效了。

此前录像机事业部一直被埋没，更不用说它的附属部门——录像机技术部了，更是一直被当作累赘对待。这一部分后面将详细叙述。但山下俊彦热情洋溢的演说让全公司的态度发生了大转变。村濑通三心里想："山下真是厉害，社长真是太重要了！""以电子配件事业部为首，大家都蜂拥而至。'有什么要求尽管提，有什么希望尽管说，我们都照办。'我这才发现，原来松下电器公司竟有这般团结。要是没有这股团结的力量，是绝不可能成功的。"

山下俊彦吩咐村濑通三："你做过美国无线电公司项目的负责人。整个公司（包括稻井隆义副社长经营的松下寿电子工业公司）的录像机技术研发工作都由你来领导。"这话其实就是说，哪怕是面对统揽公司录像机部门的稻井隆义副社长，村濑通三也不用客气。

从那天起，村濑通三的录像技术部就开始了没日没夜的劳作。与工会签订的加班协定，即"三六协定"也被扔进了垃圾箱。在公司内部各部门众多的合作申请中，村濑通三看中了东京研究所。

为了发明世界首根高强度蓝色发光二极管，赤崎勇正在东京研究所里苦心钻研如何提取到氮化铝与氮化镓的晶体。氮化镓晶体的提取太过困难，全世界的研究者早已甩手不干。而赤崎勇正之后凭借此项发明获得了诺贝尔物理学奖。赤崎勇正1981年离开松下电器公司，转入名古屋大学任职。

能否将氮化镓晶体的提取技术应用在录像机磁头的磁铁石上呢？村濑通三的这一构想完全命中了目标。"提取出磁性材料的单晶后，用其中最精华的部分制造磁头。这样制造出来的磁头由于不含不纯物质，所以输出功率得到了大幅上升。"美国无线电公司要求的"4个小时录像时长"目标终于有了眉目。

VHS的快速攻击就此展开。

8年后，1985年2月，村濑通三当选为董事。在董事会最终决定的前一晚，村濑通三被山下俊彦叫去。"我们要选你担任董事。""谢谢。"村濑通三觉得可能山下俊彦还得再说些什么吧，比如"与美国无线电公司合作时，你干得不错啊"之类的话。村濑能三站在原地，山下俊彦见状，只说了句："好了，你可以走了。"整个过程一分钟都不到。

## 不要气馁

其实在决定向美国无线电公司交货之前，松下电器公司的录像机事业一直在走钢丝。虽然松下电器公司将录像机作为空前绝后的顶梁柱来扶植，但一旦踏错一步，可能就不会有20世纪80年代松下电器公司的繁荣，日本家电行业也可能不会领先世界了。当时的情况就是这样千钧一发。

在艰苦时期领导了录像机事业部的是谷井昭雄（后担任社长）。1972年，谷井昭雄由录音机事业部部长转任录像机事业部部长。当时，录像机事业部才刚刚成立6年，主打商用录像机，但销售规模小，成立以来未出现一次盈余。即便如此，谷井昭雄依旧意气高昂。不管怎么说，托付给他的可是后彩色电视机时代的明星产品。他决定建设录像机生产专用的冈山工厂，同时着手于录像机的大幅增产，但事与愿违。

出乎意料，商用录像机的市场不但没有扩大，相反，索赔和退货接踵而来。录像机事业部的库存积压如山，累计赤字达70亿日元。出现如此大的赤字，他没有被"炒鱿鱼"真是让人难以置信。谷井昭雄悄声说道："赤字那么大，就算把我开除了，也没有人能接盘，所以我才一直留任。"

谷井昭雄就任事业部部长的第三年，他被松下幸之助唤了去。技术部部长村濑通三也被一同叫去了。"你们在'大出血'啊，知道吗？出血过多会死人的。不能想办法止血吗？"不论如何，必须止血，这是必须无条件服从的命令。

当时，副社长稻井隆义是负责无线机器（电视机、录像机等）的总括事业总部部长。他要求谷井昭雄立刻拿出重振方案。谷井昭雄费尽心思，推敲出一个将年度赤字由数十亿日元压缩到数百万日元的重振方案。他说："副社长，这已经是极限了。能再给我一年时间扭亏为盈吗？"

报告书被扔了回去。"你还在说着这样的话吗？总顾问让你扭转赤字，意思就是不能再让赤字持续下去了！"

谷井昭雄重改了重振方案，最终盈余仅数十万日元。可这只不过是一篇作文而已。"副社长，我修改了重振方案，有盈余了。""是吗？"稻井隆义看都没看，就认可了。稻井隆义仿佛在说："接下来就是你的责任了。"

虽说如此，可谷井昭雄能做的事情有限，他只能选择裁员。之前为了让新建的冈山工厂能顺利满负荷作业，事业部曾经在当地工业高中招募了一百多名毕业生。现在，谷井昭雄准备将他们中的四五十人分散到电池事业部和录音机事业部等松下电器公司的其他事业部门工作。拜托各家事业部的部长接收这些员工成了谷井昭雄实现重振方案的首要工作。

其中一个负责接收的事业部，就是滋贺县草津市空调事业部。当时空调事业部的部长是山下俊彦。面对低头恳求的谷井昭雄，山下俊彦说："真是辛苦你了，要努力啊。"仅此而已。

被誉为录像机事业部命脉的技术部也被逐了出去。曾是录像机技术部门一把手的村濑通三从美国出差回来后，发现自己在事业部里的办公桌不知所终。录像机的技术部门整个被移到了总公司的生产技术总部，被安排在生产技术研究所三楼里的一个角落。他们在那里开始了寄人篱下的生活。

任何公司都不欢迎吃闲饭的。录像机的技术部门搬来后，总公司会多给一些"彩礼钱"，也就是追加预算。这可是研究所的命根子。然而，这项预算不增反减，于是当初说着"你们真是宝藏啊"的研究所领导的态度瞬间就变了。村濑通三苦闷地回忆道："我们被欺负了。他们嫌弃我们，还说什么'你们来了之后厕所都脏了，去扫厕所'之类的。诸如此类的还有很多。"

他们差一点就被赶出了研究所。"你们，转去松下寿电子工业公司工作吧。我来跟稻井说。"然而，对于松下寿电子公司而言，别家事业部的技术团队除了消耗成本，没有任何用处。在严格的成本意识方面，稻井隆义可是胜出数筹。不出所料，稻井隆义说："你们在想什么呢！不可能！"最终将研究所的领导怒斥了回来。村濑通三等人的头顶上"空战"正在进行，别人正在将自己推来送去。村濑通三等人见到这些，心中更加苦闷。

村濑通三等人还算好的，录像机事业部部长谷井昭雄则确实如临深渊。即便已经将新人送去了其他事业部，还给技术工人带来苦闷情绪，却依旧不能实现事业部的收支盈余。谷井昭雄让剩下的员工在冈山工厂运动场的一角排成一排，过着每天尽心除草的日子。

早晨，站在工厂早会时，谷井昭雄拼命寻找能提振员工士气的话，可什么也想不出来。绞尽脑汁后想出来的只有一句："不要气馁！"

此时是1975年，正值石油经济危机严重之时。松下电器公司的录像机事业部徘徊在生死之境。


## 日本胜利公司的挑战

没想到就是在这个时候，家用录像机的研发竞争渐入佳境。走在排头的是索尼公司，日本胜利公司紧随其后，深陷赤字的松下电器公司录像机事业部则被排除在外。

索尼公司以绝对优势占据第一。1956年，美国安培公司将商用录像机商品化。两年后的1958年，索尼公司试制出与安培公司兼容的机型，并与安培公司展开技术合作。之后，索尼公司便独占了日本商业录像机市场。索尼公司抢先将晶体管技术运用在录像机中，同时又确立了宽幅1/2英寸、双磁头的标准规格。这不仅与安培公司的4磁头不同，而且后来还成为家用录像机磁带的标准规格。1969年索尼公司提议设立统一格式的"U标准"，即宽幅0.75英寸的盒式磁带，松下电器公司和胜利公司也接受此提案。将磁带以盒式收纳，这种盒式录像机也成为日后家用录像机的标准模式。

1975年，在销售业绩和技术能力方面均高出一筹的索尼公司做好了万全准备，对外发售了其家用录像机品牌"Beta max"。

不过，在录像机研发历史上，胜利公司也不落下风。1955年，胜利公司就已开始着手研发。那还是美国安培公司发售1号机的一年前，总指挥由高柳健次郎担任。他被誉为"电视机之父"。1926年，他在浜松高等工业学校担任教授期间，曾首次在世界范围内利用显像管在荧屏上放映出了片假名"イ"字。第二次世界大战后他加入了胜利公司（之后担任日本胜利公司的副社长）。

1958年，高柳健次郎成功实现全球首次录像机的慢放。虽然他很早就着眼于双磁头录像方式，但真正意义上推动胜利公司家用录像机研发的却是他的弟子高野镇雄。1970年，高野镇雄就任胜利公司录像机事业部的部长，家用录像机的研发进入攻坚阶段。高野镇雄一贯相信："家用录像机并非处在电视台（商用）录像机的延长线上，它有其固有的需求和条件。"

"U标准"的统一胜利公司也参与了。这一规格标准的录像机质量为36千克，价格为380000至590000日元，磁带盒子尺寸差不多有一个大便当盒那么大。这样的东西在一般家庭无法使用。

"家用录像机必须是最好的，必须比肩世界标准。"画质、音质要与电视机一样。操作简单，小巧便宜，必须做成所有人都觉得不错的商品。高野镇雄向录像机事业部的技术人员划定了时限，"家用录像机的研发时间为5年。"

高野镇雄就任事业部部长的两年内，录像机事业部积累了与销售额等额的赤字。卷盘磁带式商用录像机根本卖不出去，原本想着用这部分销售额抵消家用录像机的研发费用，结果也成了泡影。即便如此，高野镇雄依旧没有停止家用录像机的研发。1975年8月，胜利公司的家用录像机最终试验机问世。那时，距离索尼公司的录像机投入市场已经过去了三个月。

但是，胜利公司对自家产品的性能还是很有信心的。胜利公司的家用录像机比索尼公司的盒式录像机小一圈，轻5千克。他们在缩小机器的体积上下了各种工夫。他们采用了并行读取方式，缩小了走带装置，极力缩短了磁带从盒子中牵引出的距离。磁鼓也相应缩小，但磁鼓一小，画质就会下降。为了弥补这一缺陷，他们又采用了数字调频方式。在这一方式下，调制频率进而实现高密度刻录，同时消除因画面中出现翻转现象[1]而产生的杂音。

胜利公司共获得了录像机相关专利451项，导辊、磁头的精度都

---

[1]　白色信号顶部右侧出现黑色信号，进而产生噪声的现象。——译者注

达到了微米级。

但是，对于胜利公司来说，产品研发出来之后才是真正决胜负的时候。光靠胜利公司自己的销售能力无法让VHS成为通用标准。已经有人在极力推动松下电器公司采用索尼的"Beta max"系统了。如果母公司松下电器公司决定采用"Beta max"系统，那么VHS的情况将越来越糟，不久就会迎来消亡的命运。

胜利公司立马向松下电器公司公布了刚下线没多久、新鲜热乎的VHS。松下幸之助频繁感叹，"胜利公司真是造出了个好产品啊。"包括高野镇雄在内，胜利公司的技术人员都笃定"这下有谱了"。

## 录像机系统之争

不过，还得再加一把劲。在意想不到的地方，竟有意外的伏兵。那就是稻井隆义率领的松下寿电子工业公司。稻井隆义眼瞧着松下电器公司的录像机事业部到了裁员的地步，明白不能靠他们来研发家用录像机了。于是他开始让自己麾下的松下寿电子工业公司自主推进家用录像机研发事业。

作为副社长的稻井隆义，一方面用严苛的裁员命令让录像机事业部部长谷井昭雄陷入窘境；另一方面，又开始染指原本应该救录像机事业部于水火的"明星产品"。这便是松下电器公司事业部体制的厉害之处。

松下寿电子工业公司研发的"VX100"录像机录像时长为1小时。索尼公司的盒式录像机和胜利公司的家用录像机都是双磁头，而"VX100"录像机是单磁头。相应地，其制造成本也更便宜了。"VX100"录像机只在四国地区<sup>①</sup>限定出售，创造了两三百台的销售业绩。后来，在凝练了实体机生产技术之后，松下寿电子工业公司又研发了录像时间延长至2小时的"VX2000"录像机。

稻井隆义为了让"VX2000"录像机成为松下电器公司的主打机型，直接与松下幸之助进行了谈判。松下幸之助对稻井隆义有着绝对的信任。稻井隆义的创造力，连松下幸之助都自认逊色。"如果松下电器公司决定用'VX2000'录像机，明天我们就可以实现量产。"稻井隆义大概说了这样的话吧。松下幸之助的内心开始动摇。

1976年（山下俊彦就任社长的前一年）2月，作为松下电器公司惯例的经销公司社长恳谈会在京都宝池国际会馆召开。会场被奇异的热情笼罩着，主角是"VX2000"录像机。提前布置好的"VX2000"录像机上播放出松下幸之助的影像，还被放大到了荧幕上。场内响起热烈的喝彩声。"用这个，我们稳稳地，绝对可以领先于索尼公司的盒式录像机。"会场被销售公司社长的欢呼声淹没了。

1976年4月，松下幸之助召集索尼公司和胜利公司的首脑，举办了三家公司的家用录像机品鉴会。代表松下电器公司参与品评的是"VX2000"录像机。但是，松下幸之助心中究竟偏向哪一方，仍不得而知。

品鉴会一个月后，索尼公司会长盛田昭夫对松下幸之助说："索尼公司的盒式录像机真是个不错的商品，100分。不过胜利公司的家

---

① 四国地区，位于日本西南部，包括四国岛及其附近小岛等。——编者注

用录像机能得120分。"这话传到胜利公司领导的耳朵里，他们认为这次终于稳了。可结果又错了。

那一年6月，松下电器公司决定面向全国销售"VX2000"录像机。松下幸之助选择了"VX2000"录像机。

但是，"VX2000"录像机完全卖不动。松下寿电子工业公司在不停地生产"VX2000"录像机。可是不管生产多少，销售额就是上不去。涉及"VX2000"录像机的松下电器公司某干部曾发表证言："当时松下寿电子工业公司那边生产多少，就退回来多少。所以销售额一直是零。那个数目的退货量和订单取消量，真是吓人。"

如果真的接收这么大量的退货，稻井隆义的松下寿电子工业公司铁定要倒闭了。于是，稻井隆义在松下电器公司总部成立录像机销售事业部，在那里堵住退货的洪水。那么，堆积在录像机销售事业部的"VX2000"录像机残次品怎么样了呢？"扔进太平洋里去吧。这些产品质量差到真的可以全部扔进海里去。"仅用一个磁头，强行将录像时间从1小时延长到2小时，这样赶鸭子上架勉强赶制出来的产品让松下电器公司吃尽了苦头。

"VX2000"录像机自取灭亡，只剩下"Beta max"系统和VHS。一切又回到了原点。此时，松下幸之助终于选择了VHS。

为什么松下幸之助选择了VHS呢？

曾是录像机事业部部长的谷井昭雄至今都不明白那时松下幸之助的决断。"要是我的话说不定就选择用索尼的'Beta max'系统了。"以谷井昭雄自己身为同行的眼光来看，说实话，索尼的技术非常高，松下是没法赶上的。日本通商产业省当时也强烈要求统一录像机的规格和标准。要是统一到"Beta max"系统的话，应该会受到日本通商产业省的器重。

当时，松下电器公司暗地里被唤作"剽窃电器"。他们总是让其他公司承担研发的风险，待社会评价稳定之后，再模仿相应的商品实现赶超。让松下电器公司的生产力和销售力说话，确保稳定的收益。如果按这种一贯的做法，那么"Beta max"系统才是正确的选择。

可松下幸之助没有这么做。谷井昭雄向松下幸之助直接询问了选择VHS的理由。"索尼公司的机器不错啊，造得挺好。可是我们自己的东西也不错啊。"松下幸之助把家用录像系统说成是"我们自己的"。"要是给索尼公司的机器100分的话，我们的机器就是200分。比起100分，200分更好。"VHS的分数比品鉴会时又高了80分。

松下幸之助的迷茫永无止境。即便如此，他最终选择VHS的理由有两个。

其一是敬意。VHS的画质不及"Beta max"系统，但它体积更小、更轻便。身为家电，什么最重要？胜利公司的技术人员五年以来集中心力，锤炼出了VHS，松下幸之助被他们的精神感动了。松下幸之助内心的敬意与日俱增，VHS的分数也从120分涨到200分。

其二是心愿。胜利公司多次翘首以盼"这次一定能成"，但松下幸之助屡次让他们的期待落空。这次要是再背弃他们，胜利公司一定会离自己远去吧。

松下幸之助自己对胜利公司也有着深厚的感情。日本胜利公司是曾研发出世界首张唱片的胜利留声机公司在日本的法人。第二次世界大战前，日本胜利公司的经营状况一直不稳定，母公司从美国无线电公司到日产公司再到东芝公司，换了又换，第二次世界大战后被归入日本兴业银行旗下。1953年，松下幸之助从日本兴业银行接手胜利公司，他用留声机前侧耳倾听的小狗申请了胜利的注册商标，自此迷恋上了这个"音响的名门"。

经营必须用经济理性一以贯之，但是，经营毕竟需要和人打交道。有时，人的感性会超越理性并结出硕果。松下幸之助深知这一点。

## VHS是共同研发吗

松下电器公司的家用录像机终于统一到了VHS。规格虽然统一了，但人心还没有统一。从松下电器公司调往胜利公司的财务担当董事平田雅彦对此深有感触。

VHS向美国无线电公司交货的合同正式敲定，VHS的录像时间延长到4小时也有了眉目。美国无线电公司和日本胜利公司真是缘分颇深。这时，平田雅彦突然来到松下电器总公司的秘书室。平田雅彦曾任高桥荒太郎的秘书，对他而言秘书室就像故乡一般让人安心。他对社长秘书说："山下先生正忙着吧。我想见他一面和他打声招呼。"

"平田先生，您真是走运。难得这会儿就他一个人在办公室。"平田雅彦担任总公司财务部预算课长时，山下俊彦还是空调事业部部长，他俩之前在一起制订过事业计划，算是有些交情。平田雅彦脑中想着，门的那头是空调事业部部长山下俊彦的脸，敲了敲门。门开后，他意识到糟了。面前这个人眼神锐利，面容严肃，完全不是十年前的山下俊彦。

"平田，有什么事情吗？如果是报喜的话就算了，报忧我就听听。"

啊，就是现在，必须抓住这个机会。平田雅彦在进门前还没打算说这件事，不知怎的嘴巴自己就动了起来。"我报忧来了。""是吗？那坐吧，说来听听。"

平田雅彦说："山下俊彦先生，请您以集团社长的身份，而不是松下电器公司社长的身份听我说。"山下俊彦答："没这个时间。"

"您作为集团的社长，有些话我想说给您听。"之后，平田雅彦的话语如同决堤般倾泻而来。

"在松下电器公司的支持下，VHS终于步入正轨，实在是令人高兴。但是，如今松下电器公司这边却有人说：'VHS是松下电器公司和胜利公司共同研发的东西。'甚至还登上了报纸。的确，胜利公司接受过松下电器公司的部分技术支持，但是如果说成是'共同研发'的话，世人会认为是'五五开'。可事实上不是这样。VHS是胜利公司研发的。虽说总公司持有胜利公司的股份，但总公司不会想把我们研发人员的荣誉也夺走吧？现在胜利公司的技术人员们都惴惴不安，他们的士气都快消散殆尽了。"

胜利公司的技术人员现在满腔愤怒。"这是大事。请您调查一下，'共同研发'这词用得是否合适。"

"不是共同研发的吗？"山下俊彦问。甚至连山下俊彦都笃定VHS是松下电器公司和胜利公司共同研发的。数月前，山下俊彦还是空调事业部部长，醉心于空调事业。虽然是董事会的一员，但家用录像机的研发是机密的。他没有听过详细报告。他的认识也仅停留在"因为松下电器公司把家用录像机的规格和标准统一到了VHS上，所以算是共同研发的吧"。

"我会调查一下的。请你稍等一段时间。"

平田雅彦"呼"的一声大喘了口气。他一边喘气，一边回想起自己被送到胜利公司的来龙去脉。

1967年7月，平田雅彦被高桥荒太郎通知即将调去胜利公司。同年11月，平田雅彦被邀请前往松下幸之助的京都别院。

松下幸之助在茶室里品着茶，问了平田雅彦一个意想不到的问题。"平田，丰臣秀吉和拿破仑都是百年一遇的天才。这样的人却都以失败告终，你认为是为什么？"

"我不知道。"

"那是因为他们背后都没有让他们感觉害怕的人了。即便是那般卓越的人，若是身后没有可怕的人盯着自己，注定也是要失败的。"

这话里有两重含义。首先，"胜利公司乍一看上去似乎像模像样，但其实已经病症初显了。所以，需要你去那里，成为让胜利公司畏惧的人。"

其次，你自己也要意识到身后还有更可怕的人在盯着你。如果做不到，你去胜利公司也会失败的。

临别之际，松下幸之助又说了一句。"胜利公司必须成为像索尼那样的公司，必须成为对自家技术引以为傲的公司。"

## 你是间谍吗

那时，平田雅彦对"胜利公司已经病症初显了"一话感到疑惑。

当时的胜利公司可是一直在增收增效啊。结果平田雅彦一去，立马就明白了。

　　胜利公司采取的是软件和硬件双管齐下的经营模式。软件方面，他们在唱片界坐拥歌谣界的大泰斗吉田正；硬件方面，他们研发了日本首台立体声音响。松下幸之助曾评价说"胜利公司是我在东京的门面啊"。胜利公司双管齐下的经营模式似乎开出了鲜艳的花朵。

　　1967年，平田雅彦被派遣到胜利公司。当时，胜利公司的软件唱片部门依旧繁荣。

　　可硬件部门则相反，1960年左右起，山水电气公司、先锋公司等音响专业制造商陆续出现，立体音响原本是胜利公司的收益大头，但其市场份额却一直处在低水平。彩色电视机也在松下电器公司和索尼公司的夹击中苟延残喘。胜利公司的业绩构成十分畸形，软件部门的收益掩盖了硬件部门的衰败。

　　平田雅彦成了那个"令人畏惧的人"。硬件部门必须依靠自己重新振作。平田雅彦将独立核算的事业部体制引入胜利，1972年又将唱片业务从胜利公司音乐产业中分离出去。然而，毫不留情推进改革的平田雅彦却遭到了胜利公司工会的强烈反对，协议会上甚至多次出现坐在对面的工会领导拍案而起的场面。

　　"平田先生，您究竟来胜利公司干什么？你了解胜利公司员工对松下电器公司的态度和感受吗？""平田先生，你不会是松下电器公司派来的间谍吧？"

　　反对的根源在于胜利公司对松下电器公司难以拭去的不信任感。平田雅彦没有料到，胜利公司员工对松下电器公司的愤懑竟然郁积得如此之深。他没能理解胜利公司员工的心境，也完全没有将自己的想法传递给胜利公司的员工。平田雅彦心中充满了无力感。在回家的电车上，平田雅彦眼泪止不住地流下脸颊，甚至都忘了擦。

即便如此，平田雅彦依旧选择继续做那个"令人畏惧的人"。

1971年，尼克松总统宣布美元和黄金脱钩，引发"尼克松冲击"。这导致日元升值。此时，胜利公司硬件部门的弱点显现了出来。销售额大抵维持在1970年的水平，不涨不跌。营业收益跌落到巅峰时期的十分之一。

员工之间议论四起。"我们的公司没问题吧？"终于，胜利公司下定决心要让公司人员合理化，保持在2600人的规模。高野镇雄领导的录像机事业部统计出与销售额等额的赤字也是在这个时候。录像机事业部会计课课长向高野镇雄进言，"只能向总公司撒谎了。只有坚持说'过两三个月后一定能扭亏为盈，录像机将来一定是有发展前景的产业'。"

他们口中的"总公司"指的就是平田雅彦。这谎言撒得太明显了，平田雅彦不可能看不出来。但是，平田雅彦还是决定装作自己被蒙骗了。不仅如此，在全公司都在实施员工规模合理化调整至2600名的过程中，他硬是将总公司研发部门的50名技术员工调往了赤字部门录像机事业部。而在同一时期，松下电器公司将录像机事业部的技术员工挪到了总公司，与事业部割离开来。平田雅彦的决断与总公司的做法截然相反。

高野镇雄新获得了50名援军，勇气一定增了百倍。白石勇磨曾在总公司的研发部门研发出"U标准"的商用录像机。此时，他对高野镇雄说："'U标准'我一定会想办法商业化。所以家用录像机就交给你了。能拜托你替我们造出个全新的东西出来吗？"

平田雅彦无法忘却松下幸之助送自己来胜利公司时说的话——"必须成为对自家技术引以为傲的公司"。

高野镇雄给平田雅彦看了一幅"VHS研发矩阵"的图纸。图的左边是家用录像机的需求（needs），右边是实现这一需求所需的技术"种子"（seeds）。图中所有要素排成一排，两者一结合，该进行何种研发，需要解决什么问题，一目了然。画这矩阵的，正是从总公司研发部门调来的白石勇磨。看着这考虑周全、简单明快的矩阵图，平田雅彦坚信，胜利公司成为"对自家技术引以为傲的公司"的关键就在于此。

平田雅彦成了VHS的全面支持者。"这样就行了吧，总顾问。"平田雅彦对站在自己身后的那个"令人畏惧的人"说。

## VHS大家庭

VHS成功研发，松下电器公司内部的录像机规格得到了统一，美国无线电公司的委托生产也确定了。研发人员的辛苦终于迎来了回报。正当高兴之时，松下电器公司那头开始传出"VHS是我们和胜利公司共同研发的产物"的声音。

平田雅彦觉得这是总公司在践踏胜利公司的尊严，会造成无法挽救的后果。于是，他前往松下电器总公司，找到了山下社长。

山下俊彦说会"调查看看"，但他刚任社长没多久，忙得天昏地暗。他真的能空出时间来管这事吗？平田雅彦稍稍有些不安。

大约一周后，山下俊彦打来电话。"平田，我仔细调查过了。那确实不能称作共同研发。我们今后不会再用'共同研发'一词。"太高兴了，高兴之余，平田雅彦又说了一句："谢谢。只是只有我一个人听到这话，太可惜了。抱歉，能否请您在胜利公司董事会上，当着全体董事的面再说一次？"平田雅彦以为山下俊彦一定会拒绝，于是抱着试试看的心情问了问。结果山下俊彦回答："好的。时间方便的话我就去。"

直到后来，平田雅彦都无法忘怀当时心中的感激之情。"这就是山下啊。他不在意前往子公司致歉。试问这种事情，有哪家大公司的社长能做到呢？"

当时胜利公司的社长是松野幸吉。松野幸吉还是松下电器公司特殊机械营业总部部长的时候，曾与山下俊彦起过激烈冲突。山下俊彦曾登门拜访，请求他合作共谋，开辟汽车空调业务。而松野幸吉将山下俊彦拒之门外，让吃了闭门羹的山下俊彦心中留下了屈辱感。

要是山下俊彦出席胜利公司的董事会，二人便会重逢。

可山下俊彦丝毫没有表现出来。他在胜利公司的董事会上毫不介意地低下了头。"松下电器公司主张的共同研发是错误的。抱歉，今后松下电器公司绝不会再使用'共同研发'一词。"

胜利公司里的气氛曾像豪猪的毛刺耸立一般紧张不堪，山下俊彦来访之后，一切瞬间变了模样。连松野幸吉都说："那人真是不错啊。我觉得他是个有远见的优秀的人。"

领导胜利公司录像机业务的高野镇雄从一开始就强烈希望"让

VHS成为全球录像机产业的标准"。想要实现这一愿望，就需要营造"家用录像系统大家庭"。高野镇雄将索尼公司当作反面教材。索尼公司员工曾对外放出狂言："'Beta max'系统好到不能再好了。至于你们做出来的东西啊，我可不敢恭维。""Beta max"系统的模具、规格等都已定型，即使后来新加入"Beta max"系统阵营，也没有任何插嘴的余地了。

高野镇雄无条件地将VHS的试制机型借给同行业的其他公司，还公开了生产线。他在业内呼吁："诸位要是有好点子，请不吝赐教。我们希望能集众人之力，让VHS变得更好。"不过，最关键的母公司松下电器公司却一直摇摆不定，一会儿倾心于"Beta max"系统，一会儿面向全国发售"VX2000"录像机。原以为这次终于要选用VHS了吧，结果又说出了"VHS是共同研发的"这种话。

松下电器公司对胜利公司到底是什么态度啊？众人内心疑惑。这成了研发VHS大家庭的最大阻碍。

然而，山下俊彦的道歉将所有疑惑和阻碍都一扫而空。顺带一提，山下俊彦在担任社长期间，仅这一次出席过胜利公司的董事会。山下俊彦坚信事业部体制，主张自主责任经营，所以他不会进行不必要的干涉。可这第一次也是最后一次却起到了决定性的作用。

松下电器公司录像机事业部部长谷井昭雄和技术部部长村濑通三将高野镇雄奉为"VHS先生"。谷井昭雄和村濑通三都饱尝过事业部濒临解散的辛酸。他们对同样从低谷中爬起的高野镇雄表示真心敬服。同时，因为山下俊彦的道歉，事业部的心绪也得以重新整理。至此，由胜利公司领衔，松下电器公司内所有的录像机生产均归结于

VHS的体制终于稳固了下来。

松下电器公司在家用录像机方面达成统一后，营造VHS大家庭的向心力格外高涨。加入大家庭的同行业其他公司一个接一个贡献自家的"智慧"，VHS的魅力愈发丰富。夏普公司提出采用"前装"方式，最终从前方放入盒式磁带成功实现；三菱电机公司研发了快进功能；日立公司提供了集成电路技术，帮助实现设备的小型化。

在构建VHS大家庭方面，松下电器公司的生产力发挥了巨大作用。加入VHS的生产商没有立马在自己公司组建生产线，而是先接受委托生产。要想扩大VHS大家庭，必须具备足够的生产力以迅速满足委托生产的需求。而松下电器公司旗下拥有总部的录像机事业部、胜利公司以及松下寿电子工业公司三大基地。

此时，松下寿电子工业公司社长稻井隆义的角色转变之快，让村濑通三也感到震惊。"VHS必须大量生产。你们（录像机事业部）就去忙你们的商用录像机吧，VHS就交给松下寿电子工业公司来生产吧。"稻井隆义对"VX2000"录像机的惨败熟视无睹，势必要将VHS的生产全部挪到四国地区去。

结果，松下电器公司内部自然形成了录像机事业部负责日本国内、松下寿电子工业公司负责美国出口、胜利公司承担欧洲出口的分工体制，偶然呈现为"三分天下"的样貌。谷井昭雄曾在冈山工厂鼓励员工"不要气馁"，带领大家做除草工作。松下寿电子工业公司曾为了"VX2000"录像机大力投资，开发生产力。现如今，冈山工厂和松下寿电子工业公司的生产力都重获新生，成为VHS发展的原动力。

加入索尼"Beta max"系统阵营的有东芝公司、三洋电机公司、日本电气公司、先锋公司等。起初，"Beta max"系统与VHS之间不分胜负，但1980年左右，索尼公司的市场份额急剧下降，终于在1988年，索尼公司也被逼得不得不同时产生VHS。

VHS的胜利是通过营造大家庭氛围而取得的。VHS大家庭团结的起点，源于山下俊彦的道歉。

VHS崛起的成绩究竟有多么耀眼呢？我们用数字说话吧。1977年，松下电器开始研发VHS，当时的年生产量为10万台。到了1980年，月生产量已增长至14万台，当年9月的累计生产量甚至达到了200万台。

录像机也进一步强化了松下电器公司的生产制造能力。冈山工厂在铝铸支架、磁头、汽缸等精密配件领域建立了一套流水生产的体制，集团配件业充满活力。录像机搭载的配件数量是彩色电视机的数倍。特别是民用半导体和双极电源，一台录像机就需要三四十个。负责这项业务的是山下俊彦的"老巢"——松下电子工业公司。同样在1980年，松下电子工业公司这一年内生产的磁性半导体数量是过去13年的总和，松下电工一跃成为民用半导体的龙头企业。录像机业务为松下电器的半导体产业奠定了根基。

当时公司内部报纸《松下电器社内时报》（1980年10月1日号）上"连日的满负荷作业""每天销售门店催货都催得很紧"等字眼跃然纸上。"在全球的录像机需求大幅增加的背景下，松下配件公司、松下电子工业公司等相关企业都不停增产。录像机行业对本公司所有相关产业都带来了重大影响"。整个松下电器公司的气氛热火朝天。

1980年年末，松下电器公司决定在年终奖金之外，另支付给员工销售额达20000亿日元合作感谢金。另外，为了纪念来年的"命知50年"，还发放了激励金。山下俊彦就任社长第四年，盛大的"庆祝酒宴"拉开帷幕。

# 第7章

# "老巢"整顿与和解

录像机业务正以指数级速度增长，可就在这时，山下俊彦被一个"恶魔"缠住了。这个"恶魔"是山下俊彦曾精心竭力、做了11年事业部部长的空调事业部。

山下俊彦担任社长的9年间，只有一年公司的营业收益低于前一年。那是1982年11月（当时11月为松下电器公司的决算月），是他做社长的第六个年头。这一年营业收益为963亿日元，比前一年减少115亿日元。减收的罪魁祸首便是空调产业的萧条。

松下电器公司并未公布每家事业部的具体盈亏数据。该年松下电器公司整体的收益减少了11%。有人觉得，只这么一年收益减少且减少的也不算多，没必要吹毛求疵。但是，当时录像机业务正在增收大道上突飞猛进，在这样的大背景下，空调产业竟然能蚕食录像机业务赚来的巨大利润，以一己之力拉低了全公司的收益率，可见其萧条程度有多么严重。

原因很明显，这是天灾。1980年起，日本连续三年都是冷夏。1980年6月虽是空梅，但7月梅雨锋面长期占据日本列岛，停滞不前，8月更是成了破纪录的冷夏。1982年7月，九州被暴雨侵袭，关东地区也是推迟到8月上旬才出梅。这一年，空调事业部的库存甚至多到下一年度一台空调都不需要生产的地步。

时任空调事业部部长的是田原久雄，山下俊彦就任社长后便把空调产业托付给了他，他是山下俊彦的得意门生。田原久雄能够让人才聚集在自己身边，山下俊彦十分中意他的包容力，他觉得田原久雄能不被天气所左右，稳定经营空调业务。但是，面对连续两年冷夏的袭击，田原久雄不耐烦了。他在第三年赌了一把，毅然实施了空调增产。

山下俊彦最唾弃赌博式的经营行为。在担任空调事业部部长期间，山下俊彦便与天气斗来斗去。为了驾驭反复无常的天气，山下俊彦制订"锤炼"计划，进军海外出口领域，谋求多维度的经营模式。田原久雄的经营方式正好与他看重计划的想法截然相反。

山下俊彦上任社长后立马以营业收益率为基准对所有事业部进行ABCD分级。当时，山下俊彦丝毫没有考虑每个事业部的商品特性及所处环境的不同，因为他坚信不论身处何种环境，必定有解决对策。所谓"经营"就是找出对策，提升收益。山下俊彦会如何处决空调事业部的萧条呢？全公司都屏息注视着。

山下俊彦毫不留情，果断往自己的"老巢"放了把火。

山下俊彦的得意门生田原久雄被调任为员工研修所所长。一个大事业部的部长，瞬间变为研修所的所长，任谁都瞧得出这是巨大的人事降职处分。山下俊彦也没放过支持田原久雄工作的部长一级的人员，严令："部长以上不留一人，全部更换。"技术部部长、制造部部长、设计部部长、营业部部长全部被辞退。最后，亲手实施了这一系列人事调动的人事部部长也被调走。

整个空调事业部被烈火包围。

但是，空调事业部已燃烧殆尽，接下来怎么办呢？被山下俊彦整顿的部长一级里原本应该有下一任事业部部长的候补人选。说起来，这些部长中的一大半都曾是受山下俊彦事业部部长熏陶的"山下学园"的学生。

山下俊彦并未考虑从这批学生中挑选下一任事业部部长。否定他们差不多等同于否定过去的自己。山下俊彦的行事风格被人誉为"冷静而透彻"，确实如此。他对自己比对其他人更加"冷静而透彻"。他从未想过要"维护"自己。

山下俊彦彻底否定了自己的学生，他选择让压缩机事业部部长伊藤辅二来担任空调事业部的新部长。

压缩机事业部是山下俊彦任空调事业部部长时期从空调事业部独立出去的。虽已独立，但它的定位顶多只能算是空调事业部的配件工厂。伊藤辅二两年前任职，此前他一直在总公司的生产技术总部。他大学毕业后进入公司，便立刻投身到模具制作中。模具是"产品制造"的根基，然而在伊藤辅二进松下电器公司之前，1955—1960年，"制造商松下"的模具制作多数为外包模式。1970年，伊藤辅二建立了松下电器公司首个真正意义上的模具工厂，该工厂最终发展到日本数一数二的规模。

山下俊彦选择伊藤辅二，不仅因为其深谙模具是制造业的根本，还因为他对于空调行业来说完全是门外汉。正因为是门外汉，才能下得了狠手。更重要的是，伊藤辅二在担任压缩机事业部部长的两年内，表现出了果敢又强烈的反抗精神。

## 你也这么认为吗

两年前的1979年年末，生产技术总部的上司对伊藤辅二说："山下说这次要进行事业部部长级别的人员流动，你也牵涉其中。"这波人事调动跨越了事业部，跨越了职业领域。山下俊彦发起的人事调动从年轻的课长一级开始，现在已经波及事业部部长一级了。因为提前被告知，所以在接到压缩机事业部部长任命书的那一刻，伊藤辅二只说了句"好的"，便欣然接受了。事业部部长的人事任命和调配由社长管辖，山下俊彦或许是对自己创建的压缩机事业部仍有执念吧。只是，他为什么选择了我呢？

伊藤辅二曾在机场与山下俊彦有过一次交谈，那时他已从模具工厂的厂长变为生产技术总部的精密仪器事业部部长。他从国外出差回来，偶然遇到山下俊彦，便打了招呼。"我是精密仪器事业部部长伊藤。"这是他们的初次见面。"啊，我知道你。"

怎么会知道我呢？是因为那件事吗？伊藤辅二突然想到了一件事。

精密仪器事业部生产自主研发的贴片机（配件的自动安装装置，即后来的"Panasert"）并将其供给集团内使用。精密仪器事业部隶属生产技术总部，该总部的主要任务原本是"服务"集团内各事业部。但是，由于贴片机的性能之高大获好评，以致公司内外各家电器制造商都对它有极大的采购需求。生产技术总部旗下的精密仪器事业部虽不是正规的事业部，但既然冠以"事业部"之名，就负有赢利责任。于是伊藤辅二决定向松下的竞争对手也出售贴片机。

录像机事业部部长谷井昭雄和曾在音响事业部工作的仲井光夫听

闻此事后，一起将伊藤辅二叫到总公司讲堂的一旁，一向温厚的谷井昭雄也对伊藤辅二口出狂言："我知道你作为事业部部长十分辛苦，但是，也不至于向敌人雪中送炭吧！"

两人的上司——副社长稻井隆义甚至都出面了。稻井隆义向松下幸之助紧急汇报："伊藤竟然打算将贴片机外销，真是太乱来了。"伊藤辅二被叫到松下幸之助面前，被逼着要求解释清楚。伊藤辅二毫不畏惧，说出了自己的想法。

"我要外销贴片机。只不过，要让外销价格比内部价格高1倍，然后计划通过外销实现增产，进一步降低内部价格。"

伊藤听不清松下幸之助说了什么。此时的松下幸之助声量尖细，已不得不由其专职秘书进行"翻译"了。秘书说："总顾问说'你把它做成一项业务吧'。"

松下幸之助回过头来训斥了稻井隆义，"你们用竞争对手一半的价格购买了贴片机，竟还在这里'得了便宜又卖乖'。我跟伊藤说了，让他把贴片机外销做成一项业务！"

于是，贴片机外销名正言顺地成了松下电器公司的业务之一。业内报纸报道这件事时，正是公布山下俊彦就任社长的第二天。整个社会的目光都聚焦在山下俊彦的升任上，此事并未引发关注。可能只有山下俊彦瞧见了那篇报道吧。

伊藤辅二从山下俊彦那里接过压缩机事业部部长任命书的时候，山下俊彦说："去改变事业部的氛围吧。拜托了，一定要改变啊。"伊藤辅二的家在樟叶（大阪府枚方市），他向山下俊彦汇报："我要走名神高速公路①才能去草津（滋贺县）的压缩机事业部上班。"山下俊彦答："我可以给你安排辆翻斗车。"

伊藤辅二就任事业部部长的第二天，制造部部长便让他去取"新设甲府工厂"所需的社长决裁。说是决裁，可是新设甲府工厂的事是山下俊彦还是事业部部长的时候亲自做的决定，连地都已经买好了。伊藤辅二怀着不解的心情前去请山下俊彦盖章时，山下俊彦说："原来你也是这么认为的啊？一定要扎扎实实地干啊！"

这话的言外之意是："原来你也觉得有必要建设甲府新工厂啊？"伊藤辅二被摆了一道。山下俊彦奉行的事业部体制就是要发挥自主性，自己承担责任，而不被任何人逼着做任何工作。山下俊彦希望这件事是伊藤辅二自己的决定。建设甲府的新工厂是伊藤辅二的决定，这就意味着也是伊藤辅二的责任。

这责任多么重大啊。

草津工厂压缩机的产能是100万台。空调事业部能生产90万台空调，所以光是给在同一工厂内的空调事业部供货，就能消耗压缩机事业部90%的产能，因此压缩机事业部里并没有专门的营销团队。然而，如果要新设甲府工厂，那就必须找到和内销同等规模的外部需求。

"请务必改变事业部的氛围"，山下俊彦想用这样的话告诉伊藤辅二，要拿出你曾力排众议，勇敢地向竞争对手出售贴片机时的魄力，认真且积极地开辟压缩机外销业务。

然而，伊藤辅二就任事业部部长的1980年却是连续三年冷夏的头

---

① 名古屋到神户的高速公路，经过大阪府和滋贺县。——编著注

一年。空调卖不出去，眼前的压缩机也堆积如山，哪里还是扩大外销的时候。这样下去建设新工厂还合适吗？在奠基仪式上初次见到甲府土地的伊藤辅二迷茫了。总公司的财务担当专务铃木一说："做出决定的人是你，周围的人不管怎么插嘴都不用负任何责任。建也好，不建也好，都是辛苦差事。"

伊藤辅二一连好几个晚上都睡不着，可是彻夜思考并没有结果。行吧，明天再想吧。半夜，他跳进浴缸，才发觉是一缸冷水。他哆嗦着抖掉身上的"胆怯"，做出了决定。"没辙了，干吧。"

他照原定计划开始建设新工厂的厂房，机器也全部到位。这么做比保留空地税金更便宜。不过，这一年工厂先不开工。先让女员工生产抹布，把男员工派去草津工厂上班，兼作训练。

20亿日元的建设资金一半由事业部积累的自有资金支出，剩下的10亿日元则把库存的压缩机，以一台1万日元的价格卖给空调事业部后筹措。空调事业部也是有苦难言，但伊藤辅二不由其分说，强行让他们收下了。总之，在无借债的情况下工厂建成了。

另一方面，伊藤辅二将技术团队的领导——技师长派往美国半年。送别时，伊藤辅二说："这边就由技术课课长及以下人员先担着。你在美国那边好好融入当地生活，扎实做好当地民间的市场运营。"第二年，公司收到了一张用来生产试用型空调的2000台压缩机订单。这是他们收到的首个来自美国的订单。不管怎么说，压缩机事业部终于迈出了正式外销的第一步。

## 态度180°转变

第二年（1981年）初秋，伊藤辅二总算把甲府新工厂给建立起来了。这时，山下俊彦又给他出了新的难题。那便是将汽车制冷设备事业部纳入压缩机事业部。汽车制冷设备事业部是山下俊彦力排特殊机械营业总部的强烈反对而创立的，不出意料，连年赤字，积累了一大笔债务。

伊藤辅二打算接下汽车制冷设备业务及其员工，于是前去与山下俊彦交涉。伊藤辅二说："吸纳汽车制冷设备业务后，事业部名还继续叫压缩机事业部太奇怪了。我建议改为'空调设备事业部'。"山下俊彦当头一棒："没必要改名。"

"就是因为经营状况不好，所以才叫你接手的。如果汽车制冷设备那边真是无可救药的话，你把它毁了也无妨。"伊藤辅二听后大为光火。"又让我接手，又说'毁了也无妨'，不就是想让我们压缩机事业部来承担和处理汽车制冷设备那边的赤字和债务吗？"伊藤辅二回答："我们会接管好汽车制冷设备事业部的员工，接手他们的业务。如果要毁，那还是请总公司自己负起责来毁吧。"

山下俊彦打断了此番争论。"剩下的你去找财务好好谈谈吧。"财务担当专务铃木一的话也是莫名其妙的。"社长都说了让你们接手，你们就接嘛。吸收了汽车制冷设备事业部，压缩机事业部不也能壮大吗？"伊藤辅二又一次怒上心头。"这样赤字满天飞的公司，免费送人都不要。一旦接了之后，压缩机事业部士气肯定要大跌。"在此前提到的ABCD评级中，汽车制冷设备事业部被定为D级。

伊藤辅二恼怒着离开总公司，刚回到草津，事业部的员工急匆匆地朝伊藤的车跑来。"部长，太好了，刚刚专务来电话说，汽车制冷设备事业部的赤字由总公司承担。"债务一笔勾销，汽车制冷设备事业部的设备也由总公司清理，太好了。虽说那些设备都是由伊藤辅二之前所在的精密仪器事业部制造的，但都是些不顶用的东西。

山下俊彦从不做冗长的争论，双方吵得越起劲，越会感情用事。所以，他会突然中断争论，给予双方冷静的时间。重新思考之后，如果觉得对方说的有道理，他便不再执拗于自身观点。山下俊彦总能瞬间实现180°大转变。

如此一来，山下俊彦把球踢还给了对方。伊藤辅二心想，我无论如何都要重振汽车制冷设备业务。

松下电器公司的汽车制冷设备是作为市场公开销售商品起步的，但是在大卖场销售的商品价格不稳定，数量也难以统一，所以伊藤辅二决定不再让汽车制冷设备作为市场公开产品销售，而是改为用作新车内装的正品配件出售。先这样努力一年看看效果，要是还是不行，再想别的办法。

以市场公开商品的方式进行销售一直是山下俊彦进军汽车制冷设备行业的基本方针。但此次山下俊彦点头了。"没办法，那就努把力，试试正品配件这条路吧。"

话虽如此，但伊藤辅二并没有人脉可以打进汽车正品配件行业。过了两三天，山下俊彦打来电话："我和住友银行的副行长巽外夫说了这个事，他说可以介绍马自达公司的董事给你认识，你记得一定要和他见上一面。"曾扬言"不会跟进"这事的山下俊彦却实打实地密切跟进着。伊藤辅二以此为契机，成功将技术人员送进了马自达公司的设计室，进而收获了福美来（马自达车型）正品配件的首个订单。虽是不顾成本的赤字订单，但是总算是打开了作为正品配件销售的渠道。

## 谷村新司和加山雄三

接着，决定伊藤辅二命运的1982年到来了。这一年的夏天格外冷。7月，日本列岛被厚厚的乌云包围，身为压缩机事业部部长的伊藤辅二正下定决心，"借这次机会，一定要把压缩机业务推向海外"。然而，7月15日，调任他做空调事业部部长的非正式通知下来了。

在空调业务集团中，空调事业部是中枢，伊藤辅二所在的压缩机事业部只是边缘的存在。伊藤辅二由边缘走向了中枢，并且8月将就职。通常，事业部部长的人事任免都是在决算期末，但此时才年中，空调的销售季也还没有结束。山下俊彦正是在此时下了决断，在自己的得意门生——事业部部长田原久雄的任期内处分了他。

总公司人事部转告伊藤辅二："社长说了，让你把空调事业部的部长全换了。"结果，除去两名例外，伊藤辅二真的更换了其他的部长。刚当上空调事业部部长的伊藤辅二，好像每天都在为离任部长举行送别会。最终，他送走了人事部部长。干将们都走了，剩下的就只有抬头可见的山一般的空调库存。

伊藤辅二起用甲府新工厂的厂长吉田和正为空调事业部的制造部部长。山下俊彦担任事业部部长时，曾对吉田和正进行过严格的训练。吉田和正是空调行业的专家，可是包括"主帅"伊藤辅二在内，其余人都是门外汉。面对这一年的空调库存，空调事业部该怎么办呢？

与建立甲府工厂时一样，空调事业部也可以选择先停工一年。虽然会出现巨大的赤字，但是第二年可以将库存一扫而空。等到第三年，便能迎来全新的开端。但是，配件的话这么做或许还行，如果连空调这样的基础商品都停产的话，员工的士气将荡然无存。而且，即便松下销售能力在业界出众，若是没有新款商品，又是否打得赢新年度的空调商战呢？

于是伊藤辅二提出了一个方案：只生产一种内藏变频器的新机型。变频器是一种能根据室温自主控制压缩机的转速，让室内保持在一定温度的装置。虽然变频器节能效果显著，但1982年变频空调刚上市时，销售量只有5000台，性能也还没有稳定下来。

"只做一种机型。但是条件是要提升其性能，且降低20%的成本。怎么样，大家能做到吗？"伊藤辅二提议后，新手部长沸腾了。原以为要"装死"一整年，现在能造新产品了，自然要做。"请务必让我们做。"

新手设计师提出想把新机型设计为米兰风格。伊藤辅二同意了。"你说米兰风，可你去过米兰吗？明天就去米兰出差一星期，去看看吧。"伊藤辅二追忆时说："我只说让他们去米兰出差一星期，大家就又热情洋溢起来。大伙都鼓足干劲，想着要拼命干。"

但是因为只生产一种新机型，所以绝不容许失败。伊藤辅二和手下一起绞尽脑汁想出了一个破天荒的宣传点子。委托原创歌手谷村新司创作商业广告歌曲，歌曲作为背景音乐播放时，永远的"若大将"

加山雄三①在广告中登场。二人当时拥有超高人气，代言费总计要20亿日元。这可是拥有一年库存的事业部提出的计划，总公司会同意吗？提案的人自己也半信半疑。

伊藤辅二向山下俊彦去说明业务计划时，有人在他旁边给他出主意。"部长，说明材料一张纸就够。讲得简洁明了些。"这个替伊藤辅二指点迷津的正是熟知山下俊彦的吉田和正。

"新机型我们打算只卖变频空调这一种，成本减20%。请谷村新司和加山雄三代言拍广告。大伙都很努力，拧成了一股绳。"

山下俊彦说："只有这个办法了，那就做吧。"令伊藤辅二失望的是，接下来他正要说明新机型的销售额目标和收益率时，山下俊彦说："数字就别说了，去和财务沟通吧。"

财务担当专务的铃木一可没这么好说话。"在宣传上花这么多钱是要怎样？""好吧。那请您把代言人换成不需要花钱也能派上用场的人吧。我被调去哪里都无所谓。要不铃木先生您来我这职位干一次试试吧？"

"你在说什么疯话。"铃木一说完后陷入沉思。伊藤辅二则继续唠叨不停："干了之后如果失败了会被'炒鱿鱼'，什么都不干也会被'炒鱿鱼'。我觉得什么都不干被'炒鱿鱼'的概率更高。所以，请让我们试一试。"铃木一点了点头，说："既然空调事业部的大伙都这么想，那没办法，支持你们。"

---

① 20世纪六七十年代日本著名演员。曾出演《若大将》系列影视剧。——译者注

1983年投入市场的"变频空调乐园"破纪录地大受欢迎。它是松下电器公司历代空调机型中价格最高的，卖出的台数却是最多的。松下电器公司在日本的销售公司和营业所都像谷村新司创作的广告歌曲"呼唤凉风"一样，蜂拥到空调事业部部长伊藤辅二身边，要求尽可能地多进一些新机型的货。新机型竟然火爆成这样，真是令人不可思议。受新机型的人气带动，去年的库存也跟着畅销了起来。

天气也成了空调事业部的援军。1983年的夏天与前一年的夏天截然相反，酷暑难耐。伊藤辅二感叹"天气也帮了忙"，而山下俊彦则说："运气也是实力的一部分。"

伊藤辅二深深地觉得，"我们常说团结一心，其实这是不正确的。只有从一开始起大家就都同心同德，才能团结在一起，实现这项壮举"。

空调事业部的"同心同德"是如何出现的呢？是山下俊彦创造的。"一锅端"一般冷静又透彻的人事变动，山一般的空调库存，空调事业部上上下下都被逼到了绝境，所以从一开始他们就只能"同心同德"地前行。山下俊彦替他们创造了这样的大环境。


## 三家公司


伊藤辅二调任空调事业部部长后，接任压缩机事业部部长的是杉山一彦（后任副社长）。

杉山一彦原本和伊藤辅二一样同属生产技术总部。他和伊藤辅二一起培育了松下电器公司的模具产业，还担任过模具工厂的厂长。

但是在任压缩机事业部部长前，他担任的是负责推进冰箱和微波炉等生活用家电在美国本土化生产项目的事务局局长。作为协调员，杉山一彦一直奔走在各个事业部之间。

日美贸易摩擦逐渐升级。身在美国的营销团队也强烈要求推进生活用家电产品的本土化生产。杉山一彦去了美国十几次后，向山下俊彦提交了本土化生产的最终方案。"你停止这个项目吧。"突然被叫停了，但和之前一样，没有任何说明。杉山一彦不明就里。

现在想来，生活用家电产品的本土化工厂只不过是单纯的组装工厂。山下俊彦认为比起这个项目，更应该优先实施成长前景好且技术含量高的信息设备机器——录像机的本土化生产。但是那时的杉山一彦并不明白，他只觉得："我都吃了这么多苦了，为什么要这样？"

1983年，杉山一彦受命成为压缩机事业部部长，彼时受挫的余火仍在燃烧。

成为事业部部长后，杉山一彦立刻意识到这是山下俊彦创立的事业部，不会是份轻松的工作。最吃力的要数由山下俊彦下令成立、由伊藤辅二负责兼并的汽车制冷设备业务。此前，伊藤辅二放弃了市场公开销售的路线，转走正品配件销售的路。可那只是开了个头而已，作为一项业务来说，汽车制冷设备依然才刚刚起步。

"必须想办法拓宽正品配件的销售渠道。"正当杉山一彦疲于思考之时，山下俊彦说，"住友银行那边传来话了。他们提议由福特、马自达、松下电器三家公司共同组建一个生产汽车制冷设备的合资公司。"这可是杉山一彦求之不得的好提议啊。如果由三家公司共建合资公司，那么不仅福美来车型，未来甚至还有可能向马自达其他

车型交付松下的汽车制冷设备产品，而且还能挤进美国汽车三巨头之
一——福特公司的市场。

"你觉得怎么样？"山下俊彦问。山下俊彦不会说："做吧。"
一切都由杉山一彦自己决定。这是山下俊彦一贯坚持的自主性论调。
杉山一彦干劲满满地回答："我干。我来和他们谈判。"山下俊彦回
应："放手干吧。"

住友银行最初设定的谈判期是一个月，但是这件事绝不可能在一
个月之内谈妥。

"我曾认为美国公司的领导都是不加班的。可当我去了底特律，
与福特公司谈判时，被他们的精力震惊了。就算已经是半夜2点，他
们也毫不在意。"

汽车行业和家电行业使用不同的"语言"，花了数个月双方才创
造出共同语言。而且，虽说是合资公司，但松下电器公司与其余两家公
司并非对等关系。实际运营合资公司的是松下电器公司，而福特公司和
马自达公司只是合资公司产品的购买方。对于购买方来说，价格自然是
越低越好。要是松下电器公司不提任何条件，他们肯定会狠狠杀价。

松下电器公司这边考虑的是，该如何让对方认可自己的技术专
利使用费和经营技术费呢？又该如何制定定价公式呢？杉山一彦定了
条底线。"低于这个价格的话，合作这事儿就告吹。"前方的谈判团
队几次三番来汇报："争取到了这个价格。"但都被杉山一彦驳回。
"不行，再去交涉一次，不行，再去交涉一次。如此往复。就这样，
价格终于谈到了我能出面握手合作的地步。经此一事，我的下属成长
了，我自己也成长了。"

三家公司的合资公司名叫日本空调气候控制系统公司（Japan Climate Systems，JCS）。签订公司成立同意书时，松下的社长已由山下俊彦变为了谷井昭雄。写到这里，大家可能以为这是个可喜可贺的结局，但其实并没这么简单。这当中充满了内部的纠葛。

前任压缩机事业部部长伊藤辅二开拓了汽车制冷设备的正品配件销售渠道。他被调任空调事业部部长之后，依旧念念不忘汽车制冷设备业务。或许他心中也有一份倔强，想着汽车制冷设备的正品配件渠道经营既然始于自己，就应该一直干下去。伊藤辅二专门设立了正品配件推进室，安排十几名员工专职负责。至此，松下电器公司的汽车制冷设备业务模块里形成了杉山一彦和伊藤辅二领导的两个组织并存的局面。

有员工证实称："那个合资公司，其实伊藤也想自己来搞。他曾经说过'我来弄'。虽然从组织上来讲，杉山是汽车制冷设备的'头儿'，但伊藤就是那样性格的人。杉山肯定吃了不少苦头。"

山下俊彦完全没有劝阻伊藤辅二。但是，山下俊彦又说过自己支持杉山一彦。杉山一彦说："山下曾对我说：'是进是退都由你自己决定。一切你决定就好。'多亏了他，我才没被夺走能量。这就是山下经营的风格。"

## 马来西亚还是美国

内部的纠葛也牵连到了压缩机事业部的主业——压缩机业务。杉山一彦就任部长后，曾倾尽全力争取扩大压缩机的出口额。压缩机事业部仅向隔壁空调事业部供货就能消耗整体产能的90%，对于他们来说，出口是可以同时实现增收与独立的手段。

不过，随着1985年《广场协议》①的签订，日元大幅升值，结果适得其反。日元汇率由1美元兑240日元不到暴涨至1美元兑130日元，由于对美国出口时候采用美元结算，所以即使卖出同等数量的商品，换算成日元后，销售额也跌了近一半。其事态甚至严重到当营销人员拿着美元结算价格的涨价报价单去见客户时，客户当着营销人员的面把那报价单撕碎扔了回来。

杉山一彦下定决心，再次要求美国客户涨价18%。美国的经销商并没在毫无抵押的情况下就接受日方的提议。于是双方约定：一年之内在马来西亚新建压缩机专用的大型工厂。五年后，在美国也开设工厂，建立生产成本与美元挂钩的体制。从经销商角度来看，一旦成本与美元挂钩，虽然眼下价格有所上涨，但未来却能转换为利润涨幅。杉山一彦觉得，这应该是双赢的结果。

杉山一彦想："涨价之后要是销量减少了，我来负这个责任。毕竟这项业务是交到了我的手上。这就是事业部体制。"他向山下俊彦汇报后，山下俊彦既没说好，也没说不好，一如往常。

强行涨价后的第二年，美国迎来了一个酷热的夏季。民众节能意识的提高也起了作用，松下电器公司以高效能为卖点的空调产品虽然价格上涨了，但销售量却增加了。不久之后，马来西亚的专用工厂竣工，接着美国工厂也开始运转，松下电器公司与美国客户之间的关系

---

① 1985年9月，美国、日本、英国、法国和德国五个发达国家签订的协议，
　　直接导致美元贬值，日元和德国马克等货币升值。——译者注

变得牢不可破。杉山一彦就任事业部部长时，压缩机的销售量仅为90万台，待他离任之时，销售量已达到300万台。这成为松下电器公司压缩机后来登顶世界第一宝座的基础。

不过，有一个男人对我讲的这个故事有异议。他便是时任空调事业部制造部部长的吉田和正。据吉田和正所说，杉山一彦曾经反对建设马来西亚新工厂。

"马来西亚原本生产的是往复式压缩机，凭这个根本无法取胜，是我提议建设旋转式压缩机新工厂的。但杉山一彦当时并不同意。于是我说：'既然如此，那就不由压缩机事业部而由我们空调事业部来建旋转式压缩机新工厂。到时候，山下俊彦会来参加新工厂的落成仪式。那站在山下俊彦身边就不是你而是我了。这样可以吗？'杉山一彦说：'我听你的就是了。'所以你看吧，他在瞎说什么。明明就是我替他铺好的路。"

立场不同，看待事物的角度也不同。

对于吉田和正而言，马来西亚的空调工厂边上就是压缩机工厂，在这里生产旋转式压缩机效率更高。对于杉山一彦而言，空调事业部在马来西亚工厂已有很大的历史影响力，与其如此，倒不如在以自由为重的美国描绘一幅全新的画卷。而且当时为了实现生活用家电的本土化生产，他走遍了美国。不过，马来西亚这边基础更为完备，建旋转式压缩机工厂应该会更顺利。杉山一彦一直在两者间拼命做权衡。

总的来看，在松下空调集团内部，自家"主帅"之间也会发生激烈冲突。这就是事业部体制。因为意识到自己被赋予了全权，所以各事业部双方在主张、个性及想法上都会发生碰撞。山下俊彦觉得这样挺好。比起相安无事，有点波澜其实更好。摩擦是能量的源泉，摩擦越大，项目就越精炼。

山下俊彦所言不虚。两位"主帅"激烈冲突之后，最终得到了"先马来西亚，后美国"这一正确结果。

## 礼仪特训

压缩机事业部部长杉山一彦的下属中，还有一人因汽车制冷设备业务与山下俊彦结缘，那就是守随武雄（后任日本胜利公司社长）。

在被分配到压缩机事业部之前，守随武雄待在特殊机械营业总部。山下俊彦决定进军汽车制冷设备行业，并与拒绝合作的特殊机械营业总部部长松田基大吵了一架。那时候，守随武雄刚成为特殊机械营业总部的主任。

守随武雄去压缩机事业部就职时，来找时任空调事业部部长的山下俊彦寒暄。当时山下俊彦说："你在总公司待了9年？"营业总部是总公司架构的一部分。"是的，待了9年。""人长期待在那个地方是不行的。"山下俊彦转过头，对身边的柴宏治（后成为汽车制冷设备事业部部长）说，"柴，守随武雄是我们'捡'来的吧。"

向来对任何事从不耿耿于怀的山下俊彦还是没有忘记当时被松田基拒绝的悔恨感。那时候守随武雄不过是区区一介主任而已，他觉得真的太丢人了，但同时他也体会到了山下俊彦对汽车制冷设备业务深深的执念。

之后，守随武雄多次见证这种执念。在琵琶湖畔的酒店召开汽车制冷设备新工厂揭幕会时，山下俊彦向站在面前的车载用品代理店负责人深深鞠了一躬，说："我们还是新人，还请多多关照！"

关于应该如何向代理店负责人鞠躬行礼，守随接受了山下俊彦的直接特训。

山下俊彦将柴宏治、守随武雄以及技术课课长三人叫到事业部部长办公室里，这三人被选拔为特别小队，被派去向销售松下电器蓄电池、车载音响等的150家代理店推销汽车制冷设备。山下俊彦说道："尽可能地多去几个店，听听他们对于汽车制冷设备的意见和要求。今天我们先练习一下和他们见面时的寒暄。"

山下俊彦发号施令："行礼！"三人齐声说："您好，请多多关照！"结果立马被山下俊彦叫停。"这样不行。再用些心，鞠躬要再鞠得深一点。再来一次，行礼！"

"您好，请多多关照！""不行，再来！"

山下俊彦不知说了多少回。"你们知道自己的特点吗？你们三个都是彪形大汉，大块头的人行礼时如果足够恭敬，会让人觉得你们相当诚惶诚恐。你们鞠躬要再深一点，要表现得再惶恐一些，代理店的人也就能敞开心扉了。"

那之后又过去了十年，守随武雄终于将汽车制冷设备业务推向正轨，实现了山下俊彦的心愿。

合资公司日本空调气候控制系统公司让杉山一彦费尽了心力，但公司起步之后，车载空调（由冷气变为冷暖两用空调）业务的收支依旧停留在水平面下。真正让车载空调扭亏为盈的是山下俊彦任职社长的最后阶段发起的全公司改革行动——"六一行动"。

"六一行动"以"产业结构改革"和"体质强化"为两大支柱。守随武雄成为车载空调事业部部长后，彻底追求"体质强化"。小到一个螺丝，大到所有配件的材料、规格和购买方等，他都重新审视了一遍，同时改变制作工艺，缩短工程时间。守随武雄的改革之彻底让从旁监督的财务担当专务平田雅彦都感叹："守随竟然做到了这般地步。"之后，车载空调业务十多年来终于首度迎来了收支盈余。

此时社长已由山下俊彦变为谷井昭雄。新社长谷井昭雄打来祝贺电话："恭喜你，我原本应该前去向全体事业部的员工致谢的，但就由你代为转达吧。"

守随武雄原以为会获得什么奖赏，没想到却被突然任命为松下电器（中国台湾）公司的总经理（社长）。松下电器（中国台湾）公司是第二次世界大战后松下电器继泰国之后建立的第二家海外生产公司。总公司给守随武雄的奖赏便是让他重振身处危机中的松下电器（中国台湾）公司。

守随武雄接受任命前，曾经的顶头上司杉山一彦向山下俊彦提议为守随武雄召开壮行会。刚退居顾问不久的山下俊彦满口答应下来。当天，和往常一样，从啤酒开始，喝了2合①日本酒后，又喝了一瓶葡萄酒，喝得酩酊大醉。

第二天，山下俊彦给杉山一彦打来电话，"昨天喝了不少啊。好像一边喝一边还约了你们元旦之后一起打高尔夫球。你们时间没问题吗？"杉山一彦想回答："如果是您的命令，我们肯定没问题。"但

① 日本酒的计量单位，1合约180毫升。——译者注

想了想还是不好说出口。于是山下俊彦在电话那头说："好，那就改成12月30日打高尔夫球吧。"

醉成那样，却还记得这么清楚啊。杉山一彦琢磨："原来山下俊彦竟是这样细心的人啊。"山下俊彦的这份细致可能是给守随武雄的。

过了年，守随武雄为了准备手续肯定会忙疯的。要是年内的话，守随武雄应该还能参加。这既是山下俊彦对守随武雄将车载空调业务扭亏为盈的感谢，也是对曾经讽刺守随武雄是"捡来的人"的致歉吧。


## 贪欲与无欲

山下俊彦的"老巢"——空调产业部起死回生了。这一切都始于山下俊彦的"部长级人事整顿"措施。公司上下都寂静一片。曾因录像机业务大受好评而浮躁的公司气氛一下变得紧张起来。

为了改革，山下俊彦不夹带一丝私情，甚至不惜将"山下学园"连根拔起。敢于将执行改革的任务委托给外人。而且，一旦委托出去，就不再插手。

山下俊彦到底是怎样的一位社长呢？空调事业部的这次改革或许让全公司员工再一次瞠目结舌了吧。也正是此时，曾愤慨地让山下俊彦"即刻离职"的松下幸之助与山下俊彦的关系也发生了剧烈的变化。

山下俊彦被提拔为社长之时，对于松下幸之助而言，他是"最远"的人。对于山下俊彦来说，松下幸之助也是遥不可及的存在。

山下俊彦曾在自己给《致知》杂志（1988年3月号）投稿的文章中描述过自己与松下幸之助之间的距离感。他说："我成为空调事业部部长之后，才真正切身接触到社长的人格，实际接受他的指导。说得更严谨一些，担任空调事业部部长期间，我还没有完全理解社长的卓越之处。在我成为社长之后，我才真正明白，总顾问作为经营者有多么卓越。"

成为事业部部长之后，山下俊彦与松下幸之助的距离有所缩短，但依旧很遥远。成为社长之后，山下俊彦也没能即刻理解松下幸之助。一切尚需时日。

《新潮45》杂志（1990年6月号）中刊载过山下俊彦的一段话："大概是就任社长的第五年吧，我终于感觉没有辜负总顾问的期待，内心十分感动。实际上从那个时候开始，我才真正明白总顾问的优点。"

山下俊彦就任社长的第五年也就是1981年。这一年，松下幸之助对山下俊彦的批判轰轰烈烈，1982年年初的经营方针发表会上甚至还说出"不遵守基本方针的人，即刻离职"之类的话。难以想象山下此时竟然觉得"没有辜负总顾问的期待"。如果把时间放宽一些，将"第五年"理解成"过去整整五年"又如何呢？

山下俊彦就任社长的整整五年之后是1982年。1982年年初松下幸之助扬言"即刻离职"，年中空调事业部便发生了"部长级人事整顿"事件。这一年，松下幸之助的周围发生了巨大变化。

山下俊彦说"感觉没有辜负总顾问的期待"，可能是因为松下幸之助铭刻于心的感谢话语传到了山下俊彦耳边吧。这些感谢的话为山下俊彦带来了巨大的感动。

从"即刻离职"的激愤到给予山下俊彦"巨大的感动"的话语，松下幸之助的内心为什么会产生如此剧烈的变化呢？

先是"感情净化"。松下幸之助在松下电器公司最大的典礼——经营方针发表会上将山下俊彦说得一文不值，将自己愤怒和盘托出。内心痛快之后，松下幸之助重新审视，映入眼帘的是山下俊彦这五年来的业绩。

这五年的销售额和经常收益翻了近一番。特别是山下俊彦就任社长的第四年，销售额突破了20000亿日元大关。松下电器公司销售额达到10000亿日元是在1973年，那时距离松下幸之助创业已经过去了55年。

1981年1月，松下电器公司取得评级机构穆迪公司的最高级评级，这是该公司首次为北美洲以外的公司赋予此评级。可见，公司的财务状况也被行业认定为超一流企业水平。松下幸之助认为"创造利润就是企业对社会的贡献"，所以他一直对业绩数字十分严苛。山下俊彦拿出了这样的业绩数字成绩单，松下幸之助认可也好，不认可也罢，都已经不重要了。

此外，山下俊彦在空调事业部改革中表现出来的严苛也令松下幸之助深深震撼。

松下幸之助一早就知道山下俊彦是"无欲之人"。但是，能够将自己精心竭力培养的下属辞退，这样的"无欲"水平已是常人无法相比的。这不仅是在公司里自毁领地，铲除支持自己的根基，更是超越虚无，放逐自我，苛责自己内心，痛彻心扉的"无欲"。

当时山下俊彦接受杂志采访时曾断言："现在的我，除了让松下电器公司变得更好，再没有别的活着的价值。"

松下幸之助可能想："你的'无欲无求'竟然做到了这个地步

吗？"松下幸之助是个"贪欲"极强的人，他想把松下电器公司做大做强，让它成为出色的公司。"贪欲"和"无欲"一呼应，松下幸之助的猜疑瞬间瓦解了。

无论是将松下幸之助的副社长亲信从总公司驱逐出去，还是导入中期计划和长期愿景，抑或是向着"没有总顾问的松下电器公司"一步步铺路，所有的一切都是为了松下电器公司着想。松下幸之助应该也曾思考过："这些也是自己必须要做的事情。"

四位副社长被驱逐而产生的寂寥是松下幸之助愤怒的原点，但是，山下俊彦却亲手"处置"了自己的心腹。松下幸之助觉得，那家伙能理解我的心情。松下幸之助对山下俊彦的感情，不知从何时起，转变为志同道合之情。

## 松下幸之助的着眼点

山下俊彦真正意义上被松下幸之助认可了。山下俊彦的内心也随之起了变化。他终于开始理解松下幸之助了。

就任社长后不久，山下俊彦得知自己出席的每一场会议都被录了音，而且松下幸之助还听过这些录音。山下俊彦不由得感觉后背发凉。自己这不是完全被监视着吗？

之后，山下俊彦回顾这段时间时表示："那之后不久，总顾问叫住我，表扬我说：'你这段时间的发言不错啊。'倘若没有认真听过那些录音，是绝不可能知道这些的。那时我才首次意识到，他录音不是为了责骂我，而是为了寻找可以褒扬我的内容啊。"〔摘自《声

音》（*Voice*）杂志1994年8月号］

不过，山下俊彦没有彻头彻尾转变为"礼赞总顾问"的人。松下幸之助监视自己，同时在拼命寻找褒扬自己的内容。那事实究竟是什么呢？或许松下幸之助的监听一半是出于猜疑之心，另一半是想要拼命找寻山下俊彦的优点。在松下幸之助内心，这应该就是事实的两面。矛盾的想法相互竞争，相互作用，才造就了松下幸之助这个人。山下俊彦理解了这件事。

如此一想，长期困扰山下俊彦的问题——他与松下幸之助在个体与整体关系上的意见分歧，似乎也可以从另一个角度来审视。

1981年的经营方针发表会上，对山下俊彦的批判愈演愈烈。会上，山下俊彦毫不畏惧地陈述着他一贯的看法。

"人并非只是简单地完成被交付的工作，而是依靠自己的意识，自己的方法在工作，并在工作上取得的成果中找寻满足感。一个理想的组织，既不是整体片面地支配个体，也不是个体优先于整体，而是整体与个体相互协调。只有这样，在面对具有创造性的工作的时候，组织才能活泛起来。"

山下俊彦原以为自己和松下幸之助的想法是永不相交的两条平行线。但是，他突然不这么认为了。

在松下幸之助心中，个体与整体的关系似乎并非其中一方压垮另一方、否定另一方。就好像在他心中，猜疑心和凝视优点也能和谐共存一样。

1981年，为纪念"命知五十年"，松下幸之助接受了公司内部刊物《松风》的采访。记者问："您觉得是什么支持您作为总顾问走到了现在？"

松下幸之助答道："是年轻人的工作。员工加入公司，5年摸爬滚打后，就能成长为独当一面的营销人员，奔走在客户之间。工厂的工人则升为课长继续工作。每个人的工作状态我看在眼里，记在心里，心中无比感动。看到他们的工作样貌，我自身也不断感受到新的东西注入体内，体会到我活着的价值。我认为那便是我动力的源泉。"

支撑松下幸之助的最大动力是他对每一名员工成长的凝视。与山下俊彦一样，松下幸之助内心深处的着眼点依然在"个体"身上。松下幸之助并非片面地让个体臣服于整体。

在《声音》杂志的文章中，山下俊彦写道："当时，总顾问瞧见住在自己家里的员工打工的身影，一想到他们在像自己这般多病的主人家拼命干活，不由得心生怜悯。总顾问想：'必须让大家都高高兴兴地工作才行啊！'于是总顾问和他们搭话、聊天。告诉他们每个员工的辛勤劳动可以换来整个社会上人们的欢欣愉悦。至于有多欢欣呢，那体现在销售额上。他毫不隐瞒地把销售额、收益等知识全部教给了员工。（中略）正因为总顾问身体羸弱，才会萌生出应该如何做才能让他们乐于工作这种想法的吧。"

在松下幸之助心中，使命感包裹之下的整体意识与对个体的关注是真实并存的。对他而言，整体是为了个体的整体，而且，松下幸之助对于个体的关注比山下俊彦要深切得多。

山下俊彦想起了从前自己在松下电子工业公司时期的上司——三由清二。当时，三由清二蛮横无理，山下俊彦对其束手无策，实在受不了了，只好找松下幸之助诉苦。可松下幸之助却维护了这位动不动就发火的人。"看人光看缺点是不行的。他的确可能存在这样那样的缺点，但他也是有优点的。不能对他的优点视而不见。"

松下幸之助的这番话源自最大限度激发个体能力的实用主义。不过，倘若不是真的对那个人存有那样真实的情感，是做不到松下幸之助这样彻底凝视他人优点的。

山下俊彦说："总顾问很高明，很会褒奖他人。我也常常被表扬。真高明。可我学不会。"

## 让松下正治"引退"

山下俊彦身上发生的另一变化，便是对使命感的看法也有了改变。他被松下幸之助对新使命的热情所震撼，认定自己敌不过。

山下俊彦被选为社长时，松下幸之助曾说，松下电器被赋予了承担"振兴经济"的新使命。松下幸之助新的"自来水哲学"便是为了消除社会贫困。一些员工认为这不过是松下幸之助夸下的海口。

可松下幸之助是认真的。

"中日电子工业合并构想"让新使命具象化了。

可这一构想遭到了日本大型电器制造商的集体反对。表示赞同的只有松下幸之助的妻弟——三洋电器社长井植薰一个人。但是，自此松下幸之助便一直坚持他倔强的执念。

7月4日，松下幸之助从中国回到了日本。7月末的酷暑之中，83岁的松下幸之助前往东京，遍访东芝、日立和三菱电机的社长。同时，他还和日本电器协会的会长小林宏治以及夏普公司的社长佐伯旭举行会谈，真切地阐述了他建设中日合并电子工业的构想。

山下俊彦当时对松下幸之助的构想也有些疑惑。但是疑惑归疑惑，他还是与松下幸之助步调一致。慢慢地他理解了松下幸之助的激情。这一构想早已超越一家企业的得失。信念驱动着这位老人，鞭策着他，四处奔走。

虽然山下俊彦不似松下幸之助一般，将使命感优先于一切，但是他能理解松下幸之助的新使命。即便中日合资的国家项目构想最终没有能够问世，但是山下俊彦在自己担任社长的末期，毅然决定成立彩色电视机显像管的中日合资公司。这是当时的松下电器公司最大规模的海外投资。

山下俊彦担任空调事业部部长时，曾在之前提到的大号笔记本上写下"agree to disagree"几个字。意为"我不认可你的意见，但是以此为前提，我依然可以接纳你的意见"。山下俊彦深深地接纳了松下幸之助。松下幸之助与山下俊彦相互认可对方对自己的"不认可"，这一思想将两人牢牢地联系在一起。

虽是后话，但是山下俊彦辞去社长，就任董事顾问的半年左右之后，曾在《天天星期日》（*Sunday Mainichi*）周刊（1986年8月24日号）的采访中说："我当上社长那会儿，对于'金太郎棒棒糖'理论多少有些抗拒。'金太郎棒棒糖'毫无个性。说得极端一点，那就是每个员工都要对总顾问唯命是从。虽然他是'经营之神'，但是他还是无法接受太过极端的理念。（中略）在当前国际化的大背景下，我们必须同各个国家和地区打交道，光靠单一的模式是不行的。拥有不同价值观的人聚在一起，这样的组合才是最强的。这才是我认为的理想状态。"

虽说卸任社长后一身轻松，但是对着媒体满不在乎地批判"金太郎棒棒糖"理论，恰恰证明了此时松下幸之助与山下俊彦之间的信赖关系已经牢固到不会受"金太郎棒棒糖"争论的影响了吧。

最后插叙一段大阪南的饭馆——大和屋的老板娘阪口纯久的回忆。那是泡沫经济刚要起来时候的事情。关西的大企业一家家都开始将总公司往东京转移，饭馆的经营也变得困难起来。山下俊彦突然对阪口纯久说道："你还真是什么都不说啊。""你这没头没尾的，说什么呢？"阪口纯久回答。"你还真是一点也不抱怨啊。现在饭馆的经营很困难吧。我可以跟松下电器公司的创始人说说，让他支援一下你们大和屋。"

"山下先生，原来您一直在默默地关注着我们啊。我真是欣慰。最近饭馆的经营状况确实不好了。"虽说大和屋在第二次世界大战前就已经是松下电器公司的领导频繁进出的饭馆，可是能说这种话，足可见山下俊彦与松下幸之助的关系已经好到了什么地步。

还有一则意味深长的故事。有一次山下俊彦直接跟同是曾在松下电子工业公司工作的水原博之说："总顾问找我商量来着。他说：'我自己准备了40亿日元，这是我的私房钱。你能不能用这笔钱帮我让会长（松下正治）离开松下电器公司？'"这是水原博之对《东洋经济周刊》记者公开说出的话，他对其他媒体也说了同样的内容。

山下俊彦被提拔为社长始于第二次世界大战后松下幸之助谋划的松下家族经营体制陷入僵局之时。松下幸之助没有将松下电器公司交给松下家族，而把一切都托付给了这个人。当松下幸之助开始找山下俊彦商量松下正治"引退"一事时，松下幸之助已经做好了最终的决断，他要将松下电器公司与松下家族分离开来。

此时，山下俊彦9年的社长时光已经过去了一半以上。

# 第8章

# "六一行动"变革"家电王国"

1980年，日本胜利公司的股价在一年内涨了三倍。当时的股价飙到了每股2880日元。此时，距离山下俊彦就任社长已经过去了3年，VHS向美国无线电公司出口也已经过了3年。

然而，虽然股价已经涨了三倍，但兜町的金融机构还是觉得远远不够。

## 目标世界第一

日本证券分析家安井多市（丸三证券公司顾问）在东洋经济新报社出版的投资信息周刊《股票周刊》上提出疑问："如果胜利公司是一家美国公司，事情又如何呢？"

"如果是美国公司，该公司又拥有录像机、影碟等高潜力的商品，那么股价估计会比纽约股票市场单价最高的股票——德州仪器（TI）的150美元还要高。因为是日本公司，所以虽然股价迅速上涨，但涨幅也不过15美元而已。因此，外国人今后一定会将胜利公司的股票看作性价比超高的股票而积极买入。"

安井多市曾预言，胜利公司的股价今后就算涨10倍，涨到3万日元也不奇怪。虽然最终没有达到3万日元那么多，但股票市场确实很看好录像机爆发式的增长潜力。

1980年年末，在胜利公司的股价大幅走高的同时，VHS与"Beta max"系统的"录像机战争"也差不多分出了胜负。VHS占据了全球市场份额的七成，"Beta max"系统占据剩下的三成。当时录像机的发展潜力可以与21世纪初智能手机的势头相匹敌。而且，就像苹果手机碾压三星及其他品牌手机的市场份额一样，VHS与"Beta max"系统在当时也是类似的格局。

在市场占有率拥有压倒性优势的大背景下，松下电器公司又成功地大幅降低了产品成本。1980年发布的"麦克洛德"（Maclord）是首款售价低于20万日元的录像机。1981年秋天，松下又发布了售价16.8万日元的新产品"NV–3300"，自此，录像机成为平民也能买得起的商品，销量随之迅速增长。很快，录像机超过电视机成为销售冠军，松下电器公司放映设备部门的销售额比上一年增长了50%。

据说，VHS在整个生命周期内给松下电器公司带来了150000亿日元的销售额，利润达到了20000亿日元以上。

此时，在山下俊彦眼前，松下电器公司未来应该前进的道路已经清楚铺开，那就是把在VHS赚到的利润投入下一块有潜力的领域，创造"新松下电器"。山下俊彦瞄准的"新松下电器"这一目标，简而言之就是成为世界第一的制造商。

1983年，《选择》杂志的总编辑饭塚昭男抛给山下俊彦一个问题："松下进军全球市场，目标应该是通用电气公司吧？"山下俊彦毫无压力地回答："是的。就是通用电气公司。而且国际商业机器公司（IBM）和美国电话电报公司（ATT）也会是我们的目标。"

前一年，也就是1982年，松下电器公司及其相关公司的销售额为155亿美元，超过了美国电话电报公司的130亿美元。电机制造商范围内，松下电器公司之上只有国际商业机器公司（销售额290亿美元）和通用电气公司（销售额272亿美元）两家公司。不过，这两家公司的销售额几乎是松下电器公司的一倍。山下俊彦紧盯着的正是这两家公司的销售额。

1979年，美国学者傅高义在《日本第一》一书中提出，松下电器公司即将成为巨型国际企业。山下知道："不管喜不喜欢，松下电器公司都不得不走向巨大化的发展道路。"

山下俊彦对松下电器公司当时所处的地位很有自信。录像机势头正盛，录像机之后松下电器公司又预备推出"有画面的唱片"，也就是影碟。当时恰好日本电信电话公社在四处宣扬高度信息化社会的到来，并迈出了民营化的步伐，着手高度信息通信系统（INS）的研发。通过电话线提供图像和数据信息发送、接收服务的系统（CAPTAIN）和家用传真机，这些当时被称作"新媒体"的信息设备即将进入千家万户。

如果将这些家用信息设备收入麾下，即使仅在家电领域也能拥有丰富的发展潜力。但是，光那样还不能确保胜利收入囊中，世界前两名的公司国际商业机器公司和通用电气公司活跃的领域都在"工业产业"上。

通用电气公司当时还设有家电部门。当时，世界熨斗产业中，第一名是通用电气公司。但通用电气公司主攻的是涡轮发电机、飞机引擎等工业产业领域。松下电器公司不可能现在才开始进军涡轮机和飞机引擎领域，目标唯有工业电子产业。虽然松下电器公司一直辛勤经营电池业务，但想要靠电池立于世界能源产业之林，依然力不从心。

松下电器公司必须朝着"工业产业"化大踏步前进。而且，不只通用电气公司，山下俊彦还将国际商业机器公司、美国电话电报公司都视作目标。松下电器公司又重新回归曾一度退出的电脑领域，并决意正式进军通信技术与电脑结合的领域。一言以蔽之，家电巨头松下电器公司正在朝着综合电子企业转变。

## 打造"战略总公司"

1964年，热海会谈举行。同年，松下幸之助决定让松下电器公司退出电脑行业。山下俊彦认为，松下幸之助当时的决策是正确的。从根本上改革家电的销售体制，并举公司全力专攻家电，正因如此才能在经济高度增长期的家电市场上最大限度收获果实。而现在，应该将这些果实和录像机带来的收益投入工业电子产业，构筑全新的松下电器公司。

工业电子产业充满了巨大的可能性，拥有无限多的主题可供选择。1981年年初，山下俊彦对员工说："这十年（20世纪80年代），光是信息和能源领域就有很多值得研发的产品。现在只是稳固基础技术人员就已经忙得不可开交了，这些领域今后一定会源源不断涌现出许多新产品。"山下俊彦高昂的斗志直接传递给了每一个人。

"这些所有的技术，产品上的各种传感器、各类非晶态材料，还有新型陶瓷材料等电子材料技术、微型计算机技术、超大规模集成电路等半导体技术将是未来电子产业中举足轻重的技术。这些技术是我们应该最优先进军的领域。"

可是，要想让集中在家电领域的松下电器公司转向到"工业产业"领域，需要拿出巨大的能量才能实现。山下俊彦导入了中期计划，引导事业部自主思考战略方向。然而，"产业转换"已经远远超出了单个事业部的经营范围。同年，山下俊彦虽然做出了制订远景规划的指示，但此时，远景规划已经远远不够，必须以实际执行为目标，制订具体的行动方案，必须描绘出一张具有实践意义的航海图，指引松下电器公司朝着综合电子产业的大海扬帆远航。

负责制作航海图的是"松下总公司"。"总公司真是无聊透顶。"这曾是山下俊彦的口头禅。但此时，山下俊彦似乎重新定义了"总公司"。要想让松下电器公司这艘巨舰调头，就必须由总公司来描绘航海图，并实施战略投资，指导全公司和全事业部。松下需要的是一个拥有强大指挥功能的总公司。

山下俊彦称之为"战略总公司"，他从根深蒂固的事业部体制中走了出来。他把以前只是摆设一样存在的经营企划室重新定义为战略总公司的核心，山下俊彦与经营企划室室长的组合将成为"大转换"的动力引擎。

如此一来，问题就在于由谁来做经营企划室的室长。山下俊彦一直在想方设法寻觅人才。"金太郎棒棒糖"一样一成不变的人无法成为大转换的动力引擎，与传统松下电器公司距离远的人更好。向阳苗壮成长的乔木反而易折。经历过一次挫折并且成功爬起来的人更适合。

经营企划室室长是战略总公司的核心。山下俊彦选择让铃木忠夫担任初任参谋，他后来成为松下精工公司的社长。铃木忠夫会用意大利语唱歌剧《茶花女》，一开口讲话就停不下来，甚至连他自己都感到惊讶。担任电热事业部部长的前半期内，因为接手了上一任部长留下的棘手问题，一度有些崩溃，后来铃木忠夫带领团队研发出先驱咖啡机品牌卡里奥卡（Carioca），大受市场欢迎。当时这款咖啡机的广告语是："用卡里奥卡咖啡机磨咖啡，享受里约热内卢的味道。"

铃木忠夫还有一段艰难又勇武的英雄事迹。松下电器公司决定从电脑行业撤退时，松下幸之助曾说："不打算盘不用手记账，就不是真正的经营。"松下幸之助准备废除会计和事务部门的电脑化办公。"就这一点，无论如何都不行。"挺身而出阻拦松下幸之助的正是铃木忠夫。

1979年，山下俊彦将铃木忠夫提拔为总公司的原材料部部长。松下电器公司彻底执行各事业部自主购买原材料的制度，所以即使是找同一家供应商购买原材料，样式和价格也不尽相同。松下电器公司的购买力被切分成零散的小块了。

铃木忠夫上任原材料部部长之后的使命就是要将这一切转为总公司主导，起到在各事业部穿针引线的作用。他从与各事业部原材料负责人的基本知识交流开始入手，将"新日铁"等超过一百家原材料供应商的负责人会聚一堂，举办了首届论坛。铃木忠夫想要建立一个跨事业部的原材料综合信息系统，这算是"战略总公司"计划的第一步。

做了两年原材料部部长后，铃木忠夫被任命为经营企划室的室长。铃木忠夫鼓足了干劲，可是刚一就职，就收到了山下俊彦给的一本书，说是替代"搬家荞麦面"的乔迁贺礼。这本书是布鲁斯·亨德森的《经营战略的核心》。布鲁斯·亨德森就是创立波士顿咨询公司并首次确立"经营战略"这一概念的人。

山下俊彦说:"正好我家里有这本书。"那天是周五。到了下一周周一,铃木忠夫到公司后,早上8点秘书就来找他。"社长已经等您很久了。"铃木忠夫一进社长办公室,就被问:"书你看了吗?你准备怎么搞?"有呼必应,说的就是山下俊彦这样。

开始学习工商管理的铃木忠夫其实在还是原材料部部长的时候,就被山下俊彦强行命令整天浸泡在学习里。当时,野村证券面向大企业的领导开设了野村工商管理学校,学费每人100万日元。所有学员被关在宾馆里三周,听类似美国工商管理硕士的集中讲座。铃木忠夫被派去做了第一期的学生。

学校课程包含案例分析和小组讨论,从早到晚训练严格。就连铃木忠夫也濒临崩溃。他悄悄逃了出来,摇摇晃晃地走向公园大道,中途还买了些水果。当时,原宿的步行街上,年轻男女们身着奇装异服,伴随着收录机发出的声音群魔乱舞。这就是所谓的"竹之子一族"[1]。铃木忠夫一边啃着水果,一边出神地望着这群人。等他反应过来,他已经被围在跳舞的人群中,和他们一起手舞足蹈。

铃木忠夫后来成了松下精工公司的社长。他在回忆山下俊彦的经营风格时说:"即使我说一些不着边际的话,山下俊彦也不会生气。我曾说明天位于昨天的延长线上。他就说,'你在说什么啊?扔掉你

---

[1] 原宿附近的步行街名为"竹下大道",所以这些人被称作"竹之子一族"。——译者注

过去的成功经验，超越既有规则，创造多样性。'"

正因如此，这个迷迷糊糊地融入"竹之子一族"的人才会被选为初任参谋。

"山下不否定松下电器的传统文化，但他觉得仅靠传统是很危险的。以前的松下电器公司是由内而外的体制，从总顾问这个内部的核心向外发散。山下的主张却是由外到内，依据外部的环境和变化来改良内部。山下可不会意志消沉，他虽然不是乐天派的性格，但也做得轻松自在。"

## 超越组织

山下俊彦不断寻找人才，并为挖掘到的人才准备好了学习项目。

铃木忠夫作为一期生派遣去的野村工商管理学校后来成为董事会成员候任者们必修课程的一环。接替铃木忠夫成为经营企划室下一任室长的佐久间昇二，备受瞩目负责营业部门的市川和夫，后来成为社长的中村邦夫、大坪文雄都从这个学校毕业。顺带一提，和佐久间昇二同期派遣至野村工商管理学校的还有日本大藏省（当时称大藏省，即现在的日本财务省）的榊原英资、小松制作所的安崎晓（后成为社长）、日本电信运营商KDDI的西本正（后成为副会长）、三和银行的原田和明（后成为三和综合研究所理事长）。佐久间昇二充分吸收了外部的营养。

山下俊彦还创设了其他由外向内的制度。例如为主事以下的年轻领导准备的为期两年的海外工商管理硕士留学项目以及面向参事的半年至一年的海外研修制度。

山下俊彦还频繁开办了"私学"。杉山一彦刚当上生产技术总部部长，他的上司就对他说："山下社长让找几个新上任的部长，你去吧。"工作忙完后，杉山一彦走进事先定好的会议室一看，业界公认的"毒舌"杂志总编坐在正中。社会上对松下电器公司到底是怎么看的，杉山一彦等人足足听了三四个小时的辛辣点评。

杉山一彦说："这样的活动总共进行了大约十次。山下俊彦作为校长只在一开始露过面，后来就再也没出现过。听说他在好多个事业部都开了同样的私学讲座。"山下俊彦为松下电器公司的领导创造了交流的机会，尽可能让他们吸收外部的风霜雨露。

山下俊彦给铃木忠夫创造了接触"竹之子一族"的机会。铃木成为经营企划室室长之后，开始着手将上一年制定的长期愿景落实成具体的工作。他将办公自动化、机器人、便携摄像机、光盘影碟定为四大全公司级别的"社长项目"，并为各个项目选定了董事会负责人。

铃木忠夫将愿景转化为了具体的工作项目。以机器人为例，1982年6月，综合企划委员会集结了生产技术总部、技术总部、松下产机、电机事业部、微型马达事业部，在东京举办了业内首场自动化单独展会。负责机器人项目的董事会成员是生产技术总部的森田稔常务。

有趣的是，森田稔作为负责人，除了有协调和总括职能，没有其他任何实权。虽然这些项目被命名为"社长项目"，却不妨碍事业部的自主性。战略总公司和事业部两大体制交错并行。山下俊彦就这么眼看着二者并行，内心毫无波澜。

当时，山下俊彦曾对公司的骨干职员说："今后必须要抛弃没有组织就不能行动的成见。不受限于组织，站在更广阔的立场上来开展工作，这点十分重要。必须要做到能够畅通无阻地开展工作。今年创建的全公司级别的项目就是为了让所有职员都意识到，畅通无阻地开展工作的重要性。"

山下俊彦还说："你有没有与十来个和你同级别但业务不同的人定期进行过会面？如果有，那你太棒了。"

战略总公司指导着整个公司的大转向，但是事业部体制这一组织架构又变不了。那怎么办呢？山下俊彦说，要让每一名职员超越组织的界限，畅通无阻地联系在一起。而社长项目就是每一位员工能畅通无阻开展工作的场域。

当然，说来容易，做起来就难了。一个普通职员如何能够越过事业部部长，畅通无阻地行动呢？山下俊彦完全了解这一困难。"所谓改革，不应该是有了社长的命令之后才进行。这样的改革就算最后做成了，也会后患无穷。"改革如果不能具体到每一个人，不能让每一个人身先士卒自发行动起来，就不算成功。山下俊彦打心眼里这么认为，所以才会如此"粗暴"行事。

"有了社长命令才做，没社长的命令就不做，如果公司变成这样的体制，那就糟糕了。"

战略总公司和事业部两大体制交错纵横，身为社长的山下俊彦对员工说："要超越组织的界限。"这种做法不仅粗暴，还自相矛盾。

山下俊彦本来的思考模式是矛盾式（辩证统一）的，但他整理问题点后向外部发布指令时，却是十分明快且简单的。然而，从决定要向综合电子企业转向时开始，他就换了种模式。他的基本方针是将矛盾如实地抛给大家,并要求每位员工在各自所处的领域来和矛盾做斗争。我们姑且将这种方法称作"悖论式经营"。

能做"悖论式经营"参谋的绝不是一般人。铃木忠夫已经超越了松下电器公司既有的规则。从铃木忠夫手中接过经营企划室室长接力棒的佐久间昇二(后升为副社长)更是大大超出了既有规则。

## 在德国推销经营理念

佐久间昇二毕业于大阪市立大学研究生院工商管理专业,进入松下电器公司后,他的第一感觉是,这真是个"爱说教的公司"。

佐久间昇二进公司后的第二年,高桥荒太郎对他说:"心里有什么想法都说出来。"

"在关东地区,大家都觉得松下电器公司是个迂腐的公司。什么'七精神',都是第二次世界大战期间的老旧词语了。内容是好的,只是需要改成更加现代化的措辞。""你小子根本就不懂。总顾问当年让我负责马达产业的时候,我先做的就是恢复社歌和'七精神'的诵读习惯。正因如此我才成功重建了马达事业。"

明明退一步就可以息事宁人,佐久间昇二却不依不饶继续反驳:"一家公司不会因为这些发生任何变化。高桥您能够重建马达产业,是因为您实施的商品战略和价格政策起到了效果。难道不是这样吗?"

高桥荒太郎死死地盯着佐久间昇二的脸。"你这小子,在总公司接受入职培训了吗?""接受了。""我看你就该重新回炉,再上一遍入职教育课。"

佐久间昇二后来被分配到了东京营业所。当时正值经济高度增长期，员工人数急速增加。工会要求改善工作条件的呼声越来越高，多次与公司方面起了冲突。不过，营业所的工会成员一旦参与罢工，会给营业所、零售店以及顾客带来巨大不便，因此公司方面不允许营业所的工会成员行使罢工权。

佐久间昇二想，既然罢不了工，那就打"拒绝诵读'七精神'"这一副牌。高桥荒太郎的说教对佐久间昇二完全没起作用。

1962年，佐久间昇二被选为工会的副委员长。当时山下俊彦被调任到西部电器公司，接受了无限期罢工的洗礼。

佐久间昇二虽然对政治不关心，但还是被反公司一派的执行部门提名为了副委员长。副委员长的任期刚好一年。第二年工会选举时，电池事业部的高畑敬一倡导要和公司层面协调对话，将反公司一派执行部的所有人都赶下了台。之后，高畑敬一和松下幸之助建立了深厚的信赖关系，到了1983年，高畑敬一和"仇敌"佐久间昇二同时被选为董事会成员，当然这些都是后话了。

辞去工会副委员长之后的佐久间昇二被派到了非主流业务区的海外做销售。他被调任到德国汉堡松下电器公司，作为松下电器公司在欧洲仅有的负责售卖电池的一名营业人员。那时他郁闷极了。当时德国汉堡松下电器公司卖的是松下电器公司与飞利浦公司的合资公司制造的干电池，同样的产品在欧洲售卖时打的是飞利浦公司的品牌，而在日本却以国际牌（松下的品牌）的名义售卖。

启程去德国时，松下幸之助问佐久间昇二："你预计能在那边卖多少松下电器公司的干电池？"佐久间昇二一五一十地回答："能实现飞利浦公司占七成,松下电器公司占三成,就算很成功了。"在欧洲,松下电器公司和飞利浦公司在品牌影响力上有着云泥之别。

松下幸之助摇了摇头。"至少要达到五五开。你记着,在灯泡这个领域飞利浦公司是老师,但在干电池领域,松下电器公司才是老师。"

高桥荒太郎给佐久间曻二又附加了几个条件:禁止低价倾销。必须以当地顶尖品牌相同的价格来售卖。必须收现款。只能使用资产负债表上结余的款项。佐久间曻二想:真是乱来。

半年后,佐久间曻二才终于领会到松下幸之助的经营基本方针。松下幸之助在访问飞利浦公司后回程的路上,顺道去了一趟汉堡。松下幸之助在各位派驻欧洲的公司员工面前说了句抱歉。"我们现在在欧洲是输家。未来三年,我们会把产品做强。在那之前,需要你们来构建一套强健的销售网络。"然而,没有强健的产品,怎么构建强健的销售网络呢?

松下幸之助说:"我们有可以推销的东西,那就是经营理念。我希望你们能在销售商品前,先把咱们松下电器公司的经营理念给推销出去。"

佐久间曻二一直认为,理念就是理念,他从没想过将理念和每天出现在眼前的销售活动联系在一起。究竟什么是"销售理念"呢?

旨在消除贫困的"自来水哲学"要求公司对社会做正确的事,那么什么才是对经销店正确的事呢?佐久间曻二想,就是要"与之保持长期稳定的关系"。松下幸之助想说的正是,产品竞争力弱的时候,反而是个可以与经销店建立不被产品一时的状况所左右的稳定关系的绝佳机会。

佐久间昇二向经销店解释松下电器公司共存共荣的理念，同时也虚心倾听经销店发出的声音。于是他注意到了两点。

第一，松下电器公司生产的干电池是通过轮船耗时三个月从日本运过来的。顾客会先入为主保有"产品陈旧"这一成见。

第二，松下电器公司采用的是依托现有代理店的销售模式，这些代理店将精力集中在有品牌效力的飞利浦公司上，松下电器公司产品的相关事务则被推迟缓办。经销店因此很不满，质疑松下电器公司到底是不是真的有做生意的欲望。

某天早晨，佐久间昇二看到一辆车身上写着"Fresh Dienst"几个大字的箱型卡车。佐久间昇二想，就是这个了。德语的"Dienst"其实就是英语"Service"（提供）的意思，所以这两个词表示："将新鲜的食材提供给顾客。"原来这辆卡车是每日定时开行的运送牛奶、鸡蛋等生鲜食材的车辆。

于是，佐久间昇二也准备了专用的卡车，将干电池定期运往经销店。车身上用大写字母写着"松下电池·新鲜"（National Battery·Fresh）。司机被聘为专用销售员。佐久间昇二在德国共配备了10辆卡车，这项举措效果显著。

佐久间昇二在欧洲驻扎了七年。他回国时，松下电器公司在欧洲与飞利浦公司的干电池销售比率达到了3：7，虽然没有达到松下幸之助提出的"五五开"的目标，但从自己口中说出的"三七开"的目标已经实现。

佐久间昇二不仅在资产负债表中留下了"干电池定期运送车"这项资产，而且没有搞低价倾销，还一直坚持回收现款。回过头来看，在德国，佐久间昇二开始真正理解松下幸之助的经营理念，踏实地践行了高桥荒太郎的教诲。

## 从"渣土场"出发

然而，佐久间昇二回到日本后，等待他的却是一碗残羹剩饭。在电池事业部工作一段时间后，他被分配到东京商事营业所的特品营业部。所谓特品营业部就是负责在主流的零售店和量贩店①之外各个渠道（文具店、杂货店、园艺店等）销售干电池、灯泡等各类商品。

这个部门被称作"渣土场"。佐久间昇二虽然顶着特品营业部部长的头衔与量贩营业部经营着同样的商品，营业额却只有别人的十分之一。当时高层管理者甚至动过念头，要将特品部降格为特品课。不仅如此，佐久间昇二任职时，特品营业部还保有1亿多日元的不良债权。上一任部长将干电池卖给了一家短暂红火过的奖品店②，可是，对方提供的票据却被银行拒付了。

1亿日元可相当于特品营业部每月销售额的三分之一。"又不是我的责任。"这句话从佐久间昇二的口中呼之欲出，却又被他生生地咽了回去。他默默地处理了损失。

佐久间昇二对特品部的营业方式进行了根本性的改革。他叫停了

---

① 量贩店是便利超市的一种。"量"是指商品的数量，"贩"是指低价销售。所谓量贩，就是一种以量定价的经营形式。——编者注

② 日本经营公司年会、商场抽奖活动等场合发放奖品的商店。——译者注

与奖品店之间的票据交易，坚持现金结账。佐久间昇二不断开拓能保持固定商业往来的文具店和杂货店市场，与他们进行密切的交流。一年之后，效果终于开始显现，又过了一年，"渣土场"的利润率提升了15%。

佐久间昇二想，所以说人生这东西谁都说不准。扬言要将特品部降格到课级的上司升任为家电总部的部长，而重建了特品部的佐久间昇二被任命为横滨营业所的所长。横滨营业所负责统筹神奈川县内所有的经销公司和零售店，是松下电器公司在日本东京都市圈重要的基地之一。佐久间昇二就这样突然被拽上了销售的主流大舞台。

成为横滨营业所所长后，佐久间昇二一下子发现："竟然有这么容易做的买卖。"在德国时，他的工作是开拓销售渠道，说服一家家商店负责人卖松下的干电池。"日本国内有零售店帮着卖产品，营业所所长无事可做啊。"

零售店的确很让人放心。可是，负责生产的事业部却对零售店的态度异常冷淡。"量贩店会帮我们卖新产品。但是零售店没什么销售能力，店内陈列的都是旧款产品。他们卖不掉东西，还就知道抱怨。"批判零售店的声浪此起彼伏。

佐久间昇二倾听了零售店方面的心声。零售店负责人也敞开心扉，他们觉得，如果厂商能真心听我们讲述，一定能理解我们的难处。

那时，坊间一直盛传着"物流革命"的论调。超市、量贩店席卷了物流产业，很快零售店遭遇了致命打击。零售店负责人将不安的情绪都发泄在佐久间昇二身上。松下电器公司声称"零售店很重要"，但又允许量贩店以八折甚至七折的价格倾销商品。与此同时，松下电器公司还强行要求零售店开辟新店。松下电器公司到底知不知道零售店经营面临的窘境啊？零售店方面的意见不胜枚举。

佐久间昇二感受到了强烈的危机。再这么下去，松下电器公司很可能要失去零售店这块财产了。

作为负责家电销售一线的人，佐久间昇二也对事业部充满了不满。

佐久间昇二召集了横滨营业所旗下销售公司的负责人前往事业部参与有关产品企划的讨论，事业部的负责人出来后对他们说："好，我们开始今天的产品学习会吧。"

"学习会？不是这样的吧。明明就是大家一起讨论新产品制作的问题啊。可是事业部却对我们的意见充耳不闻。只知道说，新商品是这样的，请好好学习，拜托做好宣传什么的。这种关系太奇怪了。"佐久间昇二的挫败感越来越强。

## 横滨的一夜

在此期间，山下俊彦出席了在东京召开的信贷制度改革会议。只有横滨营业所旗下的七家信贷公司强烈反对总公司的提案。会后，山下俊彦大摇大摆地走到佐久间昇二跟前。"怎么回事？为什么就只有横滨的人反对？""有什么不对的吗？开会不就是让大家各抒己见吗？说穿了，大家就是反对总公司的提案，只不过之前被总公司的人压了下来，没法表达而已。"

山下俊彦的脸色有些改变。"是这样啊？如果是这样，这么重要的事，为什么不直接跟我反映呢？"这也太奇怪了！佐久间昇二说："我已经跟我的上司汇报了。越过上司直接跟社长汇报，未免太不合情理了。"佐久间昇二不知不觉中言辞有些激烈。"说到底，社长您就是瞧不上我们家电销售，轻视我们呗？"

事情虽然当时就这样不了了之了，但没过多久山下俊彦自称"视察零售店"，来到了横滨。佐久间昇二邀请他一起感受一晚横滨的夜生活，山下俊彦答应了。"听好了，我可不是什么社长。我就是户冢①的一个木材批发商。"提前打好招呼后，山下俊彦走进了俱乐部。迎上来的俱乐部职员趁机附和："哎呀，赶巧了，我也是户冢人。"佐久间昇二的记忆就到这里，之后发生了什么就完全不记得了。第二天去俱乐部后，该职员告诉他，"您带来的那位先生很清醒，您可是喝得烂醉如泥啊。"

零售店的烦恼、对事业部的不满、总公司与销售一线之间的鸿沟，可能就在那一天，佐久间昇二将所有这些事都对山下俊彦和盘托出了。不对，自己可能是受山下俊彦诱导，才一五一十都讲了出来。

佐久间昇二会这么想，是因为1982年2月他被提拔为中部家电总括部的部长。

中部家电总括部部长被视为董事会成员的候选人。

通常，销售精英会先升为营业所的商务课主任、商务课长，接下来是小规模营业所的所长，中等规模营业所的所长，一点点往上升。佐久间昇二做营业所所长的经历只有在横滨的三年。他很疑惑，为什

---

① 横滨市的一个町，位于横滨市区西南部。——译者注

么是自己。

成为中部家电总括部部长之后，他依旧我行我素。在这个职位上他也和事业部起了激烈冲突。

各个事业部会派驻销售担当到总括部，佐久间舁二作为总括部的部长，他想要将事业部派遣来的人也纳入总括部，和部内的销售员统一管理。大家都在总括部，这似乎是理所应当的，可是事业部方面却不赞成。

事业部是产销一体的体制，所以事业部派驻到各地的销售担当不应该听从营业所的指示，应该彻头彻尾听从事业部的命令。这是松下幸之助的思想。难道你要和松下幸之助对着干吗？

"这样会使销售员与市场严重分离，而且松下电器公司的劲儿也没法往一处使。"佐久间舁二的反驳无效。

他为人处世一向是这样的态度，所以完全没想到自己会被选为董事会成员。

1983年1月，佐久间舁二前往总公司出席面向干部召开的经营研究会。人事部的人告诉他，"研究会完了之后，在另一间屋子稍等片刻。"佐久间舁二按要求等候了半天也不见人招呼。最终他等得不耐烦了，质问人事部的人："到底怎么回事？"这时传来一阵疯魔般的声音："啊？你还没听说啊？"

山下俊彦忘记告诉佐久间舁二董事会成员的任命消息，直接就出发去公开的记者会了。一般来讲，社长都会告知被任命者结果，以提升下属对社长的忠诚度，这算是很重要的一项仪式。而山下俊彦作为社长，却丝毫没将这事放在心上。佐久间舁二自己毫不知情，他家的电话却已经被前来祝贺的人打爆了。

被遗忘在一边的佐久间昇二后来问山下俊彦："您也知道，我可是在工会扛过反公司大旗的人，这样也没问题吗？"山下俊彦答道："谁年轻时不做点血气方刚的事啊！"

然而，山下俊彦当时却没告诉佐久间昇二，提拔为董事会成员后具体负责什么。佐久间昇二真正接到任务是在松下全日本销售公司社长会议的宴会之上。"你负责经营企划吧。"佐久间昇二小声惊叫道："这么狠吗？我可是在销售一线扛过枪的人，企划这种总公司职能部门的岗位（可能不适合我），饶了我吧！"

山下俊彦回应："总公司也需要扛枪上阵的感觉。我希望改变公司。"

佐久间昇二是异类中的异类。他在海外支流体系中度过了七年，回到日本后从"渣土堆"中崭露头角，他的想法是在主流工作的人们想象不到的。"为什么零售店不能像量贩店那样，也扩大门店规模呢？混合销售（同时售卖其他品牌产品）不就得了？"佐久间昇二的这些发言惹得销售总部的部长很头疼。

山下俊彦是坚定支持事业部体制的人，但同时他也觉得佐久间昇二不同寻常的表达能力也很有趣。他很好奇，让这样的人制定经营战略，会有什么样的效果。

山下俊彦内心相信，时机已经成熟。

他与松下幸之助之间的芥蒂已经消解，录像机产业也顺利地开始赢利，而且还收获了佐久间昇二这样的人才。就是现在了！山下俊彦已经准备彻底开启节流阀，放手一搏。他对佐久间昇二说：

"我是船长。你是罗盘。罗盘一旦出错，船就会驶向万丈深渊。"佐久间昇二吓到发抖。

## 硬着头皮也要干

当时有预测称，1982年至1986年的五年内，日本电机业界中工业用电子产品年增长率或为13%，零部件的增长率为9%，然而民用电子产品（即家电）的增长率只能达到3%。

山下俊彦已经制作完成了长期愿景，启动了社长项目。山下俊彦的目标在何处已经明了，那就是下定决心转到"工业""电子元件"方向，将松下电器公司转变为综合电子企业。

问题就在于如何做，如何才能转动松下电器公司这艘巨舰。

佐久间昇二也受到了山下俊彦行事风格的洗礼。当他拿着提案材料去社长办公室时，山下俊彦只粗略一看就说"不行"。一次又一次，佐久间昇二的提案都被退了回来。终于他受不了了，在某一次直接问山下俊彦："究竟哪里不行，请您明示。""自己去想。"半年后，提案终于不再被退回了。佐久间昇二想，"总算获得山下的真传了。"

关键在于，不要迎合上司的想法。

某一天，针对某位下属，山下俊彦对佐久间昇二说："改造一下他。"在佐久间昇二看来，这位下属十分优秀。"他准备了两份稿件，给我的和给会长（松下正治）的完全不一样。"下属一旦开始揣测上司的想法，并尽可能去靠近，就会被山下俊彦否定。"你如果迎合我，那我还需要你做什么？你需要创新，突破边界和限制。"这就是山下俊彦说"不行"的理由。

山下俊彦突破边界大胆革新后提出的是名为"六一行动"的结构改革计划。山下俊彦想要将结构转换变成一项"行动"：推动每一个人的意识发生改变，在整个公司范围内发起一场行动。调动每一个事业部、营业所以及每一位员工的行动力，进而制造更大的浪潮。其目标就是让"六一行动"的浪潮席卷整个公司。

巧合的是，这正好与山下俊彦"改革如果不能让每个人都主动参与，就不会成功"的信念相呼应。

为了让每个人都形成这一意识，山下俊彦明确展示了总公司坚定的决心。山下俊彦定了一个很高的数字作为目标：三年半内将"非家电"的比率提升至40%。所谓非家电即办公自动化、工厂自动化、新媒体等信息设备，电子设备元件以及半导体的总称。在活动发起时松下电器公司非家电的比率在31%前后。当时，松下电器公司的销售额超过了20000亿日元，要将结构占比提升近10%，需要极大的能量。

在此之前，松下电器公司的中期计划每年数字都会上下浮动。然而，"六一行动"将时间确定为三年半，同时这期间的具体目标数字也确定了。没有余地，没有谎价，只有必达的目标。

如果非家电部门占据公司部门的四成，人们可能不会再将松下电器公司称作"家电制造商"了。于是松下电器公司就能站在综合电子企业的入口。可是，要想达到40%这一目标，仅靠已经涉足非家电行业的事业部扩大产业规模是不够的，负责家电领域的事业部也必须迈入完全未知的非家电领域。

战略总公司创设"社长项目"之时，山下俊彦依然给予了事业部最大限度的自主性。然而"六一行动"不一样，山下俊彦不容分说地将整个公司、所有事业部都转换至综合电子企业这一大的结构框架中。

强势的总公司主导制度就是佐久间昇二的"革新"与"突破"，山下俊彦也了解、赞同。

山下俊彦曾这么说："我绝不允许任何人对改革置之不理。我会尽全力让你们都看向我这边。"

"六一行动"的领导者由培育了录像机事业的副社长谷井昭雄担任，辅助官则是经营企划室室长佐久间昇二。录像机一度超过电视，成为所有家电中最赚钱的顶梁柱。负责录像机的大将军冲锋在前，高声疾呼"由家电向综合电子企业转变"，再加上山下俊彦直属的参谋作为有力支撑，没有比这个体制更能直接明快地传达山下俊彦意思的了。

1983年5月，山下俊彦宣告"六一行动"开启。"开球"之际，山下俊彦和谷井昭雄、佐久间昇二的组合之间稍微起了点争执，是关于非家电达到40%的目标一事。佐久间昇二听取并汇总了各事业部的意见，最终结果是，倾尽全力也只能勉强达到39%的目标，无论如何都达不到40%。他们向山下俊彦请示，想要将目标下调至39%，结果被山下俊彦劈头盖脸大骂一顿："你们是想让我这个社长撒谎吗？就算1%也不能改。"

谷井昭雄和佐久间昇二已经一起跑了30个事业部，50家营业所，研发部门的一把手早川茂加入他们团队之后，三个人又一起把日本的各个事业部和事业所挨家挨户跑了一遍。特别是松下通信工业公司、松下电送公司、松下电子工业公司、松下电子元件公司、九州松下电器公司、松下寿电子工业公司等在工业领域有很大潜力的子公司，他们进行了集中攻破。

谷井昭雄表达了自己的诉求："希望大家硬着头皮也要干。""虽然很难，但也正因为难，所以才必须得干，硬着头皮也必须要干。硬着头皮坚持下来了，才能够傲立群雄，做业界的'领头羊'。"佐久间昇二接二连三地提出了要求，"你们真正理解了吗？"六一行动"和以往的做法是不一样的。希望大家能不惧摩擦，正面迎战。"最终，40%的目标维持了下来。

## 企业一旦变大就可能会变弱

在"六一行动"正式启动的1983年年初，山下俊彦在给公司内部报刊的撰文中提到了"有'乱世'的迹象"。他说："今年，不管其他国家和地区还是日本，未来路线都充满了不确定。可以说有种身处'乱世'的迹象。我觉得，我们都必须保持敏锐才行。不过，虽然是'乱世'，但大家对混乱并非听之任之的态度。所有人都在寻找打破僵局的方法以及新的前行道路。也正因为身处'乱世'，新锐的变革才有可能萌芽。我们必须自己促成变革发生，合力让变革的萌芽孕育生长。"

此时，山下俊彦再次感受到了强烈的危机。倘若没有成功完成结构转换，等待松下电器公司的将是怎样的命运？

山下俊彦关注的是飞利浦公司和美国无线电公司。山下俊彦在飞利浦公司学习时，打心底认为："松下电器公司的人不论多么努力，都无法与飞利浦公司的人比肩。"在很多方面，自己和别人都有很大的差距。然而，1982年，飞利浦公司满足于自己0.9%的利润率，过于依赖自己卓越的真空管技术，导致进军半导体行业迟缓。

美国无线电公司也是一样，手握收音机、电视机的基本专利，凭借巨大的专利收入积累了财富，但这些赚来的钱转手就被投进了企业收购中。企业收购消耗了美国无线电公司的实力，最终其被通用电气公司收购，后来惨遭解体售卖。

要毁掉松下电器公司非常容易，只需要安稳地守住如今获得巨大成功的录像机领域就可以了，不出意料松下电器公司很快就会分崩离析。1983年的经营方针发表会上，山下俊彦又引用了另一家公司的例子进行说明，那就是德律风根公司①。德律风根被誉为第二次世界大战后德国"奇迹般复苏"的象征。这家公司手中握有电视机PAL制式②的专利，员工多达25万人，然而1982年已经宣告破产。

山下俊彦说："造成德律风根公司这般凄惨局面的原因众说纷纭，但是据我了解，最大的原因在于，德律风根公司顶着知名企业的光环，沉溺于过去的荣耀中无法自拔，公司上下丧失了挑战新事物或者困难事物的气魄与决心。"

---

① 德律风根公司是全球著名的无线电和家电设备的制造商之一。1903年在德国柏林由西门子公司和通用电气公司联合成立。——编者注

② 电视广播中色彩调频的一种方法，全名为逐行倒相。1963年由德国人沃尔特·布鲁赫提出，当时他在德律风根公司工作。世界大部分地区采用这种制式。——译者注

"德律风根公司在过去为德国做出了巨大的贡献。而且，有人指出，在这个过程中，他们滋长了依靠外力的想法，想着自家公司已经是这样的大企业，不管发生什么事国家都不会放任不管，于是错过了改革的机会。可见，我们不管做什么事，最基本的都是要有挑战困难的勇气和行动力。"

山下俊彦就任社长后，第一项工作就是讲述危机。"最要命的是身处危机中却意识不到，依旧肆意骄纵自己。"山下俊彦又一次成了"危机感先生"。

山下俊彦在接受《东洋经济周刊》的采访时说："现在的松下电器公司充斥着安心感，但其实我们身处危机中。我们都被视作优等生，这是最危险的。未来前行的方向上，我们需要什么？我们不打没有胜算的仗，但是有些东西明知自己不擅长，却必须硬着头皮上。不管有多困难，都必须下定决心努力干。"山下俊彦口中说的要下定决心、必须"硬着头皮干"的事就是结构转换。

所以，山下俊彦才会引入强势的总公司主导机制，大幅转舵。不过，与此同时，山下俊彦还抱有另一份危机感。成功转舵之后，公司发展成了巨型企业，到那时又该怎么办？

企业一旦巨大化，就可能会变弱。

山下俊彦对比了《财富》杂志发布的1980年和1960年的世界企业排名。20年间，曾经排名前15名的公司中有一半以上从排行榜上掉了下来，只有7家公司依然留在排名中。而且1980年排名前15名的公司中，真正实现利润增加的只有国际商业机器公司（净利润率为13.6%）、通用电气公司（净利润率为6.1%）、美国电话电报公司

（净利润率为4.8%）三家。通用汽车、福特、标致三家汽车公司都由盈利转为了赤字。

可以想象，前文提到的飞利浦公司和美国无线电公司的跌落也是在未做出任何改变的情况下，被巨大化后的体制给拖垮了。

那么，企业究竟能不能在壮大的同时，一直保持强劲势头呢？

"六一行动"开始前后，山下俊彦被一本书深深吸引，就是盐野七生的《海都物语》。书中一名深谙意大利历史的讲述者像绘制一幅精密的图画一样，一丝不苟地描述了城市国家威尼斯千年来的兴亡史。

山下俊彦向佐久间昇二等多位领导都推荐了这本书。

威尼斯在热那亚、比萨、佛罗伦萨等多个城市国家间激烈的竞争中存活了下来，但为何最终却灭亡了呢？因为威尼斯人执着于自己的强项——单层甲板大帆船，而错过了圆形帆船这一造船上的革新运动。此外，他们受限于东地中海贸易，未能积极应对新航路的发现以及随之而来的西欧各国海运及工业产业的兴隆，最后只能转攻为守，等等。

因为没能及时改变，所以灭亡了。山下俊彦当然对此赞同，只不过比起关注威尼斯为何灭亡，山下俊彦更关心威尼斯为何能够保持长达千年兴盛的历史。

按盐野七生的说法，热那亚人不管是作为水手还是商人，都是天才。然而，存在时间更长且多次到达鼎盛期的是在航海和商业上都稍逊一筹的威尼斯。盐野七生这么写道："所有国家一定都会迎来一次鼎盛期。但能够拥有多次鼎盛期的国家很少。因为首次鼎盛期是自动发生的，但是让鼎盛期多次到来，却是人们刻意努力的结果。"

## 发动权力、抑制权力

威尼斯成功的秘诀就是人们那少见的"刻意努力"。威尼斯总督的选举方式体现了这一点。威尼斯人会从共和国国会的议员（共1600人）中抽签选出30人，选出后，这30人中再进行一次抽签，将30人减少到9人。这9个人再投票选出40人，被选中的40人中又一次抽签，只留下12人。这12个人再投票选出25人，这25人又再次通过抽签减少到9人。剩下的9人再次投票选出45人，这45人又通过抽签减少到11人。这11人投票选出41人，这41人成为元首的最终候选人。41人通过互选，获得25票的人成为元首。

这样的选举制度下，事前准备完全没用。因为中间夹杂了投票环节，所以也能反映民众的意向。经过多次投票，民众的意向也能更加集中和凝聚。

另一方面，与平时不同，威尼斯规定在共和国存亡的关键时刻由"十人委员会"全权掌控局势。危机之时集中权力。不过，十人委员会中各委员的任期也只有一年，要想再次出任，必须先停职一年才行。

威尼斯为了防止权力过度集中、中央集权过于强大，一直在"刻意努力"，甚至都有些过头了。

这种努力正是威尼斯千年生命力的源泉之一。威尼斯人知道，权力一旦集中，中央集权一旦过于强大，政策决断就会出现偏差，国家出现衰退的风险也会随之增加。反之，抑制权力，将其分散，整个集团就能获得更强的生命力。这和山下俊彦自身原本的哲学思想"将个体的主体性放在整体之前"不谋而合。

所以，在"六一行动"里，山下俊彦的行动非常矛盾。

一方面，山下俊彦要求发挥战略总公司强大的指挥能力，向综合电子企业迈进。在总公司的权力之下，事业部也开始被重构。"六一行动"第一年，收音机事业部和录音机事业部被整合为普通音响事业部，第二年电视机事业部和藤泽电视机事业部也被整合重组。此外，山下俊彦还整理整合了马达、厨用电器的事业部。通过重组，诞生了新的经营资源，这些资源又被投入结构转换中。山下俊彦对事业部体制进行了部分修正，坚持贯彻总公司的决定。

而另一方面，山下俊彦又在不断削弱总公司的"权力"。"干脆把总公司给撤掉算了。"山下俊彦一直这么说。1985年，山下俊彦设立了电视、录像、音响、电气化四大总部，将原先总公司的机能一个不剩，全部转移至这四大总部中。同时，山下俊彦还大刀阔斧削减了总公司的人数。不仅如此，山下俊彦还在总公司导入定员制，自此以后，"小总部"的状况就被固定了下来。战略总公司的"权力"也被严格限制。

山下俊彦的初代参谋，经营企划室的室长铃木忠夫的任期是11个月。铃木忠夫的继任者佐久间舜二在"六一行动"发动的半年后，也被免去了经营企划室室长的职位。他的任期刚好只有9个月。这两个人可都是山下俊彦好不容易挖掘出来的人才。山下俊彦好像看准了一样，总在一切初见成效之时，免去他们的职务。威尼斯"十人委员会"的任期好歹持续了一年，而他们一年都没满。

权力的发动和抑制，山下俊彦同时进行着两件完全相反的事。"悖论式经营"正是"六一行动"的底蕴和基石。

# 保持小个子与变为大企业

拥有千年历史的威尼斯还有别的秘密。盐野七生的《海都物语》中表示：威尼斯社会中存在共同体意识。

那么，企业内的共同体意识又是什么东西呢？山下俊彦在松下电器内轻如鸿毛的零散工厂中发现了它。

1984年年末，山下俊彦造访了松下电池公司九州工厂。这家工厂共有32名员工，平均年龄41岁。松下电池公司在大阪和辻堂（神奈川县）都建有大型工厂。"这种工厂，赶紧让大阪工厂给兼并了，再怎么念旧也得有个限度。"山下俊彦一度这么认为。

然而，一查才发现，九州工厂的基准利润率已经超过了A级（10%）水平。不仅如此，四年来，工厂的产量几乎没有变化，利润率却提升了1.1%。

山下俊彦实际走访这家工厂后大吃一惊。该厂的厂长说："我们厂生产的干电池在九州定价1日元。考虑到大阪到九州的运费，我们厂的原材料价格必须比大阪工厂便宜。这是指导我们工作的基本理念。"正常思考的话，结论应该是完全相反的。九州工厂原材料的价格只需要保证在大阪工厂的原价加上大阪至九州的运费的价格以下就可以了。可是九州工厂完全不这思考，他们希望九州工厂生产的产品即使加上运费拿到大阪去卖，价格上也不会逊色于大阪工厂的产品。他们在这种想法的指引下进行了原材料的价格管理。

松下电池公司还有一个更小的工厂——名古屋工厂。这家工厂的工作人员只有28人，木造的厂房还保留了1933年建成时的样子。这间工厂是高桥荒太郎在前公司朝日干电池公司成功重建后作为褒奖而建造的。

在这家工厂里，"一分一厘的战斗"在重复上演。他们将碳锌电池金属帽的进货方式改为装箱进货，由此节约了捆包的费用，每节电池能节省一些钱。以前，电池的外装管全部从东洋制罐公司进货，后来他们开辟了新的进货渠道，实现了双途径进货，成本又节省了。他们找到了当地更便宜的搬运队，节约了碳锌电池的搬运费。他们还狠下心把锅炉改小，这又使得成本进一步降低了。

名古屋工厂还将仅有的一条生产线改造成了"U"字形，这么做之后，一个工人就能同时顾及前后多个工程。在这里，一个人扮演五个角色。后方的女职员一人负责总务、会计、原材料三大工作。名古屋工厂四年内生产率提高了三成。

山下俊彦仔细思考："全世界干电池技术已经很成熟了，但这些可以说明仅凭经验生存的小工厂仍然能提高生产率，提升利润率。"

九州工厂五年内从业人员减少了8人，名古屋工厂减少了4人。"人数减少了，确实感觉有点孤单。"虽然这么说，大家却没有悲壮之情，两家工厂内部都是一团和气。职员一边轮流喝着咖啡，一边听厂长说："理想状态是能将碳锌电池生产线上的人员减半。"

无论是九州工厂还是名古屋工厂，只要不提高生产率，就有被比自己规模大十倍的大阪工厂兼并的危险。不过，就算被兼并，因为松下电器公司坚持终身聘用原则，所以职员也不会被开除。可是他们却能燃起改善一丝一毫的欲望，是为什么呢？真实的情况山下俊彦也不清楚。

当时山下俊彦在接受《东洋经济周刊》记者的采访时回答："我也不知道为什么。但是我想将那样的体制作为基础。虽然要向电子产业转型，但我想最基本的还得是那样的体制。松下电器公司要是不能拥有那样的体制，将难以为继。这就是我的危机感。"

小身体中蕴藏着神秘的能量。正因为小，才得以观全貌，可以切实地感知到一旦自己负责的线路出现故障，整个工厂的运营都会动摇。于是自然而然地将目光放在大局之上，一旦产生问题，大家都会聚拢来解决。每个人都和集体联系在一起。正是这种意识让每个人都把自己当作主玩家，当作"主人公"。

松下电器公司的电池产业当时已经拥有11个海外工厂。这些海外工厂的负责人很多都来自九州工厂和名古屋工厂。能够统观全局的小工厂让每一个人都成为企业家。

在着手进行巨大的事业转型之时，山下俊彦关注的却是小工厂。

发动"六一行动"时，山下俊彦同时提出了"结构转型"和"体制强化"两大口号。"结构转型"是要迈向新领域，加速企业发展成长。而"体制强化"则是要保持原有的"小个头"。山下俊彦要求在保持"小个头"的同时，实现巨大化。

松下幸之助毫不介意朝令夕改，他的经营方式也是悖论式、矛盾式的。只不过松下幸之助是在多次迷茫之后被迫变得矛盾，而山下俊彦却是不断磨炼之后，毅然决然选择的"悖论式经营"方式。

顺口一提，在"六一行动"发动36年后的2019年，斯坦福大学教授查尔斯·奥莱利三世（Charles O'Reilly）和哈佛商学院教授迈克尔·塔什曼（Michael Tushman）出版了著作《领导与颠覆》。两位教授倡导应该"在深化和有效利用既有资产及组织能力的同时，为探索和开拓做足准备"。持续增强既有的强势体制，同时开拓新的事业。这就是"悖论式"的经营模式。

两位教授表示，以前没有人考虑到要双手并用，实行"悖论式经营"模式，是因为之前很多经营者在探索和深化同时进行时，没有包容随之产生的矛盾的能力，也没有持续打破常规的勇气。

山下俊彦就是一个拥有包容矛盾的能力且勇气十足的经营家。

# 第9章
# 以人与感动为核心 "悖论式经营"全面铺开

1985年对于世界的产业史而言是划时代的一年。

这一年,微软的个人电脑系统Windows首次商品化,而在日本,日本电信电话公社也实现了民营化,被改制为日本电信电话公司。被日本政府支配了长达116年的日本通信市场终于放开了。曾是日本电气公司会长的小林宏治倡导"电脑与通信"(Computer & Communication,C&C),他还预测,电脑与通信的结合会引导世界走向辉煌的未来。世界朝着信息化迈出了巨大的步伐。

山下俊彦发动的"六一行动"让松下电器公司浸润在改革的风潮中。1985年,"六一行动"的各大项目陆续启动。2月,松下电子工业公司的新锐半导体基地鱼津工厂(富山县)正式运转。6月,半导体研究中心从总公司技术总部独立。8月,生产液晶显示器的石川工厂、负责工厂自动化的甲府工厂也正式投产。工厂自动化工厂用地正是山下俊彦在担任空调事业部部长的时期预备在甲府生产压缩机时提前买下的。9月,松下电子工业公司京都研究所也竣工了。

## 成为半导体的"领头羊"

销售方面也焕然一新。为了从销售层面辅助松下电器公司向综合电子企业转变，特别是向电子产业领域进军，原本总括负责非家电领域销售的特殊机械销售总部被大规模重组强化。特殊机械销售总部被分隔成：新的特殊机械总部、电子元件总部、设备机械总部三大总部，并新成立了系统工程总部。这四大总部共同构成松下电器公司的机电部门。

在此基础上，1985年机电部门的核心——特殊机械总部迁到了东京。对于总部在大阪的松下电器公司而言，这是一个重大决策。

负责机电部门的常务仲井光夫在担任音响事业部的部长时，曾经和谷井昭雄（后成为社长）一起强烈反对对外出售松下贴片机。他曾"威胁"精密仪器事业部的伊藤辅二，必须停止考虑外售。

然而，这次仲井光夫却站在了外售的最前线。他的立场发生了彻头彻尾的改变。"阿尔文·托夫勒①所说的'第三次浪潮'终于袭来了，我们将进入高度信息化的社会。机电部门正朝着综合电子企业迈进，我想成为牵引他们前行的机头，为他们打下坚实的基础。"

为了成为综合电子企业，松下电器公司准备重点强化办公自动化、工厂自动化、家庭自动化、新媒体和半导体五大领域。这被称作"五角形作战"，仲井光夫提出的目标是希望机电部门整体的年增长率能达到20%。

五角形的其中一角工厂自动化方面，松下电器公司在日本市场已是先锋队。松下电器公司工厂自动化事业的负责人是专务森田稔，他

---

① 美国未来学家。著有《未来的冲击》和《第三次浪潮》等。《第三次浪潮》一书称人类第三次浪潮为信息化浪潮，未来会出现跨国企业盛行、居家办公等现象。——译者注

掌管着生产技术总部，深得山下俊彦信任。森田稔创造的松下贴片机占据了组装机市场的七成，在1984年，他还展示了完全由松下自产商品构筑的无人生产线。

这条生产线主要由松下贴片机和九台组装机器人构成，再配上三辆无人搬运车和自动仓库，而控制整个生产线的也是松下电器公司自主研发的系统"操作7000"（operate7000）。以现在的角度来看，这套无人生产线也足够正规，毫不逊色。

当时森田稔骄傲地说："以前，工厂自动化只是概念先行，没有真正落地。但是伴随着通信技术、微机、传感器等的发展，工厂自动化的基础技术得以确立。我到现在才仿佛感觉到，松下其实掌握着了不得的技术。工厂自动化终于开始在工厂实际运用，进入了实操阶段。今年将是工厂自动化实现飞跃的一年。"

当时，日本工厂自动化整体市场为2300亿日元，松下电器公司占了其中14%。松下电器公司开启了工厂自动化的新时代，成为其他企业需要挑战的王者。

全公司上下都被热血奋斗的氛围包裹，就连三由清二也被"六一行动"热烈的气氛所吸引。松下电子工业公司的半导体部门自创业以来，一次赤字也没有出现过。不过，保持增长的秘诀在于，松下电器公司一直专注于公司内部需求较大的民用模拟半导体，而反映在"硅周期"①内的工业用电子半导体，松下电器公司却一直没有出手。

---

① 硅周期是指半导体业的增长起起伏伏，通常约每四年为一个周期。——译者注

每次只要下属提出要进军电子半导体领域，三由清二都会即刻否决。"这东西哪有市场？'日本电气公司有这么多掌握这项技术的人，我们也有很多掌握这项技术的人，所以是可以做的。'这种说法简直就是儿戏。"三由清二拳脚相加，将提案退了回去。

当初的三由清二在"六一行动"的浪潮下也发生了转变。他将电子半导体激进派的藤本一夫升任为松下电子工业的副社长，1985年身体状况恶化之后，三由清二将一切都托付给了藤本一夫。

藤本一夫仿佛跳跃一般使劲儿往前冲。"既然要做半导体，那就必须要成为半导体行业的领头羊。拔得头筹很重要。"1982年以前，松下电子工业公司完全没有涉及电子存储器领域。他们跳过了4千字节（KB）和16千字节，空降开启了64千字节存储器的研发。

1985年，松下电子工业公司开始量产256千字节的存储器后，产量迅速飙升至领军企业的一半。新社长藤本一夫表示："松下电工公司年末（1985年年末）即将推出1兆字节（MB）存储器的样品，明年（1986年）该产品将实现量产。另外，下一代4兆字节存储器也将业界首发投入市场。"这股势头强劲到让人难以置信。

发展存储器的同时，在计算机逻辑方面松下电工也积极进取。用于家电的四位计算机本就是松下电工自家的笼中之物，此外用于个人电脑的八位计算机，以及用于工作站的十六位计算机，松下电工公司也整顿了体制，确保能够全面覆盖。"我们是'六一行动'的排头兵。"藤本一夫发出了宣言。"整个半导体业界年增长率将达到15%。那么，我们必须要实现30%以上的增长。不管是科研还是投资，我们都要积极行动起来。三由先生曾说过要在十年内成为业界第一，我个人觉得，应该会更快。"

## 两家半导体研究所

事实上，山下俊彦还给三由准备了个"小把戏"，从背后推了他一把。山下俊彦把集团内首屈一指的半导体权威水野博之从松下电子工业公司挖走了，山下俊彦给水野博之准备的是松下电器公司半导体研究中心所长的职位。

水野博之是山下俊彦任松下电子工业零件工厂长时的直属部下。他曾受山下俊彦特许，接受特别优待前往伊利诺伊大学留学。水野博之留学期间直接受教的是凭借晶体管的发明获得诺贝尔奖的科学家巴丁。半导体方面的知识自不必说，在世界半导体产业的人脉方面，水野博之也是首屈一指的。

山下俊彦将水野博之挖走，构建了在总公司和松下电子工业公司双轨并行研发半导体的体制。而且，山下俊彦还投入200亿日元的巨资给水野博之领导的半导体研究中心，用以建设新楼。三由清二当时不可能心如止水。

"山下这是打算从松下电子工业公司，不是，是从我这里抢走半导体产业啊。我绝不允许这种事情发生。"三由清二心中一下子燃起了竞争的火焰。

在总公司的半导体研究所之外，松下电子工业公司决定建设自己的新研究所。所址就选在京都。三由清二直接和松下幸之助谈判，获得了东寺旁边的一块一级用地。新研究所的建设资金和总公司的半导体研究中心的新楼一样，也是200亿日元。对方预计1985年10月竣工，有鉴于此，三由清二将自己研究所的竣工日期设定在1985年9月。

山下俊彦当时心里估计想，"果然不出所料，真是好极了。"这么一来，松下电器公司内部就拥有了两个半导体的巨型研究所，合起来价值400亿日元，研发体制的扎实程度已经和过去不可同日而语。特别是京都新址的地理位置很重要。京都大学的教授可以轻松前往，东京大学的教授也会说，"下新干线之后走几步就到了，可以去玩玩"。另外，松下电器公司对半导体事业的认真程度也能通过这个研究所起到很好的宣传效果。

山下俊彦在公司内部也积极宣传半导体。1985年7月1日刊的《松下电器社内时报》花了整整两页的篇幅做了一期半导体的大特辑。标题看得人心潮澎湃。"我司工业用半导体阵容已集结！""虽统称半导体，但从晶体管到超大规模集成电路，我们公司半导体产品种类和功能丰富多样！"

半导体，半导体，半导体。没有电子半导体的飞跃，就没有松下电器公司向综合电子企业的转换。过去的收音机中的真空管、电视机中的显像管、空调和冰箱中的压缩机，洗衣机内的马达，微波炉里的磁控管等，这些最基本的元件松下电器公司必须自己生产，并以此为起点不断推进制造技术的发展。

这是制造业人取得胜利的基本方程式，也是松下电器公司的传统。综合电子产业的基本元件自不用说，指的就是电子半导体。山下俊彦忠实地坚持了松下电器公司的传统。

# 让人发"狂"

在坚实地维护传统的同时，山下俊彦事实上已经启用水野博之作为公司的半导体总指挥官，由此掀起了一场"文化革命"。

山下俊彦一直在挖掘不被条条框框束缚的异类人才。他找到了第一任参谋铃木忠夫和第二任参谋佐久间昇二。然而，在他的老朋友中也有一位出众的异类，那就是水野博之。

水野博之1952年从孕育了汤川秀树①的京都大学理学部物理学专业毕业。水野博之刚进公司时，穿着拖鞋上班。33年后当他就任董事会成员之时，整个人的感觉还和一开始完全一样。水野博之在接受公司内部刊物《松风》的采访时也口无遮拦。

"上司给的评价不好，奖金少，我觉得这些都不算问题。自己觉得必须要做的事，哪怕和公司的方针多少有些不同，只要自己认为对公司有好处，就可以做。就算结果不好，但是路都是自己选的，没什么可抱怨的。"

"别人怎么想，自己会不会因此负一些奇怪的责任，要思考这些问题，就需要分散一部分精力。那也太没意思了。如果公司里出现许多小组织，一味地将精力分散到考虑这些事情上，那就完蛋了。"

"不是想着公司能不能认可我，而是要让公司认可我。如果你足够积极肯干，又有正确的先见之明，那么公司一定会认可你。如果公司里有许多内心强大的人声势浩大、吵吵嚷嚷着要干这干那，那就让

---

① 汤川秀树，日本物理学家。1949年诺贝尔物理学奖获得者。——译者注

他们去干干试试。这么下来会很有意思的。"

水野博之认为，大踏步迈向电子半导体行业时，最大的障碍是松下电器公司的"文化"。松下电器公司一直以来信奉现实主义，只要看不到实际成果就选择不相信。然而，半导体产业无法立竿见影，不能即刻看到成果。在看不到成果的状况下，投入几百亿日元，要等数年之后，或许才能收回几千亿日元的销量。半导体的业态就是这样。

所以，水野博之才会说："让人发狂。"山下俊彦借水野博之之口表示："是否每一名职员都拥有这样的想象力、勇气以及癫狂般的精神力量，这将是决定性因素。"

水野博之不仅与松下电器公司的规则相距甚远，在世人的眼光看来，他也是个十足的异类。在大型计算机全盛之时，他就预言了大型计算机的末路。

硬件（半导体）靠不住，导致软件部分也产生负担，电脑厂商必须配备极大数量的系统工程师。最终，大型计算机演变成了一个巨大的软件组装物。

然而，半导体的集成度革命性地提升之后，状况彻底改变。引用水野博之的话，那就是"将软件切换回硬件了"。这么一来，以前的巨大软件组装物就变得一文不值了。

电脑的结构本身也发生了根本变化。此前电脑的冯·诺伊曼结构①中，只有1个"大脑"在按顺序计算。然而，新一代的并行处理计

---

① 冯·诺伊曼结构是指计算机在运行时将指令和数据从存储器读入控制器，将指令解析后执行，数据则送到运算器进行相应处理。——编者注

算机内却有1000个、10000个"大脑"（16位中央处理器）同时并行计算，速度也变为了之前的1000倍、10000倍。并行处理计算机的发展与半导体集成度的无限提升相结合，最终应该会发展成为芯片化的人工智能。

水野博之意气昂扬地表示："计算机的概念将改变。国际商业机器公司将面临困境。自由企业将占据有利地位。而我们松下电器公司就是日本最大的自由企业。"

松下电器公司1964年就从日本的大型计算机计划中退出了。此后20多年在大型计算机方面什么也没做，反而成为松下电器公司的一大机会。

## 智能家电，最后开放的花

那么，芯片化后的人工智能会走向何方呢？最终一定会被运用在家电上。水野博之对此十分确信。水野博之预言了智能家电的时代。他在《孕育技术的眼睛》一书中这样写道："所有新技术最终都将在家电中绽放出最美的花。"眼前就有一个实例。从前录像机只是电视台专业人士专用的工具，如今这一技术普及成家用录像机，一跃成为支撑松下电器公司发展的空前大热商品。

以前，松下幸之助曾说："一个家庭中有多少台马达，大概就是判断家电进步的标志。"现在，由一个家庭中有多少个人工智能来衡量家庭文明程度的时代确切地到来了。如此，胜利就被我们收入囊中了。

水野博之成功预测智能家电将在20世纪90年代后半期登场。

最终都会应用到家电领域。可是，在开出"最美的花"之前，人们肯定不能袖手旁观，什么也不做。重要的是，在那一刻到来前，人们必须要准备些什么。

人工智能其实就是电子半导体。在那之前必须要强化电子半导体的实力。然而，身边的家电中安装电子半导体的数量微乎其微。松下电器公司刚着手生产的电子储存器，自家消费比也只有两成。大量使用电子半导体的还得是工业电子产业。半导体技术本身的发展与工业电子产业同步。

因此，要想将电子半导体做大做强，松下电器公司的首要任务是要发展和扩大自家的工业电子产业。这是水野博之内心思考整理后得出的结论。

山下俊彦发起了"六一行动"，并提出"要将研发投资的70%和设备投资的80%集中投入未来有发展空间的领域"时，松下电器公司内部担忧的声音此起彼伏，大家想："松下电器公司这是要丢掉家电的老本行吗？现在家电还在赢利，就这么对待家电业务真的好吗？"水野博之的这套理论正好有效地抚平了员工不安的情绪。

山下俊彦从事电子技术的决心还体现在他让松下电器公司回归日本的国家电子计算机计划上。松下电器公司参与了日本"第五代电子计算机"的研发。

松下电器公司负责与日本通商产业省交涉的是野田克彦。野田克彦曾经在日本电子技术综合研究所（现更名为日本产业技术综合研究所）担任过电子计算机部的部长，后来被松下电器公司聘为顾问。负责指挥第五代电子计算机研发的渊一博算得上是野田克彦的学生，但即使这样，松下电器公司重回国家计划的交涉也不容易。

野田克彦援用了"水野理论"。"重新加入并不容易。松下电器公司20多年前曾主动退出，现在又想再加入，这可不容易。我跟通产省说，通产省的基本工作不就是培植工业产业，赚取外汇吗？有能力赚外汇的就是民生类产业（家电）。如果民生类产业的信息处理能力落后于时代，通商产业省将痛失所爱；但如果发展顺利，将能为日本增加外汇收入。"

松下电器公司派出了30多名技术员参与第五代电子计算机项目，主要负责自然语言理解和图像理解。做出这一决定，山下俊彦下了很大决心。当时野田克彦曾表示："山下理解得很透彻。我们偶尔还一起深入交谈过。"

此时，松下幸之助对电脑的态度也发生了变化。"我不记得自己曾说过要停下所有电脑相关的项目。就算我说停下，也没人会停。如果真的想干，那就说清楚啊。"

"六一行动"也影响到了松下幸之助。


## "人力车不会消失"


"六一行动"的综合电子企业战略由五个部分组成。

办公自动化、工厂自动化、家庭自动化、新媒体和半导体这五个部分中，工厂自动化有实际业绩，松下电器公司也熟悉当地情况，而半导体的势头也正强劲。

棘手的是办公自动化。在办公自动化方面，松下电器公司采取了聚焦个人电脑、文字处理机、电话、传真机和复印机五大领域的作战计划。在这五大领域中，松下电器公司有强有弱。松下电器公司在传真机领域拥有极高的市场占有率，在电话和文字处理机领域也处在领先地位，而在个人电脑和复印机两个领域较为落后。

当时，日本个人电脑市场中，日本电气公司一家独大。国际商业机器公司在自家电脑上安装了微软的Windows系统，结构变化的迹象已经开始显现。然而，包括松下电器公司在内的日本各家电公司步调一致，依旧不温不火地继续采用游戏的计算机系统。松下电器公司研发的16位中央处理器系统"操作7000"的前景也不明朗。

不过，山下俊彦对个人电脑的状况很冷静。"要说担心也确实担心，但是就算现在着急忙慌去追赶也只会累得气喘吁吁，还不如坦率地承认已经落后，定下目标，几年后必须追赶上。"

真正感到危机的其实是复印机领域。当时，办公用复印机的需求较高。可以说，当时得复印机者，得自动办公产业的天下。然而，松下电器公司1980年才成立专门的复印机事业部，进入市场较晚。

也不是没有力挽狂澜的秘密策略。比如，可以让松下电器公司在业内遥遥领先的传真机与复印机领域合体。两者在读取、记录和印字等技术层面有许多相通的部分，合体后能将传真机成功的经验移植到复印机上。复印机如果成功，松下电器公司在办公业界内的存在感会有质的飞跃。这本该是一记绝招。

负责传真机的子公司是松下电送公司。松下电送公司的前身是东方电机公司，第二次世界大战前曾是日本同盟通讯社的技术部门。

1962年，东方电机公司在濒临破产时被松下幸之助接手。当时还没有"传真"这一词，还叫作"摹写电信"。

承诺接手之后，松下幸之助在从东方电机公司回程的车里对旁边一名36岁的职员说了句话："你去吧。"这位职员就是木野亲之。后来，木野亲之被任命负责松下电送公司的经营。

木野亲之是个特别的职员。他曾经担任过自己母校某工业高中的教师，后来重新考入大阪大学。木野亲之在学生时期对松下幸之助的"通过繁荣实现和平与幸福"活动产生了强烈共鸣，于是毛遂自荐，入职了松下电器公司。木野亲之和松下幸之助夭折的长子松下幸一同样都是1925年出生，或许因此松下幸之助才对木野亲之多加关照。

山下俊彦想要将公司的办公自动化事业都交给木野亲之，如果将办公自动化全权委托给木野亲之，传真机和复印机自然就一体化了。然而，木野亲之却没有答应。30多年之后，木野亲之讲述了自己当时的想法。

"山下透过城阪（俊吉）跟我说：'做集团办公自动化事业的负责人吧，木野先生，请务必接下这一职务。'他都说到这个份上了，我也觉得自己不做点什么不行了。但我还是拒绝了他。"

城阪俊吉作为松下电器的专务，负责集团的技术经营，同时兼任松下电送公司的副社长。可能山下俊彦想，城阪俊吉的话应该能说服木野亲之吧。

复印机只需要纵向地"自上而下"临摹即可，但传真机却需要横向的通信功能，木野亲之一直认为两者本质上完全不同。但是，木野亲之拒绝山下俊彦的最大理由不在于此，而在于松下幸之助的一句话。

东方电机公司重建开始后没多久，木野亲之对传真机的未来感到担忧，他认为应该开始复印机这一新业态。他跟松下幸之助汇报说今后将转向兼营复印机的多业态经营，很意外得到了这样的答复。

"你知道人力车吗？在汽车飞驰、飞机翱翔的年代里，人力车依然存在。你知道这是为什么吗？因为拉人力车的车夫还在。不管市场怎么缩小，只要经营者和技术员还保有强烈的生产热情，你的工作就不会消失。只要有车夫在，人力车就不会消亡。不过，一旦车夫抛弃了人力车，人力车就真的会从这个世界上消失。"

木野亲之觉得很困惑，紧紧抱着缩小的市场能有什么未来。木野亲之一宿未眠，早晨醒来后他发现，如果不能将一项事业贯彻到底，只会一事无成。这是松下幸之助说的话。

"一人一业"是事业部体制的根本。于是，木野亲之一直专注于传真机事业，他集中精力实现核心零件的自主制造。在此之前，传真机的核心零件、读取装置都完全依赖外部。木野亲之早就抛弃了机械读取方式，转换到依靠图像传感器的光学读取方式。松下电器公司在图像传感器的研发上取得成功后，集团的自主制造率取得飞跃，传感器的成本也降低到原来的百分之一。

山下俊彦就任社长的1977年，松下电送的传真机在日本国内的照片传真系统业界市场占有率为100%，在银行的汇兑及数据通信系统业界市场占有率达95%。可以说，取得了巨大的成功。

木野亲之一直坚持"一人一业"是正确的价值导向。"如果我接受了山下的请求，或许集团就能整合包含松下通信工业在内的所有办公自动化相关的资源了。我当时或许真的太固执了。虽然我有反省，但当时我的脑子里只有总顾问的话。"

"六一行动"与事业部体制正面冲突，产生了不好的影响，这就是个典型的例子。

## 并购无法让人感动

木野亲之虽然固执地坚守着松下幸之助的教诲，却也同样拒绝了松下幸之助的请求。在被山下俊彦请求全权负责集团的办公自动化事业之前，松下幸之助带着并购的消息找到了木野亲之。并购对象是"日本复印机行业里具有代表性的公司"。松下幸之助曾经用"一人一业"的理论说服木野亲之放弃进军复印机行业，现在又说要收购复印机公司。松下幸之助就是这么个灵活多变的人。

据木野亲之说，松下幸之助当时亲自来到位于目黑的松下电送公司。"应该银行也跟总顾问接触了很久。可能总顾问心想，既然银行都这么说了，那就试试看吧。于是他就来说服我，让我整个接下那家生产事务机械的公司。没有比当时的情况更让我头疼的了。我拒绝了总顾问的请求，空前绝后，有且仅有这一次。从技术层面讲，复印机比传真机容易，很轻松就能制造出来。但我说，这不是松下电器公司该做的事情。我坚持了自己的想法。"

当时，木野亲之应该正忙着向世界输送传真机"一人一业"的理念，无暇顾及其他。

秉持"一人一业"观念的松下幸之助同时又是并购的王者。救助松下电送公司的前身东方电机公司就是个很好的例子。仅第二次世界大战后，松下幸之助就先后于1952年将中川机械公司（后来的松下冷机公司）、1954年将日本胜利公司纳入麾下，1956年将大阪电器精器公司（后来的松下精工公司）纳入麾下。对松下幸之助而言，并购就是开拓事业疆域、提速经济增长的原动力之一。"六一行动"中，如果急于向综合电子企业转换，那么收购外部企业应该也是有力手段之一。

但是，山下俊彦的字典里却没有"并购"这个词。山下俊彦接到了很多包括半导体企业在内的并购项目，但在他担任社长的9年中，没有实施过任何一个。这里蕴含着山下俊彦自己的哲学思想。

1985年，美国通用电气公司的首席执行官杰克·韦尔奇是当时闪耀着超级巨星光芒的企业家，他断言"一家企业如果不能做到行业内数一数二，就毫无用处"。韦尔奇频繁并购和重组企业。山下俊彦对韦尔奇报以批评的眼光。

"那种经营方式只有韦尔奇能做到。况且就算收购了企业，并不意味着就把技术都学到手了。韦尔奇把事业与股票等而视之，根本不考虑人的因素。哪怕真的以那种方式取得经营上的成功，最终感动的也只有韦尔奇自己吧。"

并购不考虑人的因素，也无法让人感动，这与山下俊彦所推崇的经营方式完全相悖。

或许大家会回想起山下俊彦在发动3000人规模的人事大变动时说过的话。

"人生说到底就是感恩和感动。你的一生有多少次感动的机会？所谓经营，就是看最终能创造多少让人感动的机会。"人与感动是山下俊彦经营理念的核心。"先要感动自己。虽然我总是词不达意，但我的心情能够传递给每一位事业部部长，并打动他的心。然后，事业部部长又将这份感动传递到生产一线，让一线的工人感动。我们所谓的领导能力应该就是指这种东西。"

山下俊彦在入职典礼上发表过训示："在这个高度信息化、机器人普遍出现在日常生活的社会里，我们强烈需要的是感动。工作中是否能够让对方感动显得很重要。要让别人感动，必须先要自己感动才行。"

比如美国明尼苏达矿业及机器制造公司（3M公司）的经营方式，就能带给人感动。美国明尼苏达矿业及机器制造公司的厉害之处可以用数列表示：10、15、20、25。山下俊彦最感动的就是当中的"15"。美国明尼苏达矿业及机器制造公司允许员工将工作时间的15%自由用在工作以外的其他活动之上。"公司只要求增长率达到10%，营业利润率达到20%（准确地讲，还要加上一条：五年内新产品率达到25%），剩余的就交给各项目组自行决定。任何人都可以提意见。这和松下电器公司完全不同。这种经营方式应该能带给人感动。"

但是，不可能一蹴而就迈入美国明尼苏达矿业及机器制造公司那种模式。不过，"六一行动"这样的产业结构改革运动能带来很大变化。在企业发生变化的同时，员工自己也必须随之变化。困惑过，痛苦过，挑战过，最后就是变化带来的欢乐。为了人事大变动能够达到这样的效果，变化就必须创造"感动"的机会。如果通过并购，从外部整个移植一个产业过来，员工什么也得不到，眼看着自己发生变化后产生感动的机会就这样被夺走。实在是太可惜了。

1985年，美国通用电气公司决定收购美国无线电公司。当时，一名美国无线电公司的家电部部长和山下俊彦是老朋友，他还欣喜地对山下俊彦说："终于能去更大的平台发展了。"可是，两年后（1987年），通用电气公司就将家电部门整个卖给了汤姆森公司[①]和贝塔斯曼公司。那位家电部部长露出的失望神情，令见者落泪。

山下俊彦认为，松下电器公司的结构转换充其量也只是用公司内部的能量实现有机循环。在这一点上，山下俊彦并非无法理解松下电送公司的木野亲之拒绝并购的想法，只是，在公司内部有机地做出改变之时，如果只一味拘泥于自己负责的事业，或许也和韦尔奇并无两样，感动的只有自己而已。这样也就等同于剥夺了变化可以给员工带来感动的机会。于是，山下俊彦做出了一项决断。

1983年，"六一行动"项目启动，木野亲之从松下电送公司的社长职位上退了下来，担任会长职务。正是山下俊彦把这位重建松下电送公司的功臣，掌管松下电送公司21年之久的松下幸之助的亲信拉下马来。

不过，山下俊彦也有为木野亲之考虑。松下电器公司每个月会召开一次各子公司的负责人会议，参加这项会议的人仅限于各公司的社长，山下俊彦破例允许松下电送公司派会长和社长两人参加。这样也算稍微保留了些木野亲之的尊严。

木野亲之很感激山下俊彦。"山下虽然性子很直，但其实也是个感性的人。后来我就任日本电报电话公司数据通信公司的董事时，他也

---

① 汤姆森公司2008年并购路透集团后更名为汤森路透公司。——译者注

替我高兴。他还对我说，'比起留在松下电器，那里更适合你！'"

## 只说一句"哦"

在"六一行动"项目下，山下俊彦推广了"悖论式经营"的模式。一方面，他给予总公司强大的指挥权，另一方面他又抑制总公司的权力。一边朝着综合电子企业大阔步迈进，一边主张学习风一吹就倒的小工厂的体制。在坚持事业部体制的同时，也不畏惧部分修正这一制度以及随之而来的负面影响。

"六一行动"在各个领域引发了摩擦和纠葛，用山下俊彦的话说，也因此创造了"感动的机会"，掀起了很大的浪潮。离总公司很远的事业部或关联公司也在"六一行动"中取得了很大的成就，这一事实足以说明"悖论式经营"的魄力与深度。

有一家公司名为松下冷机公司，业务是生产冰箱，前身是中川机械公司。中川机械公司的创始人中川怀春一直在公司内有很强的影响力。因为松下冷机公司本身也是上市公司，所以普遍认为这家公司与松下电器总公司的关系很远。

从物理距离上看，两家公司离得并不远。松下冷机公司位于草津市，与山下俊彦曾经担任事业部部长的空调事业部隔街相望。

"六一行动"启动时，松下冷机公司的社长是青木节夫。虽然两个人工作地紧邻，但在空调事业部工作时，山下俊彦也就在合作公司的新工厂竣工典礼上见过他而已。当时，十分钟里有八分钟都是青木节夫在说，青木节夫以为山下俊彦是个沉默寡言的人。

两人几乎没什么接触，思考方式却几乎一模一样。如果下属说："我想这么做，您觉得呢？"青木节夫就会发怒。青木节夫不喜欢"您觉得"这个表达。为什么不直接说"我想这么做"呢？"这件事不是我做，是你做。"

松下冷机公司还是中川机械公司时，实行的是工厂制，1967年起导入了事业部体制。青木节夫为事业部体制的确立倾注了心血。"真的是自主经营，自己承担责任。一边说着'好的，就这么干，我来干！'，一边发力去干很重要。自己鼓足干劲去工作，这很关键。即使失败也好，一定要干！不要站在田埂上观望，要奔向田野里。现在我们公司的员工就算是大学毕业生也都得去田野，大家都不讨厌全身沾满油污。"

松下冷机公司的人不太关心总公司如何。贯彻自主经营思想后，终于结出了丰硕的果实。他们大胆地将冰箱的核心零件——压缩机的生产移到了海外。新加坡松下冷机公司自主研发了"S"型压缩机，并且从铸件到贯通生产，整个体制都已经建立起来了。1985年，受《广场协议》签署影响，日元开始大幅走高，事业部部长对青木节夫说："我们将大方向转到新加坡松下冷机公司吧。"青木节夫回忆说："当时我只说了一句：'哦'。"

于是，新加坡松下冷机公司新建了两条生产线，松下冷机公司的国外生产比率从三成提升至六成。因为从放弃自主研发压缩机的冰箱厂商处获得了大量订单，松下冷机公司的压缩机产量达到了1000万台。这一数字是第二名的厂商的2倍，一跃成为世界第一。

1987年9月，该年度上半年结算数据显示，新加坡松下冷机公司新生产线完全起用之后，松下冷机公司的一般收入同比增长了66%，实现了大幅度的提升。被誉为"成熟家电之最"的冰箱领域，社长只点头说了一句"哦"，就让员工自主经营。之后，零件外售事业被拓展为新的增长极，从而实现了"六一行动"的主题——事业构造的"产业化"。

不仅零件，松下冷机公司的主业冰箱生产也发生了大变化。松下冷机公司制造了业内首款无手柄（冰箱门把手）的轻薄型冰箱。现在无手柄冰箱已十分普遍，但在那之前，人们是通过手柄的形状区分产品新旧的。一说要取消手柄，大家就在研发会议上吵得不可开交。

如果取消手柄，设计会变得更清新、更高级。这么一来，一个新想法油然而生：在继续保持细长视觉感的同时，将容量由原来的300升提高至350升。门把手嵌入冰箱内侧，并提升冰箱容积后，以往的隔热材料已不适用，于是他们又研发出了效率更高的隔热材料。另外，为了凸显好不容易创造出的高级感，他们决定放弃涂漆装饰，改用树脂薄膜创造出油漆般的光泽感。就这样，新想法一个接一个不断地涌现了出来。

无手柄款式的冰箱瞬间风靡日本，市场占有率超过了40%。青木节夫说："大家都是第一次做，所以其实我也可以从自己的角度提一些意见。但是，我只说了一句：'哦。'就这一句。最终是员工创造出了这样的产品。"

松下冷机公司当时被"变革"的火热气氛包裹着。

# 总公司不会救你

九州松下电器公司也是个很好的例子。九州松下电器公司的工厂完全布局在九州岛上，与松下电器总公司的距离很远。九州松下电器公司和松下冷机公司一样，也是上市公司。此外，九州松下电器公司也坚持事业部体制，具有极强的自主性，程度甚至超过了松下冷机公司。不过，不知不觉间九州松下电器公司竟然成了"六一行动"的"领头羊"。

1955年，高桥荒太郎接受福冈市政府的请求，接下了橡胶公司巨大的厂区，而这里就成为九州松下电器公司的发源地。九州松下电器公司从松下电器公司接过电线杆变压器、井水泵等产业，依靠水泵马达技术而制造的电动铅笔刀是他们首次自主研发成功的产品。九州松下电器公司与急速发展的家电产业几乎毫无关联。

真正意义上将九州松下电器公司逼到穷途末路的是1974年和1975年的石油危机。转瞬之间，九州松下电器公司就变得无事可做，每天只剩下除草和擦玻璃，公司随时面临倒闭的危机。然而，员工却不太在意，他们觉得："反正我们是松下电器公司的一员，无论如何最后母公司都会救我们。"

当时九州松下电器公司的社长是高桥荒太郎的下属青沼博二。青沼博二将员工这种幼稚娇气的想法彻底粉碎了。"你们听好了，就算工厂报废，成了破铜烂铁，松下电器公司也不会救咱们！你们那种思想，在松下电器公司里根本就不存在。"

青沼博二自己也觉得公司可能会破产。他像患上胃穿孔一样疲惫难受。"事业部体制就是让每家企业自负盈亏。所以我们只有靠自己开拓新产业。""既然母公司不帮我们，那我们就只能做母公司不做的产业。"于是他们选择了工业电子产业和进军海外市场。就这样，九州松下电器公司提前十年意外地开始了"六一行动"。

九州松下电器公司看上的成品是录音电话，出口海外的零件则是用于显示器的偏转轭、用于集成电路的引线架和电脑用磁头。他们将目标定得多样化，并将此称作"多角度经营"。

九州松下电器公司的新事业是员工用脚探索出来的。他们虽然派了50人常驻海外，但在此基础上还经常派技术员与销售员一起探访海外市场。这一人数每年达到了四五百人。青沼博二认为，"产品能不能叫好叫座，责任先在设计上"。因此，他让技术人员直接去海外市场感受产品的优劣。

卖东西的人参与制作，负责制作的人参与售卖。九州松下电器公司的员工还走访了购货商的仓库。一旦发现库存过多，他们就自主调整出货数量。这既是为顾客着想，也是为自己着想。

追求产销研的一体化本来就是事业部体制的大原则。九州松下电器公司彻底贯彻并深化了这一理念。

他们在降低成本方面也很努力。"六一行动"进行得最如火如荼时，受突如其来的《广场协议》影响，青沼博二打出了"成本减半，杜绝次品"的口号。青沼博二说："成本降一两成，说起来都觉得麻烦。直接喊出砍半的口号，人工和其他费用都包含在内了。"

在磁头方面，他们将用于切削原材料铁氧体的锯刃尽可能打薄，如此一来，同一份原材料能制造的个数从15个增加到了20个。他们还研发了零件自动装卸装置，一个人负责的机械台数也由2台变为4台。如此种种，不一而足。如果目标没有达成，他们就从设计层面开始重来一遍，一直到达到目标值为止，循环往复。

"六一行动"历时3年半。项目结束时，九州松下电器公司产品在全球市场的占有率排名分别为：录音电话首位、电脑用磁头占比五成、偏转轭占比三成。工业电子产业化在九州开出了"最美的花"。

九州松下电器公司能成功实现产业结构的改革，其原因在于石油危机后体会到的恐怖感。"没有人会救我们。"事业部体制带来的恐怖感促成了他们的成功。

时任九州松下电器公司专务的河野昌孝曾感慨："无事可做是最痛苦的。这辈子不想再遭遇那样的窘境了。只要削减成本，工作就能继续做下去。本该明天做的事今天先做了，本来要花费一个月时间的事情半个月内就做完。当时大家都这么想。"

山下俊彦在发动"社长项目"时曾对年轻员工说："社长命令才做，社长没命令就不做，如果公司的体制变成这样，那就完蛋了。"而九州松下电器公司内部成功形成了员工即使没有收到指令也会拼命干的体制。


## 松下寿电子工业公司：自成一格的经营方式

还有一家离总公司很远的公司不得不提，那就是松下寿电子工业公司。

松下寿电子工业公司和松下冷机公司、九州松下电器公司一样，都曾经是上市公司。而且，松下寿电子工业公司的创始人稻井隆义还被山下俊彦解除过总公司副社长的职务。

稻井隆义是位活在传说中的人。松下寿电子工业公司的总公司位于四国岛上的高松市，稻井隆义被称作"四国的天皇"。这位"天皇"连飞机都能叫停。据说稻井隆义在车里打了个电话给机场，机场就把飞机的出发时间延后到了他登机之时。

稻井隆义是松下幸之助的远亲，刚开始是做松下幸之助的司机。第二次世界大战结束后，他暂时离开了松下电器公司，自己创立了寿电工公司。寿电工公司上市后，依靠松下电器公司的出资，又重新回到了松下电器公司的怀抱（松下电器公司出资比为56%）。这一经过稻井隆义曾这样描述："公司本来可以保留寿电工这个名字的，但松下正治说加上松下，改名为松下寿之后，或许能得到更多人支持。我的经营方式？我的经营方式就是一切按我自己的风格来。"

松下寿电子工业公司最早做的是红外线暖炉，接着又生产了录音机和电视机，公司内外逐渐都认可了松下寿电子工业公司"制造达人"的地位。稻井隆义一碰到机器就会说："不行。""这不明显在震动吗？这种机器造不出好东西来的。""这个产品不应该用框架来组装，底板这种东西一定要用模铸才行。"公司按稻井隆义的要求做了之后，果然产品不再变形，达到了想要的精度。

如前文所述，松下寿电子工业公司在自主研发"VX2000"规格的录像机时一败涂地。然而，出口美国的家用录像机还是交由松下寿电子工业公司全权负责。起决定作用的是松下寿电子工业公司首屈一指的低成本。

稲井隆义所谓的"自我风格"，其实就是"自负盈亏"。录像机模具、调谐器自不必说，小到一颗螺丝钉他都要求自主生产。零件一旦外购，零件商必然从中赚取差价。自主生产之后，不仅成本降低了，质量管理也能做到万无一失。"如果零件次品率为零，组装次品率也为零，那么成品率肯定能达到100%。"这就是稲井隆义的核心思想。

顺便说明一下，稲井隆义就连自家的松下电子工业公司也不信任，所有外购的集成电路都要检查。稲井隆义曾发表过豪言壮语："目前为止（截至1986年）出口美国的录像机累计约2000万台，我们一次也没有接到过顾客的次品投诉。"

不仅如此，工厂的自动化也很极端。生产机械零件的爱媛县大洲工厂当时的生产线已近乎无人化，同县负责组装的西条工厂中，工作的主力也是松下贴片机和组装机器人。同时，这些自动化设备还在加速折旧。法定折旧七年的设备三年就定率折旧，以回收资金。土地不能折旧怎么办呢？在购买大洲工厂用地时，大洲市政府相关部门的要价与松下寿的心理预期有差距。稲井隆义说："地价太高，我们肯定买不了。不过差的部分我们可以以融资的方式返还给地方政府。就用我们纳的税来抵扣吧。"

松下寿电子工业公司和九州松下电器公司一样，对客户也毫不客气。他们会经常直接确认委托方的库存，库存一旦超过一个月，无论对方怎么要求，他们都不会生产。

松下寿电子工业公司给出了一组令人震惊的数字。1985年松下电器公司的总资本一般利润率不到12%，而松下寿电子工业公司的这一数据却达到30%，是松下电器公司的1倍还要多。毋庸置疑，被解除总公司副社长职务之后，稻井隆义以气吞山河的势头贯彻了"自我风格经营"的理念。"六一行动"的主题除了结构转换，还有一点是强化体制，松下寿电子工业公司在这方面无人能出其右。

这不仅让松下寿电子工业公司生产的家用录像机在美国市场地位稳固，毫不动摇，稻井隆义摆出的这一数字还刺激松下电器公司自己的录像机事业部和日本胜利公司产生了强烈的自我革新意识。

"六一行动"项目期内，录像机事业部统一了冈山、门真北、门真南、山形四大工厂的管理标准，构建了按项目分类，统筹管理全公司录像机业务的制度。通过明确各项目的收支状况以及共享自动化和自主生产的先进知识，录像机事业部将产能一口气提高了两成。

日本胜利公司则立足于自己存在的根基，进一步打磨了研发能力。他们研发出只有普通家用录像机录像带三分之一大小的小型录像带，拓展了家用录像机产品系列，创造了可以向录影机过渡的跳板。1985年，录像机的普及率超过了30%。

包括松下寿电子工业公司、日本胜利公司在内的松下电器公司录像机小分队成为松下电器公司内最赚钱的区块，它们为"六一行动"的结构转换运动不断提供原始资本。从这个角度来看，稻井隆义算是"六一行动"项目的一大推动力量。

不管是松下冷机公司还是九州松下电器公司和松下寿电子工业公司，这些离松下电器公司很遥远的子公司为什么会这么强呢？正因为它们离得远，所以个体的主体性才能得到充分发挥。

山下俊彦在总公司强势地指挥着"六一行动"的开展，同时他也知道，只有个体自发行动时，能量才会达到最大。他使用了集权与分权的组合拳，所以说他的经营方式是"悖论式经营"。

山下俊彦不惧怕不和谐的声音。

九州松下电器公司实施多点经营后，在录音电话领域与松下通工公司"撞车"了，在光盘领域、文字处理机领域又分别和松下电送公司、松下电器总公司重合了。青沼博二曾信口说道："在公司内部我们确实沟通过，但我觉得就算在公司内也需要有些竞争。毕竟经营是自己的事情。"

这样也好。山下俊彦坚持重组音响和厨用家电部门。不过，一旦在正在发展的领域畏惧摩擦，就会失去前进的动能。那些不和谐的声音反而会孕育新的发展机会。让每个个体都充分发挥他们的主观能动性。无论是主张经营是自己的东西的青沼博二，还是强调按自己的方式经营的稻井隆义，山下俊彦都将他们吸纳进了"六一行动"这组交响曲中。

松下寿电子工业公司的创始人稻井隆义有句口头禅常挂在嘴边。

"既然是公司，就有可能会在某一天倒闭。但是，就算要倒闭，我们公司也要最后一个倒闭。我对所有人都这么说。"

这一点和山下俊彦发动"六一行动"项目时的想法完全一样。


## 大荣超市对策和"零售店变身"

插叙一则后来发生的轶事。山下俊彦不做社长后，有一次被邀请去演讲，他很开心地讲述了一家电器零售店的故事。

该零售店的正对面开了一家大荣超市。零售店的产品在价格上根本无法跟超市竞争。但是，店主却从没考虑过要关店。

店主转遍了东京所有的超市，仔细观察了超市的电器卖场。他发现，只有几款海报商品比较便宜，其余的商品并不便宜。而且店员基本和顾客之间没有交流，配送也很耗费时间。于是他想，看来就是要在这方面下功夫了。

他保证2小时内配送到家，一旦有顾客请求上门修理，他即刻前往。上门之后，其他家电设备也一并检修。他用心与顾客沟通交流，后来，店面的口碑提升了。哪里用得着关店啊，他甚至还新开了两家店。

店主感慨万分地对山下俊彦说："我一想到如果这家超市没开会怎么样，心里就会吓得直哆嗦。我很感谢这家超市。因为它，我才知道了什么才是真正的做生意。而且，我与家人之间的关系也变得更紧密了，我儿子也愿意继承我这个店。"

即使境况很艰难，不对，应该是正因为境况艰难，才能通过努力开辟新道路，进而产生感动的情绪。山下俊彦是这么认为的。不过，这样的零售店只是极少数的。

山下俊彦启动 "六一行动" 项目之后，许多零售店都有很大动摇。量贩店的急速扩张本来就挤压了零售店的生存空间。这时坊间又开始流传，松下电器公司正在朝着综合电子企业转变。一些媒体称，"松下意欲脱离家电产业"。零售店普遍担心卖家电的自己会被松下电器公司抛弃。

山下俊彦对此感到很意外。正如 "水野理论" 所说，综合电子产业最终且最大的成果会落脚在家电领域。到那时，如果松下电器公司在日本的2.7万家零售店仍存在，就能从中获得巨大利益。

山下俊彦心想：如果不能将零售店的不安情绪转变为机会，

"六一行动"就不会结束。"六一行动"启动半年后,山下俊彦免去了"六一行动"项目策划人佐久间晁二的经营企划室室长职务,任命他担任家电营业总部的部长。

山下俊彦在1982年将时任横滨营业所所长的佐久间晁二提拔为中部地区总括部部长时,应该就已经想好未来一定要让他负责家电流通改革。有证据可以证明这一点。

佐久间晁二被选为董事会成员时发生了一个小插曲。工会方面提前掌握了佐久间晁二升职的消息,于是闹了起来。工会是这么宣泄不满的:"佐久间是曾经与公司发生过冲突的反叛者,而高畑(敬一)是缓和劳动者关系的功臣。将大功臣放一边置之不理,反而将反叛者任命为董事会成员,有这样的事吗?"

佐久间晁二比高畑敬一还小两岁,而且他还做过一年工会副委员长。确立劳动者关系协调发展路线的正是高畑敬一。自那之后,高畑敬一深得松下幸之助的信任。

工会方的人应该直接投诉到松下幸之助那里去了,于是最终两个人同时升任为董事会成员。但是,对于高畑敬一负责什么业务,双方又一次起了争执。据说工会那边想要的是营业部门的一把手——家电营业总部部长的交椅。山下俊彦拒绝了。"如果工会的人非要坚持,那让高畑先从中部总括部部长做起吧。"

当时的中部总括部部长是佐久间晁二。难道要让高畑敬一去步佐久间晁二的后尘吗?工会方的怒火烧得更旺了。最终高畑敬一被任命为涉外担当,负责跟随松下幸之助活动。

1984年年初,在松下电器公司日本零售店联合会会长会议的餐会上，相当于联合会负责人的大阪联合会会长"咻"地一下溜到山下俊彦身边。

"山下社长，您曾经多次承诺，七年内稳定市场。现在完全没稳定下来啊？"联合会会长所谓的"稳定市场"其实是指应对量贩店一事。当时，超市行业巨头大荣超市的倾销攻势愈演愈烈。大阪联合会的会长脸气得通红。"山下社长，您这不是在撒谎吗？"

山下俊彦说："啊，这次没问题了。因为佐久间昇二会处理。"佐久间昇二就任家电营业总部部长后的第一项工作就这么决定了。

松下电器与大荣超市之间并无贸易往来，但是大荣超市的店面里却摆放着松下电器公司的商品。也就是说，有零售店或部分店家以低价偷偷向大荣超市出售松下电器公司的产品。

1967年，大荣超市又向日本国会议员曝光了松下电器的交易内幕。"某些家电制造商在产品上标注秘密号码，这种号码只有在特殊照明设备下才会显现。制造商可以据此倒推出购货商是谁，以此来防止低价销售。这是违法的垄断经营行为！"

在佐久间昇二看来，松下电器公司根本用不着标注什么秘密号码。他调查了零售店的人均销售额。一般能卖到300万日元就已经很不错的地方，竟然卖出了几千万日元甚至上亿日元。"贵店可能与我们厂方在理念上有些不一致。"佐久间昇二以此为由停止了与这些零售店的交易。

结果，松下电器公司的销售额减少了200亿日元。佐久间昇二原以为山下俊彦会因此发怒，结果没有。"销售额就减了这么点啊？你做事只做了一半啊。"1968年，佐久间昇二升职为常务，这次却被自己熟悉的零售店店主言语讽刺了。"也就只有你这样的人才会通过削减销售额来谋求晋升吧。"

佐久间晃二脑子里想到的是1964年的热海会谈。松下幸之助真诚地接受了销售公司的不满情绪，自己身先士卒，将利润交付给销售公司。零售店的状况也一样，必须要做出改变。要想他们做出改变，需要松下电器公司先行动起来。即使削减营业额，也要赢得零售店的信赖。

佐久间晃二经历过一次让他如芒刺背的事件。事情发生在他就任家电营业总部部长后首次出席的业绩优秀店铺表彰仪式上。一家四国地区的优秀零售店的经营者坦言："我们这对老夫妻白天在这里接受表彰，晚上回到酒店就得四处打电话筹集资金。干了30多年，老顾客是积累了不少，但钱是一点没留下。"

这可不行！必须要让零售店切实赚到钱。于是佐久间晃二改良了对零售店的支持体制。以前，松下电器公司将日本划分为100个区，佐久间晃二将其进一步细分为1200个。按照每个区域的市场占有率和增长率来仔细区别，紧跟当地实际情况制定支援策略。

接着，佐久间晃二推出了"变身店"项目。他打造了"家庭风格的店""年轻风格的店""女性风格的店""便利店风格的店"共四类模板店，同时还开办了"变身学校"。在学校里，历时5个月，从店面布局到促销、收发订单、顾客管理、财务，零售店的经营者都可以学习。报名培训的人比预计多了一倍，盛况空前，总计超过了8500人。

如果说"六一行动"是松下电器公司的改革行动，那么"变身店"就是日本的松下电器零售店的变革运动。"即使境况艰难，也要努力，只有这样才能闯出新路。"正是在山下俊彦这一理念的指引下，"变身店"才得以诞生。

　　山下俊彦每月都会往员工的工资袋里塞一张自己创作的小卡片（当时的工资发放还不是银行转账的方式）。后来，山下俊彦卸任前以社长身份发出的最后一份小卡片里就提到了"变身店"。

　　"可以说，按需购物已经是过去式了，新时代的顾客更关注购物时是否心情愉悦。现在，这类顾客与日俱增。要怎么抓住这些顾客的心，是未来松下电器公司发展的关键。就在最近，我注意到了公司有人正朝着这一目标坚实前进。我说的就是'变身店'企划。年轻人成了这个企划的核心，从中我看到了前所未有的、零售店崭新的样子。这样的变身实在太好，太值得信赖了。在'变身店'里，我感觉看到了自己一直追问的问题的一种解答。"

　　很少夸人的山下俊彦在小卡片里表扬了佐久间昇二。此外，佐久间昇二还收到了另一份表扬。前文提到的那家四国地区的零售店店主也给了他反馈。"谢谢你。多亏了你，我现在光税金都得缴2000万日元了。"

# 第10章
# 与世界同步

　　"六一行动"进展得如火如荼之时，指挥者佐久间晃二被调任为家电营业总部部长。那么，这之后经营企划室怎么样了呢？佐久间晃二的后任是经营企划室的副室长福原耕。半年前，福原耕被从松下冷机挖了过来。

　　山下俊彦告诉佐久间晃二，经营企划室室长的人选最好符合以下标准："最好是失败过的人。跌倒后再爬起来的人最好。"福原耕符合这项标准的前半部分，但后半部分却不见得。

　　福原耕刚进松下电器公司时，在工会副委员长佐久间晃二的领导下，担任工会反公司派的分会长。当时他夸下海口，说要跟公司对抗到底。"让我们坚定地开始罢工吧！"或许是因此而遭殃，他比同期晚一年升职为主任。不过，调职去松下冷机公司之后，福原耕一跃成为公司的核心人物，研发出了业内首款冷藏与冷冻分离的双门冰箱。这款冰箱受到了市场的热烈欢迎。

　　福原耕也因此自负起来。"事业部部长算什么东西，没有人比我更懂冰箱。"这就是福原耕当时的想法。竞争对手东芝改良了散热装置，研发出了一款能紧贴墙壁的冰箱。此前，为了方便散热，冰箱与墙壁有十厘米的距离。这款冰箱发售时，福原耕嘲笑道："改良散热装置没有意义。无论如何必须要加个风扇，冰箱才能散热充分。"福原耕一直坚持这一看法。

结果以福原耕的惨败收场。松下冷机公司不仅失去了市场，冰箱的利润也减少了不少。福原耕被调到了松下冷机的支流产业——自动售货机事业部。接受任命时有人告诉他："虽然是事业部副部长，但实际上就是事业部部长。算是升职了。"结果被福原耕自己拆穿了："不用照顾我的面子，我知道是降职，我猜得到。"

福原耕在满是亏损的自动售货机部门待了三年，好不容易遏制了收支状况恶化的势头，但是部门离产业重建仍相距甚远。福原耕估计自己没机会再回松下冷机公司的主流部门冰箱事业部了。正当福原耕已经死心的时候，突然被提拔到了总公司的经营企划室。

## "拜托你做这件事，是我错了"

虽然不明就里，但福原耕还是鼓足了干劲。他迅速在总公司附近租了一间公寓，准备24小时待命。初次走进社长办公室见到山下俊彦时，福原耕正襟危坐，十分紧张。可山下俊彦对他说的话让他很意外。

山下俊彦告知了他两点。第一，不要以为只要歌颂总顾问的经营方针和理念就能解决一切问题，这是不可能的。第二，当员工使用"社长大人""会长大人"这样的称呼时，需要制止。当时在公司内部会议上，大家都以为"正如刚才社长大人所指示的那样"这样的说法理所应当。山下俊彦说："太夸张了。直接叫社长或者会长就可以了。"

福原耕当然能理解山下俊彦说的内容，不过他也觉得，"没有这样给人打气的吧。"负责经营企划的人都已经精神焕发地来见社长了，社长不应该给一些更宏大的，比如关于制订战略的具体指示之类的东西吗？

山下俊彦真是冷淡。福原耕内心期待山下俊彦会说"辛苦了，今后总公司也准备在自动售货机领域发力"这类激励自己的话。结果却只有一句"哦"。

福原耕内心虽有些失望，但他和山下俊彦平淡如水的日子开始了。突然有一天，事情发生了翻天覆地的变化。每年1月10日，社长要发布经营方针，经营企划室室长需要在上一年的年末向山下俊彦提交三个新一年的主题作为候选。"好的，就这个吧。"山下俊彦不到一分钟就做出了决定，最多也就二三十秒。主题确定后，就该福原耕起草方针草案了。

福原耕把写好的草案拿给山下俊彦看，却被"啪"地一下给扔了回来。"写的什么东西。"福原耕知道，就算问山下俊彦哪个地方写得不好，也会被山下俊彦说："自己去想。"于是他只好回答："明白了，我重新写一份。"

苦思数日之后，福原耕拿着第二份草案去找山下俊彦。山下俊彦扫了一眼，"根本没区别啊。"几天过后，福原耕又提交了第三份草案。山下俊彦说："别写了，到此为止吧。"福原耕可不想就此作罢，于是穷追不舍地说："实在抱歉，我再重写一份。""就这样吧，不用了。"

"对不起。"福原耕除了道歉别无他法。此时，山下俊彦"咣当"一下又给他补了一拳。"你没必要道歉。拜托一个没有能力的人做事，是我错了。"

此时，"辞职"两个字在福原耕的脑中闪过。

佐久间昇二在做经营企划室的室长时，也同样接受过山下俊彦这样的"洗礼"。"说你的时候不留余地，事后却跟个没事人一样。"也只有山下俊彦这样性格的人才能说出这种话来。不过，"拜托一个没有能力的人做事，是我错了"这种话还是太伤人了。

为什么山下俊彦会说得这么狠呢？福原耕能想到的只有前段时间自己与山下俊彦关于国外生产的争论了。当时美国因为对日贸易逆差愤愤不平，逼迫日本大幅削减贸易顺差。福原耕基于传统想法向山下俊彦建议："如果要发展国外生产，如何与国内的就业率这一国家利益取得平衡很重要。"也就是说，可以将工厂不断转移至日本国外，但日本国内的就业率必须要保证。

"不行。"山下俊彦即刻否决了，"你听好了，企业是超越国界的。"

保证就业率是肯定的，但是当时许多企业内心的真实想法是，国外生产耗时耗力，十分麻烦，所有人都唯恐避之不及，于是形成了一种风潮，把日本国内的就业率等同于国家利益，作为挡箭牌。

时任松下电工公司的会长的丹羽正治也曾说："得意忘形、跟风推进国外生产是很危险的。不过，如果能够补救日本的失业率，那事情就完全不同了。国外生产并不合算，当地生产的产品品质低劣，特别是周一生产的东西，质量很差。倡导扩大国外生产的企业也不是真心的，不过是装腔作势罢了。"

山下俊彦对这类所谓的常识论已经厌倦透了。只考虑自己狭隘的国家利益，考虑自己的情况，全然不顾自己已经把对方国家逼到贸易逆差巨大、走投无路的事实。这样的企业最终一定会被世界拒之门外。

当时日本对美国的出口额为571亿美元，是德国169亿美元的3.4倍。然而，日本在美国当地聘用的员工只有13.8万人，而德国企业在美国聘用的员工则有35万人，比日本同样数据的一半还要多。从这组数字可以看出，日本当时更倾向于轻松且好转手的出口领域。

企业要想在世界立足，唯有超越国界，扎根当地，在世界范围内开展生产活动。这点道理都不懂吗？

山下俊彦性子急，一言不发把福原耕的草案退回去，其实是想让他自由大胆地开拓思维。可是，福原耕又交上来一份肤浅的充满常识性论调的草案。"到此为止吧。"山下俊彦说。

## 不吝给予

1985年7月月末，在美国明尼阿波利斯出席日美财界人士会议的松下电器公司副社长原田明被一种异样的氛围压得喘不过气来。美国财界的很多人都在滔滔不绝地指责日本。"日本所谓的自由化，是在外部压力下勉强进行的。而且即使这样，改善幅度也只是杯水车薪，没什么进展。再这么下去，（美国）未来肯定会提交相应的对日法案，来解决美国的贸易逆差和失业问题。"

日本政府进行了防御。美国贸易逆差最大的原因是美元升值，而美元升值又与美国国内的高利率有关。

《广场协议》给日本带来了极大影响。山下俊彦对此深有体会。1983年下半年，松下电器公司对美国的出口额同比增长了近60%。虽然主要得益于美国本土没有生产录像机带来的收入，但出口额要想一直保持这样的增长是不现实的。松下电器公司利润的四成来自出口，而出口的一半又都集中在美国。如果美国政府发动进口限制措施，松下电器公司的高收益瞬间就会变为空中楼阁。

1985年是"六一行动"启动后实际意义上的第二年，山下俊彦再次确定了扩大国外生产的方针。当时，松下电器公司已经在海外的27个国家建造了47家工厂，本地员工也突破了3万人。山下俊彦觉得，松下电器公司虽然已经是当时日本最国际化的企业了，但还是完全不够（顺便提一下，1984年，丰田公司才开始在美国当地生产）。

当时松下电器公司的出口占比是37%，国外生产占比为12%~13%。山下俊彦的想法是，出口和国外生产的总比率保持50%不变，其中国外生产的比例翻一番，提升至25%，出口的比重则降低至25%。也就是说，国外生产和出口各占一半。

山下俊彦对国外生产完全不反对。相反，在他还是空调事业部部长时，就一手促成了松下电器公司首家出口专用工厂在马来西亚落地生根。

松下电器公司还有彩电这一业绩。松下电器公司在石油危机最严重的1974年，收购了摩托罗拉公司的彩电业务。虽然有人在背后指责，这一收购买来了老化的设备，是极大的战略失误，但后来松下电器公司追加了近1亿日元的投资更换了新设备。接着，山下俊彦将收购来的彩电业务与电视机事业部在美国的工厂合并，尝试追求量化效应。

先下手为强。当时，松下电器彩电的国外生产比达到了42%，超过了23%的出口占比，而且彩电的盈利能力比国外生产整体的盈利能力还要高。

山下俊彦从产业史中吸取了教训。第二次世界大战结束后，纤维产业曾一度是日本经济的明星。然而到了20世纪70年代初，受到美国进口限制令的影响，纤维业各家公司积极推行了国外生产。不过，进入20世纪80年代，纤维产业的海外扩张很快陷入停滞，甚至相继出现了撤退的情况。技术移植到国外后，当地的企业不断发展，拥有了和日本企业同等的实力。如果产业内各公司无法持续转移新技术，那么对接受国而言，该产业的魅力值会迅速下降，最终只能承受被抛弃的结果。

1985年3月，在松下电器公司内部的海外会议上，山下俊彦清晰明了地表达了自己的观点："在一项技术被对方熟练掌握前，要把下一项新的技术转移出去，让对方国家觉得这项产业是可以持续散发魅力的产业，这点很重要。彩电也是这样。今后要想在国外继续取得成功，需要不断把比现在更多更新的有魅力的技术转移出去。此外，我们还拥有录像机、微波炉、电子元件、半导体、办公自动化、通信机器等各种新领域的技术，不断将这些技术转移出去是最重要的课题。"

不吝给予。要想不断往国外输送最新的技术，那么必须要在日本国内不断研发出更多的新技术。要有坚定的决心，大胆地将自己置身于技术大循环之中。这一点也与"六一行动"产业结构改革的主题完全同步。

## 险些爆发的全面战争

1980年3月，在事业部部长和关联公司社长济济一堂的共同会议上，山下俊彦猛踩了一脚全球化的油门。

"我们要从根本上重新审视松下电器公司在海外的活动。"山下俊彦发布了要在三年后将国外生产规模扩大3倍的方针。1980年6月，他又开启了员工半年以上、一年以内的海外留学制度。1981年2月，他在总公司新成立了海外统筹总部，统一管理集团整体的出口和国外生产。

山下俊彦内心很焦急。松下全球化战略的速度和质量都让他很焦急。山下俊彦认为全球化不仅仅停留在扩大国外生产的范畴内，终极目标是要让松下的海外事业体依靠当地的人才开展经营。然而，1982年，海外公司的研发、设计、生产线都完全依赖于日本的派驻员工。

山下俊彦把 "六一行动"看作推进全球化的重要机会。他让"六一行动"与扩大国外生产以及推进本土化紧密联动起来。

山下俊彦做的一件事让全公司的人都大吃一惊，也因此，全公司的人都明白了山下俊彦对国外生产是认真的。山下俊彦决定推动录像机在美国生产。

当时，松下电器公司最大的出口商品是录像机，而最大的出口对象是美国。一旦在美国实行录像机的国外生产，那么国外生产的比率会瞬间提升，面对对日贸易巨大逆差的美国人或许能平复一下焦躁的情绪。另外，录像机的海外生产还能推动电器公司研发"替代录像机的新产品"。

然而，日本对美国出口的录像机完全由松下寿电子工业公司操控。因为产品集中在四国地区生产，松下寿电子工业公司才得以有不错的盈利能力。海外生产必然会对这一高效率的生产方式造成损害。稻井隆义心里简直想朝山下俊彦吐口水。

1985年夏，山下俊彦引爆了这枚"炸弹"。山下俊彦绕过了松下寿电子工业公司，直接对外宣称松下电器公司将在美国生产录像机。"嗯，我已经发布了执行命令，1986年年末开始出口成套零件。我想尽可能缩短成套零件出口的周期，争取尽快实现真正意义上的国外生产。"

"以前咱们都是因为对象国的进口总量限制或者征收税金等原因而被迫迈出国外生产这一步，现在这种想法已经不适用了。"

山下俊彦没有把这一决定提前告知稻井隆义。"松下寿电子工业公司也是上市公司，我也不想因此影响他们。如果因为录像机在美国当地生产而导致松下寿电子工业公司减产，那就把松下电器公司负责的日本国内市场分一些给他们好了。我当然会这么做，我已经跟录像机事业部打好招呼了。"

录像机总部和总公司的财务部吓得脸色煞白。如果将总公司生产的日本国内的录像机转给松下寿电子工业公司的话，松下电器总公司的财务决算不就没法做了吗？

不过还是山下俊彦赢了。稻井隆义拜服在山下俊彦压倒性的魄力之下。松下寿电子工业公司决定1987年在加拿大的温哥华开启国外生产，同时还在墨西哥预备了五万坪的土地。但是，稻井隆义获得了山下俊彦的许可，北美的生产公司为松下寿电子工业公司的全资子公司，不接受总公司的任何投资。

一直以来，松下电器公司的海外公司都是由总公司和松下电贸公司共同出资组建的，但山下俊彦认为，海外公司的支配权归谁都是次要问题，只要能深化全球化的程度就行。

松下寿电子工业公司在开始国外生产的同时，又利用自己在录像机领域锻炼出的精密加工技术，进军电脑硬盘领域。山下俊彦曾说过："不断向外转移技术，而在日本国内不断研发新技术，要将自己置身在这样的大循环中。"稻井隆义果真置身于"下一代技术循环"之中了。

## 自下而上的整合

1984年10月，松下电器公司的海外统筹总部被松下电器公司的子公司松下电器贸易公司合并了。海外统筹总部负责统一管理松下电器公司的国外生产，松下电器贸易公司则负责集团的出口业务和海外市场。松下电器贸易公司将海外统筹总部吸收后，在松下电器贸易公司的领导下，集团的出口和国外生产实现了一元化管理。

山下俊彦说："在国外生产还是支流的时候，这样分开管理没有问题。但是国外生产将是今后的主角。到那时，如果国外销售和国外生产在集团组织上依然各自为政，就无法实现健全发展。我不能放任不管。"

的确如此。

其实在此之前，山下俊彦曾拜托麦肯锡咨询公司制订了一份组织结构调整的计划。麦肯锡咨询公司的计划看上去很稳妥，他们觉得应该由总公司的海外统筹总部吸纳松下电器贸易公司。但是，和松下寿电子工业公司一样，松下电器贸易公司当时也是上市企业，盈利能力远在松下电器总公司之上。松下电器贸易公司社长以下的所有干部都对被总公司兼并表示强烈反对。

既然这样，那就这么办吧。山下俊彦轻而易举地将麦肯锡咨询公司的计划"掉了个个儿"，于是弄成了子公司兼并母公司的样子。只要能实现体制的一元化，母公司的面子如何，子公司又如何，这些讨论都不过是毫不重要的旁枝末节而已。

这件事还有后续。

1985年，山下俊彦把担任过巴西松下电器公司社长的关淳提拔为总公司的董事，1987年，关淳就任松下电器贸易公司的社长。此时，松下电器公司的社长已经是谷井昭雄了。关淳就任新社长半年后，就提出将松下电器贸易公司和松下电器公司合并。就这样，过了三年，出口和国外生产又被整合到了总公司的领导之下。

关淳说："这是我决意要做的。"要想优化国外生产的政策，就需要和总公司的各事业部以及各家关联公司进行交涉，说服他们。

不过，这三年也并非被浪费了。1982年，丰田汽车工业公司与丰田汽车销售公司合并，丰田公司诞生。当时，丰田汽车工业公司提高了对丰田汽车销售公司的出资比率，最终明确是丰田汽车工业公司将丰田汽车销售公司兼并了。丰田基于资本的逻辑进行了整合，但松下电器贸易公司的情况不一样。先暂时将总公司的工作交给子公司，三年的时间里，总公司和子公司的人员都得到了历练和磨合，最终再由子公司提出合并。松下电器公司是基于人员的逻辑而进行的整合。

## "虚岁"和"澡堂"

"六一行动"过程中，山下俊彦最喜欢讲的两个比喻就是"虚岁"和"澡堂"。

"日本人喜欢算虚岁，不用等到生日那天，过了元旦所有人都长了一岁。而在日本的澡堂里，就算自己喜欢温水泡澡也没有办法，大家都在同样温度的水中泡着。如上所述，日本人从出生开始，就在一个集体优先于个人的社会中成长。"

当时是"日本第一"的时代，日本的集体合作经营模式饱受称赞。不过，山下俊彦觉得日本受到赞美是偶然的。

"日本以小组为单位的工作模式碰巧能让业绩提升，从而导致日本的经营方式受到世人瞩目。然而，重要的是，不能以牺牲个人为代价来开展小组合作。团队合作中也必须重视个人，发挥个人的能力。"

正在开展的"六一行动"也一样。"每一名员工自发寻找想挑战的课题，再将每个人的成果拧成一股绳，最后达成整体的目标，这是最理想的状态。"

山下俊彦对"每一名员工""自发"这些词倾注了感情。

山下俊彦经营思想的精华也正在于此。按现在的说法，就是注重多样性。认可世界的多样性是一切工作开展的大前提。只有认可了多样性的事实，才会去发挥每个人的力量，进而以个人的主观能动性为起点，集结个人的创意和努力，最终达成整体的目标。这就是山下俊彦思考出的个人与整体的最佳关系。

为了传达这一理念，山下用了"虚岁"和"澡堂"两个简单易懂的比喻。山下俊彦认为人生需要感动，经营就是要给人更多感动的机会。要做到这一点先要自己感动，而且，哪怕词不达意，也要尽力将这份感动传递给别人。山下俊彦在这所谓的"词不达意"上花了不少精力。

每个月，松下电器公司员工的工资袋里都有一张小卡片，卡片上写着山下俊彦日常的想法。员工即使不看公司内部刊物《松风》，也一定会看一眼工资袋里的小卡片。这是向员工传递理念的最佳机会，山下俊彦拼命地组织了自己的语言。

小卡片由山下俊彦口述，社长秘书起草。不能使用难理解的表达方式，过长的句子也不行。

每年年初，社长都要发布经营方针，向全公司表明当年的经营想法。山下俊彦耗费了许多特别的心思在方针的措辞上。年末时，经营企划室室长福原耕正准备敲社长办公室的门，手却停住了。里面传来了声音，原来是山下俊彦正在照着经营方针的底稿朗读，来确认措辞的语气。

公司进入冬假①之后，山下俊彦就把自己关在自家二楼的书房里。山下俊彦的长子山下一彦曾被母亲提醒，千万不能去书房。对山下俊彦而言，并没有假期，他全身心地扑在了经营方针的制定上。

经营企划室室长制订的草案，山下俊彦会从第一行开始用自己的

① 日本的冬假通常在元旦前后，共计十日左右。——译者注

话重写一遍。整体的结构和导语合适吗？是不是直击主题会比较好？举的具体例子恰当吗？山下俊彦会反复多次出声朗读。读起来绕口的词或者听不明白的词都一律改掉。

在正式举行的经营方针发布会上，山下俊彦在3000多人面前的演讲常常超过一个小时，但他却一次也没有看过稿子。他想表达的内容已经完全刻在了脑子里。

## "爱徒"间的对决

山下俊彦"词不达意"的表达究竟传了多远呢？他收到了反馈。他感觉"六一行动"让每个人的行动开始改变了。不过令山下俊彦暗自引以为傲的不是工业电子产业化或者国外生产这类大的故事，而是一些小故事。比如，生产家用烤面包机的故事。

山下俊彦说："这类事情，无论总公司怎么摇旗呐喊都没用，因为干劲不同。这种事情不是靠方程式计算做出来的。"

1987年，松下电器公司生产的日本首台家用烤面包机发售。研发用了三年时间，和"六一行动"的三年半时长基本重合。负责这一项目的主要是榨汁机事业部的两名年轻员工。

其中一人酷爱料理，另一人则对计算机有所了解。两人走访了许多家受欢迎的酒店和面包店，为了重现店里的味道，每次他们烤的面包都有5000个以上。烤面包的过程微妙且复杂，从面粉的配比，到和面时的控制以及排气，发酵的温度等，他们挨个确认并落实到数据上。烤出的面包也是自己吃，每一块都靠自己来品味和确认。

当时两人曾说："人的眼睛在不经意间就能让手进行一些操作。我们就是要把这些操作从人手转换为电脑的手。一次实验可能耗费4小时，特别烦，但又没法找人商量。"找其他人商量面包的事并没有用。

他们发现，面包的味道会随室温而变化。于是他们用传感器感知室温，并研发了电脑系统根据室温来控制面包机的工作状态。另外，常见的直接发酵法一开始就将酵母、面粉和水揉搓和匀，因为发酵即刻开始，所以很容易过度发酵。两人自行开创了一种"中面法"方式，先揉好面团，然后再加酵母醒发。

家用面包机一发售就受到市场的热烈欢迎。当时，厨房的必需品电饭煲一个月才卖12万台，而刚亮相的家用面包机一下子就达到了月销5万台的成绩。虽说是自吹自擂，但松下电器公司内部有人形容这是"电饭煲之后的又一大发明"。

他们成功的秘密在理念上。"不会失败，用面包机一定能烤出好吃的面包"是他们的主打理念。他们知道，人们精心制作的料理失败时会感到非常遗憾。做料理，坚决不能妥协。

当时，两人所在的榨汁机事业部出现了一个劲敌——罐装果汁，导致整个事业部前景十分不明朗。不能这样任人摆布，自己也要开拓新的领域。他们当时抱着拼死一搏的决心。

从个人的主观情感出发，自发地做出行动，全公司的技术部门再予以支持，最终由事业部负责生产的部门成功将理念落实为商品。这正是山下俊彦认为的个人与整体最理想的关系。

当然，围绕着"六一行动"的所有故事不可能都像家用面包机一样和谐。"六一行动"在各个地方引发了摩擦，毕竟山下俊彦把"悖论式经营方式"贯穿了"六一行动"的始终。例如，山下俊彦在尊重事业部自主性的同时，也让总公司的战略想法与事业部的现实发生了冲突。

佐久间昇二从经营企划室室长调任到家电营业总部部长之后，回应了山下俊彦的"期待"，在家电市场的一线发起了一次跨事业部的行动。

1985年春，佐久间昇二在营业总部内设立了商品营业部。这在事业部看来，是个不能容许的行为。在事业部体制下，事业部部长一以贯之拥有对研发、生产和销售的所有权利。个别商品的市场管理不是营业总部的管辖范围，而是各个事业部自己的地盘。事业部觉得，营业总部别侵犯他人的领域，只需要乖乖地管理好销售公司，照顾好零售店就行了。

佐久间昇二发出了怒吼。"以前的销售都是卖已成型的商品，这很奇怪，不应该是这样的。离顾客最近的是销售店，能直接听到一线声音的是销售公司。顾客的声音必须要反映在商品生产中。明年、后年的产品该怎么做，我们营业总部一定会与事业部彻头彻尾地交换意见，让最终生产出的产品能够彻底火起来。三年、五年后的商品也一样，营业总部也会强烈要求与事业部共同生产制造。"

佐久间昇二还插手了事业部的生产计划。有一天，他走进了草津的空调事业部。事业部无论如何也不接受营业总部提出的空调目标。空调事业部的部长是吉田和正。于是局面一下变成了山下两位"爱徒"的正面对决。坐在圆桌对面的佐久间昇二起身走到吉田和正旁边："咱们握手言和吧。"吉田和正扭头不理："不可能。"

第二天，山下俊彦把吉田和正叫了过来。"你就听佐久间的吧。要是剩了你就算作佐久间的库存不就好了。""那可不行。"吉田和正依然不讲情面，"这样下去，工厂会报废的。"

不管是事业部的库存还是营业总部、销售公司的库存，只要有库存，下一年的订单必然会减少。吉田和正道："如果佐久间先生能够把库存商品放到太平洋的正中间，那我就同意。"山下俊彦道："那确实是……"事情就这样不了了之了。

以前，山下俊彦做空调事业部部长时，同样也驳回过销售公司的增产请求。山下俊彦也曾以为，所谓事业部的自主性和主体性就是这样。这没错，但是，这样自给自足就万事大吉了吗？如果让持对立立场的佐久间舁二加入，或许会起到意想不到的化学反应，事业部体制也会因此出现新的可能性。站在市场的立场上思考的佐久间舁二或许可以起到催化剂作用。

而吉田和正和佐久间舁二起了冲突。那么，接下来会诞生什么？又会有什么新的开始呢？山下俊彦就这么思考着。

## 我不是子公司的社长

山下俊彦拜托佐久间舁二的不仅仅只有"开始"，还让他处理了一项"收尾"工作。山下俊彦命令他与20年来的"仇敌"大荣超市进行和解交涉。

"我会让他来处理的。"山下俊彦这么一句话下去，松下电器公司对抗大荣超市的"战争"进一步激化升级了。接受山下俊彦命令的佐久间晃二扑灭了倒卖交易，于是松下电器公司的商品从大荣超市的店面里消失了，松下电器公司也赢回了零售店的信赖。而大荣超市却被逼到了穷途末路。

不管怎么说，松下可是知名品牌，家电卖场里如果没有松下电器公司的产品就没有魅力可言。松下以外其他品牌的商品，大荣超市也没有从正规途径进货，因为成本太高了。大荣超市的核算陷入了颓势。

山下俊彦从某家都市银行了解到大荣超市正叫苦不迭，于是派佐久间晃二去与大荣超市的创始人中内功的长子中内润商谈。佐久间晃二是这么描述当时的情况的："山下让我去和中内润谈谈。在竞技场外围乱打乱斗只会两败俱伤，不如站上拳击台一决高下。如果在双方都能认可的条件下正规交易，那或许能求得一种平衡。就是这样。"

这件事也有后话。中内润与佐久间晃二的秘密商谈进行得很顺利，却突然遭遇了急刹车。昭和天皇去世，日本年号改为平成的那一年（1989年）4月，松下幸之助去世了。中内功参加了松下幸之助的葬礼。葬礼上相安无事，但就在中内功返程之时，记者给他下了个圈套。记者问："这么一来，就没有碍事的人了吧？""对啊。"就这样简单的一问一答，却上了当天的午间电视新闻。松下电器公司内部群情激昂，怒不可遏，于是商谈告吹了。

大荣超市与松下电器公司最终的和解等到1994年（森下洋一任职社长时）才实现。

让松下与大荣超市的"战争"结束，这对于激化了矛盾的山下俊彦而言是不得不做的"收尾"工作。回过头来看，从那时开始，山下俊彦已经在积极推进自己作为社长的总结进程了，从1985年年初松下电器公司董事会的变动可见端倪。山下俊彦新任命了水野博之、外山和彦、平田雅彦、关淳、村濑通三5人为董事会成员。最年轻的村濑通三时年52岁，任录像机总部的部长。当时录像机是松下电器公司最赚钱的产品，这份任命理所应当。让公司内部感到震惊的是，除了村濑通三，其他四人都是子公司的人。水野博之是从松下电子工业公司选任的，外山和彦是从松下通信工业公司选任的，平田雅彦是从日本胜利公司选任的，关淳是从松下电器贸易公司选任的。

山下俊彦就是要搅浑董事会这潭水。在总公司里，山下俊彦将佐久间昇二提拔为营业总部的部长，让他以市场为主的构想与事业部起冲突。这次他又把子公司的血液注入了总公司体内，想要在搅拌之后改变总公司的体制。

被选为董事会成员的平田雅彦说实话内心还是有些担忧。1977年，被总公司派去日本胜利公司的平田雅彦曾找到山下俊彦，让他公开承认了VHS是日本胜利公司研发的产品。两年后，平田雅彦向山下俊彦提出，自己想从松下电器公司辞职。

"为什么？"山下俊彦问。

"胜利公司的员工都打心底里对我产生了信赖感。想到大家的信赖，再对比自己松下电器派驻人员的身份，总觉得留了根尾巴在，对不起他们。我想成为胜利公司的员工。"

"这样啊？你是认真的对吧。"山下俊彦给平田雅彦单独举行了离职纪念仪式，并给他颁发了奖状和纪念品，两人还合影留念。平田雅彦觉得，自己终于把那根尾巴给砍掉了。

可是，纪念仪式完了，一个小时都还没过，平田雅彦就接到了松下幸之助打来的电话。"不行！你在说什么啊？不可以辞职。"平田雅彦的辞职就这样半途而废了。

平田雅彦被山下俊彦指名为董事会成员时，他一度想对山下俊彦说："你可是同意过我辞去在松下电器公司的职务的，我已经不是总公司的人了。"平田雅彦也因此发了点牢骚。山下俊彦正是因为知道平田雅彦已经做好了要为子公司效力的准备，所以才想让他回总公司来。

经营企划室的室长福原耕曾从山下俊彦那里意外地听到过一句话。福原耕曾向山下俊彦建议："松下电器公司的单独决算并不能反映实际状况，不看包含12家子公司在内的统一决算，是没有任何意义的，不是这样吗？"福原耕收到的回答令他困惑。山下俊彦说："我是松下电器公司的社长，但不是所有子公司的社长。"山下俊彦真让人捉摸不透。

山下俊彦的这句话或许可以这么理解。

当时，企业决算的主流是单独决算，统一决算的重要性还没被社会接受。未来当然要往统一决算转变，但是，将个体埋没到统一决算这一抽象的整体中是不可取的。需要确保松下电器公司和子公司每一个个体的主体性。松下电器公司也是个体，不是超越了个体存在的抽象的整体，这一点要铭记在心。

或许这就是山下俊彦想表达的内容。

这还是对无限膨胀的"总公司权力"的自我规制。

当时，山下俊彦就任社长已有8年。在他人看来，山下俊彦是大型企业的社长，但他依旧不会修饰自己。时间允许的话，他会积极接受媒体的采访，但本就沉默寡言的山下俊彦与记者之间的问答大都很简短，显得很冷淡。但是，采访过山下俊彦的很多记者几乎都认为，只要接触山下俊彦，就能立马了解，他是个只会说真话的人。

有一次，总公司的宣传部门收到了日本经济新闻报社的请求："务必请山下社长登上'我的简历'的舞台。"所谓"我的简历"，其实是该报社一个十分有名的专栏，由财界或文化界内的人用一个月时间的连载来回顾自己的半生。能够登上"我的简历"专栏，可以说就是知名人士了。

负责宣传的员工欢呼雀跃地告诉山下俊彦对方这一请求后，山下俊彦的脸一下子就沉了下来。山下俊彦震怒道："你都和我一起共事这么久了，还不明白我的想法吗？"一旦登上了那个专栏，就会不自觉地保护自己、修饰自己了吧。"那种文章我不会写。你给我记清楚了！"

## 工作生活两不误

社长秘书桥本达夫认为，山下俊彦是个时间管理达人。不管待处理的文件堆得有多高，他都能有条不紊地整理清楚，保证准点下班。"明明就忙得不可开交，但山下本人好像丝毫不觉得自己有多忙的样子。"

某个周末，山下俊彦突然空降参加了松下电器公司赞助的熊本县马拉松大赛。山下俊彦这是在测试自己慢跑日课的成果。当然，对公司他是保密的。不过，他被当地销售公司的一位职员认出来了。"您是不是山下社长？"山下俊彦把手指放到了自己的嘴唇中间。到了周一，山下俊彦顶着晒得通红的脸来到公司，周围的人都感到很讶异。

山下俊彦每天的慢跑是为登山做的训练。他酷爱登山。

山下俊彦曾经成功登上过多座世界名山，其中他很喜欢的一座山还是中国台湾的玉山。因为新产品的发布会等事由访问中国台湾松下电器公司时，他曾数次与夫人贵久子一起登上过玉山。中国台湾松下电器公司的总经理堀正幸的家里一直寄放着山下夫妇的登山鞋。

还有一件事，发生在山下俊彦挑战中国台湾的大霸尖山之时。大霸尖山在登顶前有一道难关，两侧是千尺深的峡谷，需要借助绳索才能爬上去。山下俊彦说："我到这儿就可以了。到这儿和登顶没什么两样。你们继续往上爬吧。"决定登山和放弃时同样果断且坚决，这就是山下俊彦的登山风格。

除了爬山，山下俊彦业余还喜欢读书和下围棋。读书大多是随手翻阅，围棋倒是在日本棋院取得了业余五段的证书。山下俊彦还自发在公司内组建了围棋爱好者协会，山下俊彦原本对财界的活动毫不关心，但却发起创办了"关西财界围棋大赛"。大赛由关西棋院和日本棋院做后援，决赛还在大阪电视台放映，规模不小。山下俊彦一声招呼，关西企业界和媒体人士都闻声而动。山下俊彦诚实不欺的性格有口皆碑。

关西财界围棋大赛规定，每个行业派出一家公司，总共16家公司参赛。每家公司选三名董事会成员组队参加。不过，只有松下电器公司作为提案公司，拥有总公司和子公司两队参赛的特权。山下俊彦曾作为总公司队的一员参赛，遗憾的是，山下俊彦所在的总公司队一次也没有夺得过冠军。

反倒是子公司队有过一次夺冠的经历。曾是子公司队伍中一员的浅井昭次这么评价山下俊彦的棋艺："强倒是说不上强，山下的棋主要是棋品好。在小地方赢了或输了他不会在意，但他总是不断地发起攻势。不过，他也不是那种暗含杀机的下法，也不会赢了就高兴，输了就伤心。"

对战时，山下有时会"嗖"地一下站起来，他想站起来从上空俯瞰大局。山下俊彦当时还爱开玩笑。

山下俊彦输了比赛也不会捶胸顿足。作家小岛直记是山下俊彦的棋友之一，山下俊彦偶尔去东京，会和小岛直记下两局。他们这不是"清谈"而是"清棋"。

山下俊彦过得悠然自得。他一直是这样的状态，旁人或许以为他会愿意一直担任社长。然而，事实却不是那样。

山下俊彦曾说："我做的所有事都是背水一战，因为都是在改革。"1985年春，《东洋经济周刊》的记者提起了后"六一行动"时代的话题。"'六一行动'之后准备怎么做呢？您觉得接下来依然必须由您亲自操刀吗？"

"一想这些事就意味着我变老了。"山下俊彦一脸柔和地答道。"虽然必须那么想，但替代我的人总会出现，这是事实。有些员工被换岗后，会说：'现在这工作除了我，没人能做。'我会对这些人说：'我知道你现在内心很难受，但你必须忍受。半年后，比你更厉害的人就会出现。'我虽然也觉得有些事非自己不可，但我知道这是不可能的。"

"要是离职了，我就会忘掉松下电器公司。没有什么事情需要记起。"

山下俊彦的内心渐渐坚定了起来。

于是，时间来到了1985年。

## 御巢鹰山的悲剧

接到总公司打来的电话时，山下俊彦正和家人一起在富山县立山的旅馆里休暑假。山下俊彦握着电话听筒，一时语塞。电话对面的人告诉他，森田稔在岐阜县旅行途中，遭遇交通事故去世了。

森田稔曾是"六一行动"中工厂自动化事业的指挥，是山下俊彦抱有最大期望的领导之一。"我立马回来。"山下俊彦从嘴里挤出这句话时已经用尽全力。

九天后，从羽田机场出发的日航123次航班，那架波音747巨型飞机在御巢鹰山坠落，520人因此丧命，史上最严重的航空事故之一发生了。23名松下电器公司的员工和相关人士在事故中丧生。其中有的人上飞机前还在与东京的同事举杯畅饮，也有的人刚享受完计划已久的东京迪士尼之旅。

在公司的集体葬礼上，90岁的松下幸之助致上了悼词。"飞机发生异常后，在天空中盘旋了很久。当时所有人到最后都没有放弃，一直在内心殊死搏斗。光是想象这一场景，恐惧和悲痛就已经塞满了我的胸口。之后，有报道说还有生还者。我情不自禁地一直对着电视画面，祈祷能够有更多的人奇迹生还，哪怕只是多一人、两人也好。"

接着，山下俊彦站了起来。悼词的开头，他饱含万千的感情朗读出23人的名字。"逝去的有：国永昌彦、一木充、中山健、南慎二郎、秋山寿男、冈本大造、川崎格、德丸信广、林义明、前田光彦、小宫敏幸、松元美智代、本道代、森田麻美、小宫悦子、竹永修司、吉冈秀次、吉冈美代子、吉冈秀伦、吉冈佐幸、铃木秀、今村欣二、高曲康夫。"

　　最开始念到的国永昌彦是山下俊彦担任空调事业部部长时，作为事业部企划室室长支持山下俊彦工作的副手。在中国台湾松下电器公司工作过的堀正幸还记得，他去事业部部长办公室找山下俊彦谈空调零件降价时的样子。通常，事业部部长都会说这说那，反复纠缠讲道理，不会轻易答应降价。但山下俊彦当时即刻答应了。"知道了。后面你跟国永说一下就行。"山下俊彦对国永昌彦完全信赖，国永昌彦算是他亲信中的亲信。

　　山下俊彦的生死观觉醒了。"不要把人生看得那么沉重。能出生就已经赚到了。关键时刻一定要想，人生就是一趟免费旅行。""反正人这一辈子就是从无到有，又再归于无的过程而已。"山下俊彦曾这么说过。但是，1985年的夏天还是把山下俊彦压垮了，一种难以抗拒的情绪侵蚀了他的内心。差不多已经够了吧。

　　山下俊彦应该就是此时决定要辞去社长职务的。

　　1986年1月20日一大早，经营企划室室长福原耕感觉奇怪。通常，山下俊彦上午8点出勤，9点前不会叫任何人进办公室，唯独那天在9点正式上班前福原耕被叫了过去。内容没什么特别，只是正常的业务指示。上午董事会结束后，在社长办公室周围，人们开始议论纷纷。午休时，福原耕才知道了山下俊彦宣布卸任的消息。他着急忙慌地冲进了社长办公室。"社长，我吓了一跳。我完全没有注意到您有卸任的念头。""那肯定的，你不可能注意到。我连副社长都没告诉。"

回想起来，1985年某个时期起，山下俊彦就开始把下一年的日程排得满满当当。

"收到了这样一份请求。"福原耕拿着文件去找山下俊彦，山下俊彦就回："好的，知道了。"一直到1986年年初，山下俊彦的行程均已排满。原来这些都是虚晃一枪啊，福原耕终于理解了。

隐瞒顶层的人事变动理所应当，但山下俊彦特别留神。万一消息提前泄露，导致不得不撤回卸任的决定，这是山下俊彦绝对不愿意的。可见，他想离任的意愿有多么坚定。

山下俊彦就任社长后已经整整过了9年。松下幸之助点名让他做社长时，曾说过想让他做10年。但是，山下俊彦曾说："为了给推选我的人面子，我准备做一期，也就是两年。"两年过去了，他又觉得做三期，六年时间比较合适。但是，如果再继续做下去，就只剩陈规旧套了。已经足够了。

"六一行动"预计1986年11月结束。山下俊彦没等到"六一行动"结束就卸任了，但他一点也不曾犹豫。"松下电器公司没有什么分界点，'六一行动'也并非终点，不过是个过程而已。无论什么时候，都只是个过程。"

被点名担任新社长的副社长谷井昭雄是让录像机兴盛起来的功臣，也是"六一行动"的执行委员长。这项人事变动所有人都能信服。谷井昭雄从工业专科学校毕业后，辗转三次最终入职松下电器公司。他和山下俊彦一样，曾一度离开过松下电器公司，后来又再回来，所以他也清楚外部的情况。

"外部的情况？这可不是我推选他的理由。"山下俊彦说。谷井昭雄有山下俊彦没有的特质。"谷井（昭雄）很会照顾别人的情绪，这点我没有。我总是不善言谈，他却能将一切仔细地解释清楚。他可以营造全员合力克服困难的氛围和环境。"

谷井昭雄曾经将创业期的录像机事业部从谷底艰难地拽了上来。山下俊彦把公司的未来发展都寄托在了谷井昭雄的理解和表达能力上。

## 最后一项大工作

山下俊彦给即将走马上任的新社长谷井昭雄准备了壮行礼。其中一份礼物是一个苦难的发射台。《广场协议》后，日元急速升值，而"六一行动"的前期投资也同时开展，可以预见，新社长的第一年任期日子肯定不好过。不过，人也好，公司也好，都会在困难中得到锻炼。山下俊彦总说："有困难是好的。如果安于现状的话，一旦发生什么事，人就会很脆弱。公司很脆弱其实就是公司里的人很脆弱的意思。"

比起一帆风顺地出海，充满困难的第一年任期要好太多了。

山下俊彦还准备了另一份壮行礼。

1982年，松下电器公司应该是为了山下俊彦专门设置了副会长的位置。有人说，"只要山下想做，他完全可以取代会长（松下正治）。"松下幸之助身边的领导之一也曾说："山下如果做了会长，创始人（松下幸之助）也会很高兴的。"

结果，山下俊彦既没做会长也没做副会长，反而成了董事会顾问。"会长或者副会长都还是在经营系统里。但是，我的职责是在新社长不知道该怎么取胜时给出建议。如果不明确把所有的责任和权限都交给社长，那么可能好心干坏事，反倒妨碍新社长做事了。"其实，山下俊彦心里连董事会都不想再留。

完全从系统退下的同时，山下俊彦还做了最后一件大事。松下电池工业的社长东国德曾一度被视作接替正治社长位置的不二人选，而在山下就任总公司社长前，小蒲秋定就已经是松下通信工业公司的社长了。山下俊彦解除了这两人的社长职务。两人以为，从社长职位退下来后，理所当然就会成为子公司的会长，结果山下俊彦并未任命他们做会长。

山下俊彦同时还解除了国信太郎的松下电子元件公司的会长职务，国信太郎可是前一年才刚当上会长。山下俊彦将全部的责任和权限都集中在谷井昭雄手中。山下俊彦所说的"明确责任和权限"就是指这些事。

这些操作并不容易。

继承东国德的职位的石桥太郎就发过牢骚："12月收到公司的内部决定后，山下就让我即刻去子公司上任。可是，东（国德）却不把我介绍给松下电池公司的员工。好不容易终于要介绍了，结果东（国德）却说：'这是石桥。报纸上说他是下一任社长，但还只是内部决定，还没正式上任。'东（国德）就摆出了这副样子。"

1985年，松下电子工业公司的三由清二突然去世，势要成为半导体业内顶尖制造商的藤本一夫就任社长。除了松下寿电子工业公司的稻井隆义，松下幸之助的大掌柜已被连根拔起。这就是山下俊彦用自己的卸任换来的。

山下俊彦发出了作为社长最后的讯息。表明卸任意向前，他在1月10日发布了1986年年度经营方针。表明卸任意向后，他又在公司内部报刊上发表了文章。在这两篇文章中，他强调的是"世界""个人"以及"勇气"。

山下俊彦在1986年的经营方针中提出了"与世界同步"的口号。

他先从1929年的世界经济危机和日本的昭和危机讲起。第二次世界大战结束后，在美国的领导下，日本吸取了经济危机的教训，构建起了自由、无差别、互惠的自由贸易体制，给日本经济带来了繁荣。然而，美国现在却苦于贸易逆差，与外国的贸易摩擦加剧，自由贸易体制被动摇。

为了维持自由贸易体制，日本必须行动起来。"不能仅仅为了国家利益而行动，现在已经到了要为世界经济的成长和发展贡献力量的时候。"日本要做的，就是大胆地扩大国外生产。

松下电器公司要走在最前头。山下俊彦说："领头羊必然辛苦。"

"只要不改变企业的态度，贸易摩擦就得不到解决。正如我在一开头提到的那样，松下电器公司在这方面已经是电器行业内最有影响力的领头羊了。松下电器公司必须率先迈出扩大国外生产的那一步。""松下电器公司的行动就是日本的行动。松下电器公司就是处在这样的位置上。"

松下幸之助点名要山下俊彦出任社长时曾说过："日本将挑起世界经济繁荣的重担，并成为其核心力量。日本需要诞生一个配得上'核心'称号的经济体。实践这一理念并拿出成果，这份伟人的工作必须由一个人完成。下一任社长就必须是这样的人。"

松下幸之助的世界意识在山下俊彦最后的经营方针中发出了回响。

## 挑战困难

接着是"个人"。可能台下的听众也有些不知所措，在描绘战略的经营方针中，社长竟然提到了"搬家"的话题。

搬家的是负责工厂自动化、机器人的精密机械事业部。或许应该说是一种令人悲痛的机缘巧合。因意外事故倒下的森田稔培育起来的这个事业部，在森田稔遇难的前后脚建成了甲府新工厂，203名员工全部从大阪迁移到甲府。其中，技术岗占六成。

在松下电器公司的历史上，将整个事业部迁移到500千米远的新地点从未有过。在大阪的房子怎么办？家人怎么办？无法回避的个人问题层出不穷，但是，这场大迁移还是顺利完成了。山下俊彦说，这得益于事先准备好了员工携家人去当地体验的机会，不把公司的意志强加给员工，而是站在每一名员工的角度上，多次和他们对话协商。

"甲府的这件事有很多我们可以学习的地方。借此机会，我想拜托大家一件事。有的人认为，如果建造一座享誉世界的机器人专门工厂这一目标已经十分明确了，那么剩下的就是员工自己的个人问题了，不管是家庭的问题，还是房子的问题，这些事情虽然公司都可以帮忙，但说到底还是员工自己个人的问题。秉持这样的想法是坚决不行的。如果不能站在每一名员工的立场上想问题，这么大的工作地变动项目是不可能实现的。"

山下俊彦又重复了一次"拜托大家"这句话。

"我今天特别想就此拜托大家。不管取得了多优异的成果，一旦这些成果是建立在牺牲个人的基础上才实现的，那么就绝对称不上好成果。我认为，在尊重个人，求得每名员工家人协助的基础上取得的那些优秀成果，才是好的成果。"

这就是山下俊彦想要表达的理念。

山下俊彦在最初的1978年年度经营方针中提到了"公司该有的样子"。"我最希望的是，公司的目标建立在每一名员工目标的延长线上。"在最后的经营方针中，山下又重新确认了自己最初提到的那个"该有的样子"。

之后，山下俊彦又强调了"勇气"。"六一行动"对新业务领域的涉足还没有到取得成果的阶段，这点让他牵挂。他格外提高了声调。

"企业的使命就是不断创造新的价值和财富，再将其提供给社会。这份使命正是企业存在的价值。在发展的过程中，行动先于理论。不拘小节，要勇敢朝目标迈进。即使遇到风险和困难，我们也要精神饱满地向前迈进，哪怕是一小步也好。这是企业的活力所在。在这个过程中，人会成长。"

研发是靠99%的失败支撑起来的。在风险和困难面前，切勿缩头畏尾。

在另一份社长寄语，也就是为公司内部报刊写的文章中，山下俊彦再次强调要戒骄戒躁，敢于挑战。

"导致事物消亡的最大诱因之一是人们的骄傲。沉溺于过去的荣耀中，失去了挑战新事物或者困难事物的勇气，强大就这样转变成了弱小。""企业是活的，有活力的企业走向繁荣，失去活力的企业则会走向衰败。企业一旦故步自封，只会日渐衰落。"

最重要的就是要把公司建成有活力的、不惧困难的集体。只要有这种精神在，不管时代怎么变化，公司都会辉煌。山下俊彦一如既往坚持他在空调事业部部长时期说过的话："希望我们事业部能永远拥有一颗年轻的心。""希望我们的事业部能充满活力，拥有去冒险和不畏困难、敢于迎战的勇气。"山下俊彦一以贯之坚持了自己的价值观。

"活力是靠大家营造的。能够共享新时代价值观的一代人成为主角时，变革就会实现。希望各位员工能够团结在新社长的周围，发挥自己的主体意识，努力拼搏下去。"

年轻人，保持你们的主体意识，成为变革的主角吧。勇敢地全速奔跑吧。

文章的结尾这样写道："这9年，我作为社长，把我该说的话都说尽了。今后我将作为顾问辅助松下会长和谷井社长的工作。请大家多多关照。"

山下俊彦9年的社长生涯画下了句号。

# 第11章

# 与"松下家族"对决

松下幸之助选择山下俊彦作为社长时，曾交给他一份写有20条注意事项的指南，对他说："按这个做。"

（1）确定经营理念。

（2）明白所有事情都是变化发展的。

（3）拥有人生观。

（4）正确认识到使命。

（5）遵循自然规律。

（6）利润即报酬。

（7）贯彻互利共赢思想。

（8）明白社会是发展的。

（9）坚信自己能成功。

（10）注意要自主经营。

（11）实行水库经营法<sup>①</sup>。

（12）实行恰当的经营方法。

---

① 水库经营法是松下幸之助提出的理念之一，即企业经营会受外部环境左右，但如果像水库那样日常保存研发能力、人员、设备、资金、库存等要素，就能在一定程度上抵御外部风险。——译者注

（13）保持专业。

（14）培养人才。

（15）集思广益。

（16）坚持对立统一。

（17）经营即创造。

（18）适应时代变化。

（19）关注政治。

（20）真诚。

谷井昭雄从山下俊彦处接过社长职位时，没有任何通知事项。

谷井昭雄说："通知事项？没人跟我提过这种事。有些很热心的前辈，不管好事还是坏事，总会指指点点。这一点，山下倒是淡然处之。"

当然，谷井昭雄曾经主动找到山下俊彦，说："有这么一件事儿。"来征求他的意见，这时山下依然话不多。"虽然山下也回答了我很多问题，但命令或是意见类的一次也没有。他没有说应该这么做或应该那么做。山下是个爽快的人，有时我都觉得他有些冷淡了。但是，说他冷淡呢，似乎意思又不太对。他这种人很少见的。哪家公司都会有那种爱指指点点的人，但他却完全不同。"

山下俊彦在卸任前一年曾说过："我如果退下来了，我会忘掉松下电器公司。没什么可以回忆的。"但是，曾经倾注心血的经营事业他真的能忘吗？山下俊彦努力地想要忘掉它们，尽力让自己从经营和公司中抽离出来。

山下俊彦还控制自己与公司内部人员的交往。

## 长江上的乘船旅行

山下俊彦的"老巢"空调事业部成立时间较短，所以山下俊彦卸任社长时，不像其他事业部那样，已经有了由前员工组成的工会。于是，约三四十名前员工经过交流后决定成立一个前员工工会，他们觉得，既然好不容易成立了，不如首次聚会就请山下俊彦出席吧。

前员工工会的代表前去邀请山下俊彦，结果山下俊彦说："我还不算前员工。"当时，山下俊彦是董事会顾问，依然要参加董事会的会议，要说在职也确实是在职。"是我失礼了。那么，请您作为在职董事参加我们的聚会吧。"

那名前员工想："山下现在也会讲这种笑话了。"山下俊彦并不是讲笑话，而是自我规制。"还不算前员工"不过是个借口。对于前部门的老同事，山下俊彦不可能不关爱，但是，就算是前员工的聚会，他也尽量削减自己的影响力。

结果山下俊彦还是参加了前员工的聚会。不过只是露了个面，很快就走了。

不仅空调事业部的前员工，公司内还有很多领导都尊山下俊彦为师长。但是，山下俊彦卸任后没有给他们打过任何招呼。就连山下俊彦曾经的战略参谋，取得山下俊彦深厚信任的佐久间昇二也表示："山下卸任后我们连闲谈都没有过。基本没怎么见过。"山下俊彦尽可能不靠近他们。

山下俊彦招呼的酒友中有他从前被派到西部电器公司时提拔的年轻工程师丰岛荣。丰岛荣滴酒不沾，山下俊彦却大喝特喝葡萄酒。喝得太多了，丰岛荣都有些担心了。"你喝这么多，夫人会生气的。偶尔也让肝脏休息一下吧。""说什么话呢？一旦让肝脏休息，我就死了。"西部电器公司是松下电子工业公司的子公司，离松下电器总公司非常遥远。面对滴酒不沾的丰岛荣，山下俊彦才终于放宽了心。

还有这么一件事。1993年，原压缩机事业部部长、时任松下电子工业公司社长的杉山一彦很少见地被山下俊彦叫了过去。"杉山，你来一下。我收到这个文件。"一看，原来是松下电器公司与北京市合资兴办的显像管制造公司"北京松下彩色显像管有限公司"的中方领导发来的邀请信。"对方一直邀请我去中国。这样的邀请信都来了五次了。是不是必须得去啊？"杉山一彦答道："那肯定必须要去啊。""那你也跟我一起去。"

虽然等到谷井昭雄担任社长时，北京松下彩色显像管有限公司才正式开始运转，但是决定投资该公司的人是山下俊彦。成立4年后，公司终于步入正轨。公司准备仿效松下电器公司的传统，召开首届全公司运动会。公司希望山下俊彦能出席这次运动会。另外，当时中国三峡大坝正在建设中，大坝一旦完工，白帝城（刘备逝世的地方）等长江流域与《三国演义》有关的景观将可能有所改变。

《三国演义》是山下俊彦爱读的书之一。但毕竟自己已经卸任社长，再代表公司去运动会观礼不太合适。因此，他才在征得负责显像管事务的松下电子工业公司社长杉山一彦的同意后，请求杉山一彦一同前往。

于是，从重庆到武汉，杉山一彦与山下俊彦在船上待了三天三夜。船的名字叫"白帝号"。说实话，与沉默寡言的山下俊彦一同旅行稍微有些堵心，但山下俊彦却没有让对方刻意照顾或注意什么。这趟乘船旅行随性且愉快。

三天时间里，一行人被长江雄伟的风景震撼了。

白帝号在长江上某个港口停泊期间，山下俊彦突然不见了。大家都焦急万分。三个小时后，山下俊彦自己高兴地回来了。原来，他乘着江风，沿着江边的街道散步去了。这附近就好像自己的社长时代，飘摇激荡。

## 阿蒙森和斯科特

山下俊彦退居顾问时，日本经济团体联合会的专务理事三好正也通过佐久间晃二表达了希望山下俊彦务必加入日本经济团体联合会的愿望。应该就是想让山下俊彦做日本经济团体联合会的副会长。佐久间晃二跟山下俊彦转达这一消息时，山下俊彦只说了一句："这种事情不可能。"

对于松下电器公司的经营，他也不再干涉一个字。而他热心参与的是守住松下幸之助兴办起来的社会事业，并让其不断发展。

山下俊彦退居顾问三年后，松下幸之助去世。在这之后，山下俊彦向社会事业的倾斜更加显著。或许他已经意识到自己要继承松下幸之助的遗志。

在做社会事业的间隙，如果有时间他也会接受一些讲演邀请。地方经济团体、中小企业经营团体的讲演会，以及面向大企业领导的讲习会他都出席过。讲演时山下俊彦虽然神情木讷，但从不草率了事。

到了规定的结束时间，他也会主动提出"再给我一点时间可以吗"的请求，争取把自己想说的话都说完。

讲演对山下俊彦自己也有好处。随着讲演越来越多，他的思想也更加深邃和纯净。

山下俊彦在讲演中提到的案例有：松下电器家用面包机的研发故事、电池事业部的名古屋工厂、熨斗事业部等。关于熨斗事业部的事，山下俊彦是这么讲起的。

"成为社长之后，我需要统观全局，考虑利润。我们公司的事业部大小不一，大的比如有像录像机事业部这样5000多人的部门，小的则只有几百人。小事业部负责的大多是成熟商品，销售额不太可能会增加。可能大家都会觉得，这种事业部在利润层面会比较辛苦。但是，这些事业部反倒做得很好。最典型的就是熨斗事业部。"

熨斗事业部总共有365人。熨斗在1970年最流行的时期，日本全国的销量达到过322万台，之后销量就一直在250万至260万台徘徊。日本原本有100家熨斗公司，后来逐渐减少到只有4家。当松下电器公司的熨斗事业部的利润率超过了冰箱和录像机，达到了顶尖水平，这是为什么呢？

其中的一大原因是，市场已经不会再增长了，这份危机感遍及了事业部每个人。于是，这么小的一个事业部被分成了12个小组，每个小组独立计算盈亏，从上一道工序的小组处进货。每个小组每个月决算，每个人的行动都会通过数字展现出来。一旦人需要对数字负责，自动化就不再是万能的了。如果人工处理比输入设备更便宜，那么就用人工。旧设备也会得到好好修缮，老工具也会得到改良，物尽其用。

在小组内彻底执行合理化理念后，接着就需要从小组的角度来思考，如何提高事业部整体的销售额。于是他们决定，男女员工两人一组，在销售店举办熨斗使用方法的讲习会。无论是消费者还是销售店都没有接受过熨斗正确使用方法的培训，也完全没有意识到过这一点。怎么熨才能不让西裤产生多余折痕？衬衣的衣领又该怎么熨？正确的方法是先从衣领的背面开始熨，待形状差不多固定之后，再翻到正面熨到两头差不多三分之二的部分，"啪"地一下衣领就能立起来了。听过讲习会的销售店在售卖熨斗时方式完全变了。他们会教消费者正确的使用方法，消费者学会后对品牌的信任感也会进一步加强、"松下电器的熨斗在世界范围的市场占有率为10%。熨斗事业部希望能把市场占有率提高到和通用公司一样，达到22%。"

通过熨斗事业部的事迹，山下俊彦想要强调的是个人的主观能动性。"事业部里365名员工和事业部部长一样掌握着同等的信息量，也与事业部部长一样对经营保持同样的关心度和感知度。"每个人都是事业部部长，也就是主人公，这是熨斗事业部最强大的地方。

1991年，山下俊彦在位于瑞士的世界道德重整协会总部举行了演讲。在这里，山下俊彦比较分析了抵达南极点竞争中的双方——阿蒙森队和斯科特队的情况。众所周知，阿蒙森队是历史上首个抵达南极点的队伍，且五名队员全部安全返回，而在他们之后34天，斯科特队也抵达了南极点，但队员都没能活着回来。

罗伯特·斯科特在临终前，给他去世队员的家人寄去了内容相同的道歉信。

"现在我们濒临死亡。临终前我想告诉你们，他们每个人都很优秀。他们总是乐观开朗，不害怕为他人而牺牲。我让他们遭受了这般痛苦，他们却对我毫无怨言。他们生前勇敢又诚实，他们是最好的伙伴。我想要告诉你们，他们临终前依然保持着这样的人生姿态。"

很多人赞赏罗伯特·斯科特崇高的精神。斯科特曾是海军上校，他的小队按上情下达的方式在运转。

相反，罗阿尔·阿蒙森完全不下达命令，他尊重队员的自主选择。他首要考虑的是如何才能让队员们自发且愉快地工作。他先让队员们自己思考，思考之后，工作就成了自己的东西。队员后来的回忆中，都是快乐的经历。

山下俊彦在这次讲演的最后这么总结："最重要的并不是要命令所有人做这做那，而是要让他们自愿设立自己的目标。每个人都保持着目标一定要实现的强烈愿望、自主思考、自己下功夫、自发地去努力，才会取得成果，进而也能获得工作带来的满足感。按自己的意愿做出的行动才会结出果实。"

## 利润是次要的

此时，山下俊彦被一名美国的棒球球员深深吸引。这名球员就是吉姆·亚伯特。吉姆·亚伯特没有右手，但他却能用左手投出时速140千米的球，是一名铁腕投手。山下俊彦在电视上看到了因参加比赛而来到日本的吉姆·亚伯特。击球手打出强烈的滚地球弹回到投球手附近时，吉姆·亚伯特瞬间就把手套套在左手上，接住来球。接着又脱下手套，将球送向一垒，一垒出局。这一系列的动作在转瞬之间就完成了。

在盛冈进行的第二场比赛上，山下俊彦看到了更加感人的一幕。日本的一对年轻夫妇带着年幼的孩子来见吉姆·亚伯特。孩子和吉姆·亚伯特一样，也没有手。这对夫妇希望吉姆·亚伯特能告诉孩子，"即使没有手，也能成为优秀的人。"为了实现这一愿望，他们请求与吉姆·亚伯特合影。

吉姆·亚伯特揉搓着孩子的手臂，再把自己的手臂给孩子看，他说："今后你可能会很辛苦，但是，只要你尽全力，前途一定是光明的。"孩子还很年幼，根本不明白吉姆·亚伯特在说什么。于是，吉姆·亚伯特把话写在纸上，交给了这对夫妇。他还加上了一句："父母不能丧失信心。请你们保持希望，抚育他长大。"这对夫妇感动得流下了泪水。

山下俊彦想，人类的能力是无限的，不管环境多么严苛残酷，只要努力经受锻炼，可能性就能无限扩展。人一旦靠自己的力量拓展了可能性，对别人常常会很温柔。吉姆·亚伯特很讨厌面对各大媒体，但面对素未谋面的小孩却饱含关怀与爱意。

山下俊彦在自己整个的工作经历里，一直相信人能力的可能性，他把每个人的主观能动性看得比什么都重要。这种想法有时会非常强烈，但从未削弱过。在卸任社长职位后，这种想法反而变得有些过激了。

1994年，山下俊彦访问了一家名叫日特工程的中小企业。现在这家企业已经在东京证券市场上市，懂行的人肯定知道这是一家实力派企业，但是在山下俊彦拜访当时，这家公司的主力工厂福岛工厂的员工只有80人。

山下俊彦竟然和夏普的原副社长佐佐木正一起访问了这家小工

厂。佐佐木正是将夏普公司半导体事业一手培育起来的人，当时他辞去了夏普公司的职位，集中精力做风险投资。虽然已经从电子工业中隐退，但两人都是行业内的专家。他们专程前来，是因为日特工程作为业界先驱，挑战了多台机器并行操控的自动化生产线，凭借线圈绕线机实现了公司的迅速发展。

负责接待两人的是该公司当时的专务，现任社长近藤进茂。近藤进茂说："山下死死地盯住工厂的各个要点不放。他肯定看穿了什么。我当时想，这真是个可怕的狠人。再加上他一言不发，就显得更加可怕了。"

当时山下俊彦感觉很新鲜，且受到了冲击。山下俊彦进入工厂与员工的眼神交汇后，员工都会脱帽表示："欢迎光临。"访客进入工作场所后，员工齐声打招呼致意，这类惯常的场景山下俊彦很熟悉。但是，在这里，每一名员工见到他时，都会对他点头致意。山下俊彦有些慌神了。地板被清扫得很干净，员工爽朗大方。山下俊彦想，正是因为在这样的工作氛围下，业内第一条自动化生产线的想法才得以诞生。

被问到"员工为什么能做到这么有教养"时，近藤进茂回答说："我告诉员工，客户能够移步到这样的地方来，本身就很值得感激。如果换作我们去拜访客户，那么无论是人力还是成本都会消耗很多。既然客户来了，那么工厂就变身成了展厅。至少要做到宾至如归。这份情感就是我们最好的待客之道。"

工厂旁边建有一栋酒店一样的四层建筑。四楼是配有专职厨师的大食堂，三楼是健身房和唱歌房，二楼有休息室和茶室，一楼进门就是公共澡堂。近藤进茂说："现在每家每户都有浴室，但以前大家都在公共澡堂里聊天。希望能让大家感受一下公共澡堂的好处。"因为是一家只有80人的中小企业，能做到这种程度也就不足为奇了。

一楼悬挂着一块匾额，上面写着"职学游"三个字。当时的社长认为，人生最重要的就这三个字。

山下俊彦认为，这里的经营者并没有优先考虑企业的利益，反而将让在自己公司工作的员工幸福当作头等大事。之后，山下俊彦在讲演上常常会提到日特工程公司的事例。他所用的言辞也很激进。

"我想说的是，未来的经营必须要做到：以人为本，破除唯结果论。中小企业能做到这一点。据我了解，有一家拥有200~500人员工的企业坚持以人为本，取得了丰硕的成果。同时，在那家公司工作的每一名员工在工作时都饱含喜悦。现在的日本过于偏向大企业了，而这些大企业又都保持工作中心论，与当地社会完全不产生关联。大企业只注重结果，员工的幸福感被放在了次要位置。但我觉得，中小企业的经营者才真正看到了全部。他们想的是要让每一名员工幸福。今后，这样的企业家会增加，这类经营方式会被肯定。"

山下俊彦最终捅破了那层窗户纸。他断言：成果也就是利润都是次要的，比起成果，公司更应该重视工作者，将让他们幸福作为经营的第一要义。

"以前企业都把重点放在成果上，强行要求工作的人有义务取得优异的成果。并不应该如此。让工作的人幸福，让员工的人生丰满起来，这才是最应该重视的。为此，需要全力发掘出每一名员工的能力并加以利用。做业务的人对工作感到喜悦，内心感到充实，这才是最基本的。"

公司必须拼尽全力发挥每个人的能力。发现每个人的能力，让他们的能力被发现是公司的义务。公司是为了个人而存在的。山下俊彦已经到达了这个层次。

于是，突然发生了下面这起事件。

## 拒绝家族式经营是松下幸之助的遗言之一

因为曾在飞利浦公司考察学习，山下俊彦担任了关西日荷协会的会长。1997年7月15日，在大阪广场酒店二楼的"聚乐之间"，日荷协会总会的会后宴席上发生了一件事。20多人的记者团包围了山下俊彦，向他提问。"有消息说松下电器公司下一任社长将由松下正幸担任，您觉得他能胜任社长职位吗？"

松下正治的长子松下正幸当时已经是副社长。山下俊彦一向三缄其口，此时他却掷地有声地说出了下面一段话。"这件事，我是绝对反对的。""今年之内我会采取一些措施。你们等着瞧吧。"

山下这番发言仿佛一颗炸弹。退居顾问后，山下俊彦一直谨言慎行。他对外从不评论松下的经营和人事问题。围着他的记者们瞬间呆若木鸡。第二天一早，继续追问他的周刊记者更吃惊了。山下俊彦直面每一名记者，坦率且翔实地说出了他内心的真实想法。

"现在再不说就晚了。公司似乎正顺利地朝着松下正幸担任社长而准备着。真是这样的话就无可挽回了。与其说我是不满，不如说我认为松下正幸什么都没经历过却做了副社长。最近他还愈发沾沾自喜了。"（摘自《朝日新闻》7月19日刊）"松下正幸如果才干出众那另当别论，但能力也好，经验也罢，他什么都没有。会长（松下正治）或许出于父子之情想要让松下正幸做社长，但如果真这样，松下电器公司会倒大霉的。我不能坐视不管。"（摘自《周五》8月8日刊）

然而，11年前的1986年，将松下正幸提拔为董事会成员的不是别人，而是山下俊彦。当时松下幸之助发表评论称，"每次和松下正幸聊天，我都能感觉到他的成长，感觉他越来越坚强可靠了。松下正幸做董事会成员，我没有异议"。

这一说法后来也被山下俊彦推翻了。"当时，只有我和总顾问表示绝对反对。"据山下俊彦说，他和松下幸之助都是被松下正治、松下幸之助夫人梅野和松下幸之助长女松下幸子他们逼迫给松下正幸升职成为董事会成员的。

正如岩濑达哉在《血族之王》中描述的那样，松下幸之助有段时间把复兴没落的松下家族作为自己工作的原动力。但是，从伯爵家中获得的这个女婿松下正治担任社长的能力令他失望，反而他对于没有亲缘关系的外人的信赖感与日俱增，最终松下幸之助从"血缘亲族"的束缚中解放了出来。不对，或许在此之前，"血缘亲族"的束缚感就已经很淡薄了。

长女松下幸子的言论可以佐证这一点。

现将福田和也《水滴盛满之时》中的描述引用如下：

"我的父亲与'顾家'这个词毫不沾边。他99.99%的注意力都集中在公司，甚至有一次连自己外孙的名字都给忘了。大约

30年前，有位熟人家里生了孩子，想让我父亲给取个名字。父亲说，名字里面有个'正'字比较好，再加上他自己名字里的'幸'字，就叫正幸吧。如您所知，他自己的外孙就叫正幸，但他完全不记得了。那位朋友听了后也大吃一惊，问：'真的可以吗？'父亲愣了一下，思考了一会儿才说：'啊，这样啊？'他这才想起来。社会上都以为他可爱的外孙会继承松下电器公司，事实上完全不是这样。"（摘自《辉煌的昭和人》）

山下俊彦斩钉截铁地说："拒绝家族式经营是总顾问的遗言之一。"松下幸之助并不希望松下家族成员来继承公司，他更希望有人能继承松下电器公司以使命感和事业部体制为基础的经营理念。山下俊彦一开始也对压得人喘不过气来的使命感很抵触，但后来他发现，这两大基础的共通之处在于它们都是松下幸之助真正想倾注在每一名员工身上的，于是他深深理解了松下幸之助。

1989年，临近死亡的松下幸之助虽然已经卧病在床，但是每月听副社长平田雅彦汇报决算报告的习惯依然没有中断。每次报告之后，松下幸之助都会提问，只有那一天松下幸之助的眼睛望着远方，一言不发。他突然说："平田，员工工作时还幸福吗？"平田雅彦听到的这句话是松下幸之助留在这个世界的最后一句话。

"员工工作时还幸福吗？"山下俊彦应该从平田雅彦那里听到了这句话。果然松下幸之助和自己的想法一样。

另一方面，会长松下正治和山下俊彦的关系就没那么幸运了。松下正治曾公开表示，"最早提名山下做社长候选人的是我"（虽然实际提名山下俊彦的应该是高桥荒太郎）。可见在山下俊彦做社长的初期，松下正治是支持他的。或许松下正治以为，山下俊彦奉行的理性主义可以攻破松下幸之助的堡垒，成为自己权利重建的桥头堡。所以，在松下幸之助的"攻击"下，他也曾一度保护过山下俊彦。但是，后来山下俊彦拒绝让松下正治出席常务会并与松下幸之助"和解"，松下正治越发被孤立。

或许是被排挤和孤立之后的反抗喷涌而出了吧，在山下俊彦卸任后的11年里，松下正治集中全力要将儿子培养成社长。松下正治把血缘亲族的利益放在首要位置考虑，这种做法和松下幸之助"让每一名员工幸福"的思想水火不容。

松下幸之助去世后，松下正治多次夸耀地表示，自己在岳父身边工作了近50年，自己的一言一行仿佛继承了松下幸之助的思想一样。松下正治一方面扮演着继承者的角色，一方面又背叛着松下幸之助。

"不只是正幸的问题，现在的松下电器公司都是以会长为中心，按照会长的想法在做事，这是最大的问题。众所周知，在松下幸之助生前，两人曾闹得不可开交，甚至到了要断绝关系的地步。松下幸之助去世后，会长就像什么事也没发生过那样开始赞美松下幸之助了。会长那人真的很奇怪。都已经80多岁的人了，早该跟公司划清界限了。"

但是，山下俊彦从社长职位上退下来时，松下正治的存在感很弱。为何松下正治会膨胀到这个地步，逼得山下俊彦决意要破戒奋起声讨呢？这段时间松下电器公司的经营又发生了什么问题呢？

要探索这些问题，必须将时间拨回到1986年。

## "出类拔萃"之辈

对于谷井昭雄任社长一职的事，山下俊彦想得很周到。山下俊彦自己被从董事会成员突然提拔到社长的职位，曾经深感困惑。但在1982年，山下俊彦任命谷井昭雄为专务时，就已经决定要让谷井昭雄接替自己，并在第二年就将他提升为副社长。山下俊彦还让他担任产业结构改革"六一行动"的总指挥，这每一步所有人都能认可。

谷井昭雄的信条是：战略诞生于一线。谷井昭雄把生产的第一线，也就是事业部放在最重要的位置，这点和山下俊彦一致。与山下俊彦不同的是，他滴酒不沾。不过他会频繁出现在下属的聚会上，为每个人斟酒。报告的时长一旦超过10分钟，山下俊彦就会明显露出焦躁的情绪，但谷井昭雄却拥有将对方的话听完的包容能力。吸引山下俊彦的正是谷井昭雄的沟通能力。

山下俊彦为与自己性格迥异的谷井昭雄配备了四位参谋。笔尖参谋是佐久间舜二，他是"六一行动"计划的起草者，也曾和谷井昭雄一同组队走遍了日本；会计担当是从日本胜利公司被邀请来的平田雅彦；制造担当是村濑通三，村濑通三曾在录像机事业草创期为了减少"抚养"人数，被送养给了生产技术总部；最后，技术担当是半导体的权威水野博之，他曾经穿着拖鞋频繁前往美国文化中心饱览群书。这四个人都是成功经历过修罗场考验的出类拔萃的人才。

山下俊彦卸任时说："新社长坚持或是改变我制定的路线都可以。也正因如此松下才进行了社长交替。"这番发言很干脆，是典型的山下俊彦风格。但是山下俊彦确信，通过自己这个布阵，"六一行动"的两大主题"结构改革"和"体制强化"能够继续深化下去。

的确，谷井昭雄上任新社长后，打出了"发挥个性，连接个体"的口号。在尊重每个事业部的自主性的同时，坚决推进结构改革，并且谷井昭雄强烈意识到，应该注重如何将每个人的自主性与整体的发展相结合。

为此，谷井昭雄设置了一个称作"M单元"的"装置"。工厂内的各条生产线就是一个"M单元"，也就是经营的最小单位，每条生产线的负责人和班长自主确定"任务计划"，实行"责任经营"。仿造录像机事业部和熨斗事业部的先例，全公司诞生了迷你事业部、事业部内事业部。"M单元"的名字以各条生产线负责人的姓氏命名。

不管上层的事业部结构怎么变化重组，只要基础单位的迷你事业部依旧保持活力，那么事业部的根基就不会动摇。同时，这一措施还在尝试接近山下俊彦"每个人都是主人翁"的理念。

此外，谷井昭雄还追问：21世纪的松下电器公司应该是什么样。谷井昭雄新提出了"人类21"的理念，在这一理念的指导下，谷井昭雄让年轻人来具体描绘下一代松下电器的模样。各部门选拔出二三十岁的年轻员工组成小组，各自描述"梦想"的样子并分享，并最终落实到产业战略层面。为了不让这项活动变成信口开河、只说不做，谷井昭雄为每个小组都配上了一名公司领导具体负责。

谷井昭雄还做了一项他觉得自己该做的工作。谷井昭雄说："山下虽然不会具体指示我做什么，但经常让我要好好干。"按谷井昭雄自己的理解，他觉得山下俊彦说的好好干就是要让他好好摆正创始人与经营者的关系。

谷井昭雄在仔细调查三井、三菱等企业的经营者如何处理与创始人的关系的同时，也开始着手讨论变更松下电器的公司名。新公司名的候选名单中有现公司名"Panasonic"，也有"Pana"以及当时公司英文名的简称"MEI"等。当然，公司名称变更中包含了谷井昭雄明确想要将松下电器公司的经营与创始人分割开来的意图。

谷井昭雄沿着山下俊彦确立的大方向行动了，山下俊彦的想法正稳步地朝着实现迈进。我们一度这么认为。

然而，泡沫经济将这一切都化为泡影，一切都改变了。

## 回到"家电王国"的原点

昭和时代末期至平成时代初期，日本列岛被前所未有的"泡沫"覆盖。导火索是《广场协议》带来的日元升值。日本政府及中央银行唯恐日元升值导致经济低迷，连珠炮般接二连三地下调政策利率，引发了地价暴涨。由地价上升而催生的潜在利益被用作担保金，银行随之扩大了融资幅度，这些增加的资金再度流入土地买卖交易。

另外，即使日元已经升值，美国对日本修正贸易逆差的要求并未停止。日本政府起草了《前川报告》，将经济的方向由出口主导转向了内需主导。这又为地价的暴涨进一步煽风点火。地价暴涨使得保有土地的企业股价水涨船高，1989年证券交易所的年终交易日，日经指数[①]为38957日元，突破了历史极值，这一数字是《广场协议》时的3

---

① 日经指数，又称日经道琼斯指数，是由日本经济新闻社编制并公布的反映日本股票市场价格变动的股票价格平均数。——编者注

倍。即使是这样，坊间依然盛传"很快就会升至10万日元"。高级轿车和奢侈品的销售量疯狂增长，日本列岛整个陷入了癫狂的状态。

松下电器公司也被卷入了泡沫之中。

松下电器公司的异常来自家电产品突如其来的畅销。谷井昭雄就任社长的第一年（1986年），受日元升值影响，家电的出口急速滑落，收益不得已大减。然而，第二年（1987年）的下半年开始，日本国内家电产品的销量急速增加，增幅突然破两位数，达到了14%。主力产品录像机的销售量则创纪录地增加了三成。也有人怀疑："这样下去可以吗？"但很快这种增长变成了常态。

索尼公司曾经与松下电器公司旗下的VHS频繁掀起激烈的录像机战争。但是到了谷井昭雄上任第三年（1988年）的1月，索尼公司宣布将在生产"Beta max"系统的同时也生产VHS。这意味着在这场战争中VHS取得了完胜。松下电器公司内对于"家电王国"的自信又被强烈地唤醒，而这也成了谷井昭雄前进路上的绊脚石。

泡沫经济过去近30年后，谷井昭雄回忆说："那时，我要是再强化一点工业电子产业，就能为现在津贺（一宏）社长在做的事情做些铺垫了。但没多久电视机销量就上去了，我们这边状况也改善了。与其说是我们疏忽大意了，不如说我们把重心偏向了生计方面。虽然嘴上说着要改革，但下不定决心。回过头来看，这也没做到，那也没做到。我常常会这么想。"

"六一行动"的两大主题是"体制强化"和"结构改革"，是"深化"和"探索"的两手经营。然而，既有领域的深化相对容易，工业电子产业这一新领域的探索费时又费钱。最终，松下电器公司经营的轴心从结构改革中偏离，又回到了自己擅长的家电领域。

即便如此，谷井昭雄依然表示，"在半导体领域至少要成为世界第二"。他命令副社长佐久间昇二起草投资计划草案。但是，负责执行计划的松下电子工业公司的社长畏缩了，在他的苦苦哀求下谷井昭雄搁置了这一计划。松下电器公司整体开始弥漫着畏惧探索、害怕困难的气氛。

不仅松下电器公司是这样。1986年，日本半导体的产值超过美国跃居世界第一，而当年签订的《日美半导体协定》却是一个转折点。日本通商产业省按美国要求，一声令下，于是日本半导体产业开始努力抑制投资，实现所谓的"公平价格"，整个产业也暂时因垄断收益而获利。但是，减少设备投资的恶果最终像回旋镖一样伤害了自己。曾在世界范围内动态随机（存取）存储器（DRAM）领域有80%市场占有率的日本，在泡沫经济结束的第二年（1992年），又被美国重新逆转。日本半导体产业的领先地位仅保持了6年。

泡沫经济时期，不仅日本的产业从结构改革的探索中节节败退，同时"金融自由化"的浪潮也席卷而来。以前，企业的闲置资金都只是存放在银行，突然，大额定期存款、大额定期存单、外币存款、货币市场存单、特定金钱信托、信托基金蜂拥出现，金融手段瞬间增多。

松下电器公司的金融资产别名"松下银行"，整个集团范围内的存量约有20000亿日元。松下电器公司依照传统主攻营业利润，资产收益只是锦上添花。但是，在金融自由化时代下，一项金融手段的选择可能造成结果大不相同，所以管理着集团金融资产的会计部和财务部不得不绷紧头上那根弦。特别是财务部，甚至自称为"金融事业部"。

会计和财务部门的负责人平田雅彦的想法很清晰。"活用资产，安全性是第一位，在此基础上再考虑收益性。风险管理往往容易流于简单化，但我们要敢于挑战严格的风险管理。在寻找严格管理的投资对象的过程中，就会发现经营的真谛。"不管是资产活用还是投资，都要避免简单化，彻底做到严格把控。但是，在日本被泡沫覆盖的大环境下，"严格"已被四处飞散的灰烟扰得不见踪影。

1991年，待到飞灰散去，人们才发现，松下电器公司竟然掉进了一个古怪的陷阱。

## 三年时间，组合解体

尾上缝，一个泡沫经济催生的怪人。尾上缝是大阪南城一家名为"惠川"的餐馆的主人，却在股市上名声大噪。惠川餐馆前门庭若市，挤满了来自银行和证券公司想与尾上缝交易的人。然而，在她背后，其实隐藏着的是"借下家，补上家"的转手交易手段。松下电器公司就是被这个尾上缝骗了。

借钱给尾上缝的是松下电器公司的子公司松下租赁公司（National Lease）。这家子公司本来是负责松下电器产品的租赁以及按月分期付款销售事务的，但在泡沫经济时期，公司通过银行斡旋的非银行金融机构业务，业绩急速扩张。所谓银行斡旋的非银行金融机构业务，就是由银行介绍融资渠道，融资的钱款也是来自银行的一种轻而易举就能贷款的产品。松下租赁公司给尾上缝提供了800亿日元的融资，其中200亿日元后来形成呆账①，无法追回。

会长松下正治知道后暴怒。"创始人连自己公司的赤字产业都不批准借款。创始人一直教育我们，钱款的进出必须严格管理。创始人的经营理念去哪里了？"

松下租赁公司的社长即刻被免职，但这只是个开始。松下租赁公司在组织关系上受松下电器总公司生活营业总部管辖，而生活营业总部则是由营业担当副社长佐久间昇二负责。1992年，佐久间昇二因为管理失职被免去了副社长和董事会成员的职务，职位降为"参与"（董事待遇）。负责会计的副社长平田雅彦也被降为普通董事会成员。

松下正治的攻击依然没有结束。只要打着创始人的旗号猛攻，说什么"违反创始人经营理念的行为是能被允许的吗？"松下电器公司内部无人能和他对辩。1993年2月，谷井昭雄辞去了社长的职务。山下俊彦卸任社长后成了董事会顾问，但谷井昭雄只是顾问。松下正治甚至没有允许谷井昭雄留在董事会中。

谷井昭雄辞职后，松下正治接受了《朝日周刊》的采访。（摘自《朝日周刊》1993年3月12日号）据说，当时他的语气很激昂。以下引用原文。

> 记者：谷井（昭雄）请辞社长一职时，您没有挽留他吗？
>
> 松下正治：没有。毕竟他也是深思熟虑后才说出希望辞职这

---

① 呆账是指企业在规定结算期内未能收回，有可能造成坏账损失的那部分应收账款。——编者注

样的话的。我估计他本人心里也不好受。松下租赁公司的问题发生时，谷井昭雄曾说："发生了这种事，自己不能不善后而立刻辞职。"于是，他给了下属相当严厉的处分，我想他内心也很难受。但是，到现在这个地步了，他说："处理得差不多了，可以把位置让给新人了。"

记者：您说您没有挽留他？

松下正治：挽留的话，他太可怜了。他本人已经那么难受了。谷井昭雄在经营责任人会议上明确表示："我感到自己应该负责任。全部责任都在我。"

记者：谷井（昭雄）明确说过自己不想留在董事会吗？

松下正治：虽然有董事会顾问这个位置，但因为他本来就是引咎辞职，他也不好意思自己提"让我做顾问吧"。最后，是我们商量后决定的。

记者：会长您没有说"请您留在董事会内"这样的话吗？

松下正治：没有说。他自己说了："我想抽身出来。最后我想把交接棒递给下一任社长。"

直到今天，谷井昭雄也没有就卸任的事情有过任何表态。一名与谷井昭雄走得很近的领导替他表达了一些想法。

"我觉得，谷井昭雄先生当时是打定了辞职的主意，抱着两败俱伤的想法前去与会长商谈的。他没有留在董事会的想法。但是，会长却……谷井昭雄先生觉得，如果自己不辞职，努力撑下去，那么松下电器公司的内部斗争必然浮出水面。谷井昭雄先生希望至少不要让社会上的人觉得，总顾问去世才四年，总顾问一手建起来的公司就在内斗。那么，就以自己辞职来收场吧。这就是谷井（昭雄）先生当时的想法。"

松下正治以为，松下租赁公司事件是个绝佳的机会，能将谷井昭雄和"出类拔萃"之辈的队伍解体。这支队伍最终只坚持了3年。谷井昭雄的团队继承了山下俊彦的志向，将松下电器公司的经营与创始人做出切割，松下正治坚决不允许这种事情发生。

即便如此，倘若谷井昭雄与四位负责参谋的副社长足够团结，或许可以应对松下正治的攻击。但是，随着泡沫经济的产生，公司结构改革的战略基础开始变得模糊不清，他们之间的团结也有所减弱。

山下俊彦交出接力棒时，最期待的还是谷井昭雄和佐久间晷二的组合。谷井昭雄强调"经营战略来自生产一线"，事事应以事业部优先作为准则，而佐久间晷二则超越了事业部层面，更重视从市场的角度观察问题。山下俊彦期待两人能融合。然而，别说融合，谷井昭雄后来渐渐疏远佐久间晷二，甚至将经营企划的掌管权利交给了平田雅彦。

1990年松下电器公司收购美国音乐公司的案件就具有典型的象征意义。美国音乐公司旗下拥有环球影片公司，当时松下电器公司的收购金额为61.3亿美元，是松下电器公司史上空前的大投资项目。谷井昭雄让负责会计的副社长平田雅彦来负责美国音乐公司项目。

公司内部惊讶声四起。"平田虽然有在日本胜利公司工作的经验，了解软件，但充其量也仅限于日本唱片界。好莱坞是完全不一样的另一个世界。"

受到1989年索尼收购哥伦比亚影片公司的刺激，松下电器公司的这次收购有很强的紧急决断的色彩。很难说松下电器公司已经确定要将软件作为新的战略事业来抓。当时有的领导说："据说让负责会计的副社长来管理美国音乐公司，是因为高层管理者只看到了它资产价值的一面。而会计与经营企划本来就是相反的东西。"

针对这项空前的大投资，松下电器公司内部意见并不统一。也正因为"出类拔萃"之辈的每个人个性都很鲜明，所以这支队伍才缺乏凝聚力。而松下正治正是钻了这个空子。

## 啊？居然是森下洋一

确定将被降职后，佐久间昇二去找了山下俊彦，结果被山下俊彦一顿训斥。"为什么要辞职？"从组织关系上来看佐久间昇二确实有责任，但是正常来讲，负责销售的副社长很少会仔细去看子公司的资产负债表。山下俊彦认为，佐久间昇二的责任还没到需要引咎辞职的地步。

"不是，不是我自己要辞职的，我是被逼着辞职的。"山下俊彦瞬间沉默了。"这样啊？看来不得不考虑你接下来的出路了。"

1993年春，佐久间昇二被山下俊彦叫了出来。山下俊彦告诉他："去做日本卫星放送公司的社长。"这个职位是松下电器公司的社外董事、日本兴业银行的特别顾问中山素平跟山下俊彦商量后为佐久间昇二准备的。

日本卫星放送公司是日本经济团体联合会牵头成立的卫星放送公司。其控股企业都是大型企业，然而，当时其累计负债额却已经达到了776亿日元，陷入了无力偿付的窘境。"请让我稍微考虑一下。"

佐久间昇二会犹豫也是理所应当。

山下俊彦又一次怒了。"还需要考虑什么！中山已经说了没事。现在立刻答应了吧。"

之后，佐久间昇二亲眼见识了山下的魄力。他与山下俊彦、日本经济团体联合会名誉会长一同去拜访日本卫星放送公司的会长斋藤英四郎。当时，斋藤英四郎说："一位优秀的人才成了我们公司的社长。我年纪也大了，就让我从会长的位置上退下来吧。"

这就和说好的不一样了。斋藤英四郎想要全身而退。如果斋藤英四郎不担任会长了，其他大型企业的股东也会纷纷开溜的。

山下俊彦"咻"地一声站了起来。"因为斋藤先生您在，我才派出佐久间的。斋藤先生您要是退下来的话，那我现在就把佐久间带回去。就当我们什么也没谈过。"日本经济团体联合会的名誉会长也拿山下俊彦束手无策。"既然山下先生这么说了，那我就继续做会长吧。"

山下俊彦送给佐久间昇二一句饯行的话："去日本卫星放送公司之后，多表扬一下下面的人。"佐久间昇二心想："我完全不记得您表扬过我啊。"

谷井昭雄和佐久间昇二不同，他是自己请辞的，而且请辞前他完全没跟山下俊彦商量。决定卸任后他才告诉了山下俊彦。谷井昭雄内心的想法是，自己不能再给山下俊彦增添负担了。

社长的继任人选是继承佐久间衣钵，升任营业担当副社长的森下洋一。据说这项人事任命是谷井昭雄与松下正治商量后决定的。森下洋一在关西学院大学学习期间，曾是校排球队的队员，通过运动员专项入职通道进入松下电器公司。森下洋一力求无失误、全身心地效力于领导。谷井昭雄和松下正治都对他有所关照。

当时，山下俊彦还是董事会顾问，对新社长的选拔依然拥有一定的发言权。

还记得田原久雄吗？山下俊彦就任社长后把空调事业部托付给了他，但因为冷夏导致库存积累，田原久雄担责后被贬到了员工研修所担任所长，他被称作"悲剧的事业部部长"。之后，他又转职到松下电器贸易公司，崭露头角，随着松下电器贸易公司与松下总公司的合并，他又成为谷井昭雄社长领导下的海外统括部部长。即使降职到员工研修所，他对山下俊彦的尊敬之情也一直未变，回到总公司后时常与山下俊彦聊天。

在森下洋一即将被任命为社长前不久，田原久雄被山下俊彦叫了出来。山下俊彦开启了话题："下一任社长啊，想让森下来做。"田原久雄"啊"了一声，顿时语塞了。

田原久雄直接去了同是曾在空调事业部工作过的守随武雄那里。以下是守随武雄说的话。"我听到后，也说：'啊？森下吗？'田原久雄说：'你也这么觉得啊？我再去山下那里打听看看。'"但是，等到田原久雄第二次再去时，森下洋一的任职已经确定了。田原久雄念念有词："看来山下也左右不了人事任命啊。"

田原久雄虽然后来成为森下洋一社长领导下的副社长，但对森下洋一的评价却从未改观。

山下俊彦应该也考虑过谷井昭雄的感受。谷井昭雄牺牲了自己，换来了松下电器公司的和平。如果山下俊彦把事情闹大，必然与谷井昭雄的想法背道而驰。如果森下洋一社长能够让内部意见统一，不如先看看情况如何。

## 到目前为止，你做了什么

　　山下俊彦的内心很复杂。一方面，泡沫经济动摇了"结构改革"的战略基轴，泡沫经济的崩溃又让"出类拔萃"之辈这一布局解体。另一方面，本以为不过是暂时过渡的森下洋一的任职竟然长期化了。

　　森下洋一的理念离山下俊彦提出的两大主张"结构改革"和"体制强化"越来越远。"出类拔萃"之辈中的一员，技术担当副社长水野博之虽然缩小了半导体存储设备的投资，但同时提出了一项野心十足的构想。水野博之想要在日本各地建立研究所，发展"科技前线"。但是，森下洋一认为这是"研究所泡沫"，挨个将它们清理了。

　　美国音乐公司也一样。当初慌慌张张签下了这个项目，森下洋一就任第三年就把所持股份的80%低价卖掉了。谷井昭雄任职期间已经细化的战略构想到了森下洋一任职期间已经被去除得片甲不留。

　　但即使这样，森下洋一任职期间的松下电器公司依然在社会上保有存在感。这是因为松下通信工业公司的手机业务急速成长了起来。1996年，松下通信工业公司研发出了业内首款重量低于100克的手机，股价随之上涨到3万日元左右。但是，令人震惊的是，森下洋一对松下通信工业公司的态度竟然是嫉妒。

　　森下洋一曾对从松下电器总公司派去松下通信工业公司的员工说："到了那边要注意。松下通信工业公司的那些家伙会胡说八道。"

　　森下洋一另一大失策就是过于执着于显像管，导致对液晶的投资出手太晚。不仅如此，他对于显像管的态度也摇摆不定。松下电子工业公司的领导制作了一份收购诺基亚公司德国显像管工厂的计划，请求森下洋一的决裁。结果，森下洋一冷淡地将头扭向一边说："我不懂这个。"据说是因为收购额从80亿日元涨到了100亿日元而不合他心意，但是身为社长怎么会"不懂"呢？最终，社长决裁的章他也拒绝盖上。

森下洋一任职期间，负责人事工作的高管村山敦对谷井昭雄任职期间的四位副社长没什么好印象。"四位副社长在泡沫经济时期手舞足蹈、任性妄为，泡沫破了之后，把陷入困境的公司扔给森下不说，还批判森下，太奇怪了。"但是，村山敦也焦躁不安。经营咨询顾问弗朗西斯·麦肯纳利说："十年内必须进行结构重组，他（村山敦）知道这一点，但也知道这是不可能完成的，于是挫败感积累起来了。"（摘自弗朗西斯·麦肯纳利《走出松下幸之助》）

在山下俊彦成为社长前，村山敦就已经感受到一种闭塞感，压得他喘不过气。"第二任社长任职期间，没什么根本的变化。一直都是维护和保养。没办法啊。"松下电器公司又回到了山下俊彦之前的时期。正如同时期的日本那样，森下洋一担任社长的7年时间也是松下的"失去的时代"。山下俊彦当时应该也感到了不安。

1994年，山下俊彦做出了一个让人觉得他又要有所作为的行为。佐久间昇二就任日本卫星放送公司的社长一年半后，山下俊彦找到中山素平想要回佐久间昇二。当时，佐久间昇二把日本卫星放送公司的年赤字削减了一半，正是日本卫星放送公司能看到重建曙光的关键时刻。

中山素平的亲信、日本兴业银行的常务梶原保把山下俊彦给顶了回去。"佐久间先生现在就像日本卫星放送公司创始人一样的存在。公司内没有能继承他的人。他是日本卫星放送公司重生不可或缺的人才。"中山素平接着向山下俊彦解释:"就是这么回事,人你再'借'我们一段时间吧。"

山下俊彦苦笑着说:"当初没提前约定返还时间,真是失算了。"

那时,山下俊彦心里是怎么想的呢?是要把佐久间昇二从重建中的日本卫星放送公司要回来,再让他参与松下电器公司的经营吗?山下俊彦自己年轻时也有辞职后重返松下电器公司的经历。不过,在当时松下正治的权势日渐扩大的背景下,这还有可能实现吗?

山下俊彦的这次行动用意不明,也就不了了之了。

两年后(1996年),事态紧张起来。森下洋一将松下正治的长子松下正幸提拔为副社长。日渐失去向心力的森下洋一迅速向松下正治倾斜。前任副社长田原久雄和杉山一彦两人都曾在空调事业部工作过,森下洋一不可能将职位让给这两人中的任何一人。所以理所当然,不管是公司内部还是外界都猜测森下洋一最后一定会迎合松下正治的意思,让松下正幸出任社长。

这点山下俊彦不能允许。松下正幸在松下电器公司内部很多岗位都有过经验。他曾被派到"制造业的名人"稻井隆义的松下寿工业公司担任松下物流仓库的社长,之后历任洗衣机事业部部长、宣传事业部部长、审计担当董事、空调总部长。周围的人都很照顾他。虽然大家都有纵容之过,但松下正幸确实是已经了解了全公司所有的经营领域,能力也得到了证实。但是,山下俊彦的评价却是"他什么也没干"。

出任董事时，松下正幸接受了公司内部刊物的采访。他说："酒我只是小酌，不多喝。但我却能比喝酒的人更能让气氛活跃起来。"但是，为了配合不喝酒的松下正幸，需要表现得很热络的其他员工并不轻松。

松下正幸能够为每一位员工着想吗？山下俊彦曾经说过，每一名员工都能发挥自己的能力，过上富足的一生，这是企业终极的功能。这是山下俊彦到达过的境界。而这位"什么也没干"的松下正幸与山下俊彦的境界相距甚远。

年轻员工也倾向于通过支持松下正幸来寻找突破闭塞状况的方法，这进一步强化了山下俊彦的危机意识。要想有所突破，关键在于员工每个人的主观能动性。这不正是松下幸之助的事业部体制吗？松下电器公司的年轻员工正将主观能动性抛之脑后，只想依赖松下幸之助的"血缘"这一过去的荣光。

松下电器公司真的危险了。

1997年7月，山下俊彦在关西日荷协会上表达了爆炸性的言论。

"父亲是会长，长子是副社长，这在松下电器公司太奇怪了吧。我不能允许。他目前为止到底做了些什么？谁都知道是怎么回事。"（摘自《财界》1997年8月26日号）

山下俊彦已经做好了心理准备，彻底与松下正治和松下家族分道扬镳。没关系，继承松下幸之助遗志的不是松下家族成员而是自己。

遭受突袭的森下洋一表面上依旧装得很平静。"并非因为他（松下正幸）是创始人家族的人，才任命他做副社长，我亲眼见到了他在做董事和专务时的工作状态，我对他的能力予以肯定。""我与会长之间完全没有对立。经营上完全由我把控，我没有收到过会长的任何指示。"（摘自立石泰则《松下危机》）"我会好好做的，不劳前辈们操心。"（摘自森一夫《中村邦夫》）

山下俊彦在关西日荷协会上扬言"今年（1997年）年内会拿出该有的措施"后，却没有再做任何事。

爆炸性发言之后，山下俊彦接受了杂志的采访："听到我的发言之后，员工很高兴。社会上也对我表示赞成的声音。我放心多了。"

山下俊彦又一次回到了三缄其口的状态中，此后，他再也没有在媒体面前出现过。

两年后的1999年，山下俊彦满80岁。以此为契机，他辞去了顾问职务。杉山一彦、少德敬雄、村山敦三人一起在祇园为山下俊彦举行了一场小宴会，以感谢他的功劳。不过，与在任时一样，山下俊彦在宴会上对公司的事情一概不提。当时，山下俊彦自始至终都只是推杯换盏，开怀大笑而已。

# 第12章
# 中村邦夫的改革

森下洋一没有选择松下正幸做下一任社长。

2000年4月，被指定为新社长的是负责松下音响和图像设备分公司的中村邦夫。松下正幸被搁在了董事会副会长的位置上。让外界和公司内部都惊讶的是，松下正治竟然同时退居董事会顾问和名誉会长的职位上去了。

副会长松下正幸、名誉会长松下正治虽然都仍然有松下电器公司的代表权，但谁都能看出来他们其实是被"免职"了。时任日本经济团体联合会会长的奥田硕当时正苦恼于如何处理丰田公司创始人家族的问题，他情不自禁地感叹："森下做得太棒了。我没能做到像他那样。"

这并不是森下洋一的功劳，而是松下家族自取灭亡。以前，松下电器公司旗下有一家公司叫松下兴产公司，这家公司是松下幸之助设立的不动产公司。这家公司类似松下集团的资产管理公司，第一任社长为松下幸之助，第二任社长是松下正治的大女婿关根恒雄。松下电器公司虽然出资30%，但这其实是"松下家族的公司"。

山下俊彦辞退社长职位的1986年，松下兴产公司在可以展望大阪城的大阪商业公园建设的超高层写字楼竣工了。对外开放仅一年，入驻率就达到了95%，可谓盛况空前。当时，关根恒雄表示："东京总有一天会被撑破。在现在的东京工作太难受了。人们自然会往关西流动。所以我们的写字楼也必须为此做好准备，提前腾出地儿。房地产开发商应该与当地建立紧密联结，所以我们的首要工作就是要做对大阪有益的事，不让大阪重蹈东京的覆辙。我们会将大阪建设成一个优秀的城市。"

或许是该写字楼的成功激发了松下兴产公司的斗志，这家公司乘着泡沫经济的东风，在日本各地发起了多项度假区开发项目。其中包括妙高松树谷度假区、和歌山游艇城以及在北海道夕张开建的滑雪场等。然而，泡沫经济崩溃后，留下的全是不良资产和堆积如山的债务。松下兴产公司从20家银行借了7600亿日元，采购的土地价格从原来的二分之一降到了三分之一。

要想获得主流银行住友银行的支援，松下电器自己必须先投钱进去。1999年，住友银行和松下电器公司投入1500亿日元支援松下兴产公司。2001年，关根恒雄引咎辞职。

松下正治和松下正幸的人事任免在关根恒雄辞职的前一年确定。松下正治曾断定松下租赁事件是"被泡沫经济操控、背离创始人的理念"的罪过，他曾将两名副社长降职，并以此逼迫谷井昭雄卸任。"松下家族的公司"松下兴产公司陶醉于泡沫经济的程度比松下租赁公司有过之而无不及。松下正治被自己的话逼到了绝境。

但是，如果没有山下俊彦那番爆炸性发言，或许松下正治能以一种更温和的姿态瞒天过海，毕竟在董事会里，支持松下正治的人占多数。然而，山下俊彦的批评动摇了松下正治的正统性，松下家族不得不严格面对公司内外的视线。正是山下俊彦的那番言论阻止了"松下正幸社长"的出现。

不过，问题就在于，这究竟是不是山下俊彦希望的松下电器公司应该变成的样子呢？

## 理性主义的男人

被森下洋一选中的中村邦夫自称是"拥有五重苦痛——沉默寡言、畏首畏尾、性格内向、态度消极、自寻烦恼的人"，唯一喜欢的事情是"解决问题"。他的性格棱角分明。

据说中村邦夫是听了第二次世界大战结束后松下幸之助站在装橘子的箱子上发起"通过繁荣实现和平与幸福"活动的故事才入职松下电器公司的。入职当时，社会上正开始广泛流传"经营之神"的故事。

中村邦夫认为松下幸之助的核心思想是"合乎理性"。他在自己的口述著作《未来的领导：希望你们知道》中是这样表述的。

"我觉得，没有比创始人（松下幸之助）更理性的人了，或者说没有比他更能自始至终贯彻理性主义的人了。创始人在狠狠地批评了下属之后，也会鼓励或安慰他们，或许因为他的理性深藏在这张感性的面纱背后，所以很难看见。'追求理性'这句话虽然我也在说，但事实上很艰难。但即使这样，创始人依然一直践行着这一点。"

在销售领域摸爬滚打的中村邦夫难以忍受流通体制内的"非理性"。40岁时，他大胆提出了名古屋地区销售公司的重组计划。当时，仅在名古屋地区，松下电器公司与地方经营者对半出资的销售公司就有21家。因为有这些小的销售公司参与，松下电器公司的流通成本比其他公司高了5%之多。在中村邦夫的建议下销售公司得以重组，然而公司壮大后反而赤字巨大。中村邦夫承担起责任，出任该销售公司的社长。但是，公司的重建却不如预期。

中村邦夫被上司（中部家电总括部部长）市川和夫叫到跟前。市川和夫一度被人认为是比森下洋一更适合继承谷井昭雄职位的人。市川和夫给了中村邦夫一本童门冬二的小说《上杉鹰山》。上杉鹰山是一名有名的藩主。他在米泽藩推行财政改革，但同时他也怜爱子民，为人民的生活操碎了心。

在《未来的领导：希望你们知道》一书中，中村邦夫说："市川先生应该已经了解了我当时改革的做法。我猛然意识到，他应该是想对我说：'可以强行推动改革，但你没有抓住民心。虽然你是个有才干的领导，但你没有抓住民心。'"据说，中村邦夫一边读着小说《上杉鹰山》，一边止不住地流下眼泪。

"没有抓住民心"这句评价击中了中村邦夫的要害。于是中村邦夫耗时三年，重建了经营赤字的销售公司。

之后，中村邦夫担任了东京都市圈家电总括部东京商事营业所的所长，1987年，他被派去美国工作。中村邦夫很不满。松下电器公司的主流业务自然是在日本。自己让名古屋的销售公司成功重组，作为东京商事营业所的所长，又被委以家电量贩店的圣地秋叶原区域的重任。为什么我还要被派去美国？在职位调动时的发言中，中村邦夫说：

"我从大阪进入公司，之后去了名古屋，接着来了东京，我还以为下一步我会接着北上去仙台或者北海道，一直往上走，哪知道中途来了个大弧线，被派去了美国。"

当时，通用电气公司的杰克·韦尔奇被奉为"史上最佳经营者之一"。"员工中业绩在后10%的人都要被辞退。""不能在业内做到前两名的话，要么重组，要么转卖，要么关闭。"杰克·韦尔奇的语录应该渗入了中村邦夫的骨髓。

1989年，中村邦夫就任美国松下电器公司的社长，同年松下幸之助去世。或许中村邦夫内心也曾想，"创始人的理性主义由我来继承"。

## 破坏和战略失误

1997年，中村邦夫时隔10年回到了日本，就任负责音响和图像设备分公司的社长。这期间发生了一件戏剧性的事。中村邦夫就任当年，索尼使用自主研发的"特丽珑"（Trinitron）显像管，成功实现了电视机画面的全平面化，而在此之前这还被视作一大难关。这款大热产品就是"贵翔"（WEGA）。受此影响，松下电器电视机的市场占有率由25%回落到了17%。

中村邦夫怒气冲冲地把电视机事业部的部长叫过来。"为什么咱们公司生产的电视不是平面的？"事业部部长回答："不是，咱们的是自然平面。""那是什么？""画面虽然不是平面的，但图像看起来是平面的，很自然流畅。"

中村邦夫的怒火爆发了。这种道理顾客能懂吗？事业部部长和显像管的负责人即刻被更换。当时，中村邦夫内心对事业部无视市场的傲慢态度留下了深刻印象。

森下洋一将中村邦夫选为自己的继任者。森下洋一应该也感受到了"失去的时代"中自己的责任，他将打破现状的希望寄托在中村邦夫10年的海外工作经验和强烈的理性主义上。

中村邦夫手持白刃般带着理性主义接过了社长的职位。事业部的部长和课长一同聚在总公司开会，浪费交通费和时间，于是中村邦夫将其变为了邮件报告。喝酒也是浪费时间，成为社长后他带头戒了酒。

中村邦夫从一开始就想要把一切都先推倒，然后重建新的秩序。（摘自《未来的领导：希望你们知道》）他的用词是"破坏"和"创造"。不过，他的做法是接二连三的"破坏"。"我想说的是，破坏才有未来。一切推倒重来。要将经营理念之外的所有东西都破坏掉，而且先从'事业部体制'开刀。"

就任第一年，中村邦夫就把事业部体制给瓦解了，这是第一项举措。事业部体制是松下幸之助经营思想的基础，也是山下俊彦一直深深依赖的体制。中村邦夫却轻而易举地就把它给丢弃了。

中村邦夫废除了事业部一以贯之掌管产品的研发、生产和销售全环节的模式，改由市场总部（销售总部）统一负责产品的企划、宣传和销售，承担管理库存的职责。事业部被降格为依据市场总部的订单生产产品的"工厂"。

"贵翔"的出现让中村邦夫对事业部彻底不信任，并最终了结了这一体制。

此外，事业部体制已经进化到更高一级水平的五大子公司（松下通信工业公司、松下精工公司、松下寿电子工业公司、九州松下电器公司、松下电送公司）通过股权交换形式被完全子公司化。兄弟公司松下电工公司也通过股份公开收购的形式被子公司化，整个集团被按产品群重新归纳为多个"领域"，于是，松下电器公司被重组成了只要总公司一声令下，整个企业就会整齐行动的公司。

在此之前，在电话领域松下通信工业公司与九州松下电器公司相互竞争，当时备受好评的电子黑板由四个事业部分散制造。中村邦夫预计："集团内的重复产业有10000亿日元。"解体事业部，吸收子公司会消除这10000亿日元的浪费。

就任第二年，和事业部体制一样，中村邦夫又把手伸向了终身雇用制度，这是第二项举措。

2000年，信息技术泡沫破裂，2001年3月的月度决算中，松下电器公司陷入了巨大的赤字。之后连续13个月一直都是赤字。中村邦夫认为这是好机会，开始征集自愿离职的人。报名的人比预计多出了很多，达到了1.3万人。

时任人事担当副社长的村山敦回忆说："终于到了不得不动人的时候了。有裁员的声音传出，但我们下不了决心。毕竟除了第二次世界大战结束后一段时间，松下电器公司历史上还从没有这么干过。最后还是中村社长站了出来。干！没办法了。打定主意了！"

"许多别的公司的人事负责人告诉我们：'正因为你们那边裁员了，我们这边才能效仿。'松下电器公司改革了终身雇用制度。"

第三项"破坏"行为是削减零售店。零售店的数目由原来的2.7万家削减到了8000家。从年轻时期开始，中村邦夫内心一直怀抱的销售革命愿望终于成功实现。

这三项"破坏"带来了巨大的收益。

2001年，松下电器公司销售赤字达4310亿日元。2005年的销售利润回升至4142亿日元，实现了触底反弹。

当时的媒体盛赞"中村邦夫的改革"成果显著。看看《日经商业》松下电器公司特辑文章标题的变化就知道了。2001年5月28日刊的标题为"松下的危机 要沦陷！松下"，2006年3月6日刊变成了"松下 从危机中生还"，到了2008年1月21日刊则又变成了"松下 改革完成"。

然而，"松下 改革完成"特辑的文章在撰写时，松下电器公司已经站在了坠落的入口。难以置信的战略失误接连出现。第一大失误是对等离子电视的过大投资。当时，超薄电视机的潜力股主要集中在液晶显示屏和等离子显示屏两大选项上。液晶显示屏可以节能，但图像会因为动态而留下残像，且视角也比较窄。等离子显示屏虽然耗电，但画质鲜明，适用于大型电视机。中村邦夫将重点放在了大型电视机上。他将刚建成的液晶显示屏新工厂转让给了竞争对手，而把希望放在了等离子显示屏上。

但是，液晶技术迅速进步。2007年，松下电器公司宣布将投资2800亿日元建设尼崎等离子显示屏第三工厂时，液晶显示屏的优势地位已经确立。果然，尼崎第三工厂竣工不到两年，就被逼到了停工的地步。

松下电器公司应该也已经知道尼崎第三工厂的命运了。因为在尼崎第三工厂开工的前一年（2006年）2月，松下电器公司已经宣布将投资2350亿日元在姬路建设液晶面板的新工厂。这就是松下电器公司第二个令人震惊的战略失误。

第三个战略失误是2009年收购三洋电机公司。松下电器公司本来看准的是三洋电机公司世界顶尖水准的锂离子电池技术，可是，因为厌恶不稳定的经营方式，三洋电机公司的技术员在被收购前一个不剩地走了个精光。2013年3月末，三洋电机公司沦落为一家拥有1962亿日元债务且无力偿付的公司。

三大战略失误的代价是巨大的。2013年，松下电器公司全面停止了等离子电视的生产，此前7年中，松下电器公司的决算4年赤字、3年盈余，状况惨不忍睹，损益相抵后共计流失了25000亿日元股东资本。松下不得不在2011年度再度裁员1万余人。

中村邦夫辞去社长职务后，到2012年为止一直担任董事会会长职务，掌握着决策权。25000亿日元的资本损毁，中村邦夫必须要承担责任。

前半段的"中村邦夫的改革"与后半段的"战略失误"，数字的对比过于触目惊心。二者是在何处如何联结起来的，值得我们思考。

## 被当作耳边风的经营理念

中村邦夫曾说："经营理念不变。经营理念之外的所有东西都要改变。"然而，在不改变经营理念的状况下，中村邦夫又怎么会把松下幸之助的经营基础给"破坏"了呢？

不可思议的是，中村邦夫几乎没怎么深刻地讲述过他所谓的"不变的"经营理念。

中村邦夫口中提到的经营理念有三点："顾客至上""企业是社会的公器""日日新"。的确，这三句都是松下幸之助的话，但还没到被奉为经营理念的地步。

中村邦夫不喜欢员工对外谈论经营理念。"因为（松下幸之助）

是创始人，所以什么都能说。（中略）比如我现在虽然是会长，但我要是像创始人那样发言，没有人会相信我。所以，包括我在内，现在的松下电器公司员工都不应该说这些事①。"（《未来的领导：希望你们知道》）。

山下俊彦也不允许只诵读经营理念即可的风气。但是，从中村邦夫的口吻中可以感觉到，他似乎对于员工理解经营理念这件事本身也有所回避。

《未来的领导：希望你们知道》一书在进入正文前有一段引言，是采访人对中村邦夫的提问。"创始人曾强调在充分了解自己的基础上保有正确的人生观并行动的重要性。中村会长您自己怎么理解这句话？您觉得保持正确的人生观是什么含义？"

中村邦夫是这么回答的："哎呀，就这一点我无法理解。非常难，太难理解了，我不明白。'如何才能保持正确的人生观'这个话题太大了，我太难挑战了。当然，我也曾经在非常自我的领域内对自己的生活方式有过自己的思考。但是像创始人这样高瞻远瞩的想法，对我而言实在难以理解。"

松下幸之助在《万物和谐》一书中曾说过："我现在死而无憾了。"虽然书中散见"天命""宇宙""天地自然的理法"等词汇，但并没有讲晦涩难懂的事情。

松下幸之助说："人类是万物之王，可以支配利用其他万物。与

---

① 原文中没有明确提到"经营理念"，但根据上下文，中村邦夫所说的"不应该说的事"或指经营理念。——译者注

此同时，人类也被要求承担戴上王冠后应负的责任。"

"所有事物都必须与其他事物相伴相生。"

"一切都是这样。并非为了政治、为了经济才有人类。政治为人、经济为人、学问教育和思想所有都为人，必当如此。"

根植在松下幸之助思想深处的是彻头彻尾的以人为本的思想。延伸到企业经营领域，则是爱护每一名员工。山下俊彦对此产生共鸣，成为松下幸之助的支持者。

中村邦夫却把这一根本的思想当作耳边风一样一带而过。结果，他一边说着自己与创始人目标相同，一边又将松下幸之助的经营基础破坏殆尽。

中村邦夫在决定采用新的聘用方式前，曾接受《日经商业》（2001年5月28日刊）记者的采访。"要想灵活运用信息技术，需要熟练掌握这一技能的人。具有这些技能的人大多是二三十岁的人。这么一来就不需要四十五岁以上的人了。松下电器公司要想以最快的速度实现重建，那么包括我在内，所有50岁以上的员工都需要辞职了（笑声）。"

松下幸之助也做过一次自愿离职征集。1949年，松下电器公司共征集到有843人自愿离职，特命54人临时停职。第二次世界大战时期的松下电器公司曾百分百依存的军需骤然归零，就在准备迅速转向民需时，却遭受了道奇计划①下通货紧缩政策的打击。这是松下幸之助

---

① 道奇计划是第二次世界大战后初期，美国为稳定日本经济、平衡财政预算、抑制通货膨胀而制订的计划。——编者注

在万事皆无望之下的艰难抉择，他终生为此懊悔不已。

松下电器公司在1929年经济危机时没有解雇一个人，一些无事可做的员工被调到销售岗位，处理堆积如山的库存。这段记忆在《松下电器五十年略史》中被大书特书，足可见松下幸之助不愿再次裁员的决心。

退一百步讲，如果仅仅一次非常手段的裁员，松下幸之助或许也勉强能容忍，但是中村邦夫之后，自愿离职成为一般化的经营手段。第一次自愿离职的人中的一部分人获得了丰厚的特别离职补贴，但第二次之后，这笔钱的数量也日渐减少。松下幸之助对每一名员工的关爱突然消失不见了。

把经营理念当作耳边风的中村邦夫是一根筋的理性主义者。他瓦解松下幸之助经营理念的核心"事业部体制"的目的是要减少重复和冗余。中村邦夫内心或许以为，他将松下幸之助的理性主义发展壮大了。

森一夫在《中村邦夫》一书中提出，山下俊彦任职以来的改革局限就在于事业部体制。他表示："山下俊彦及其后任谷井昭雄都没有否定事业部体制。反倒是因为两人都曾作为事业部部长名声大噪，所以他们无法注意到事业部体制正日益成为松下电器公司的瓶颈。"

然而，事业部体制的缺点在创始之初就已经被山下俊彦注意到了。松下幸之助选择相信人的可能性，山下俊彦选择就算为重复和冗余付出成本，但也要相信个体（各个事业部）的自主性和主观能动性。如果个体的主观能动性得到施展，就能产生无限的智慧。山下俊彦深信不疑。

如前文介绍，陷入赤字的事业部在提出重建计划时，计划书中只要不写"明年一定转为盈余"，松下幸之助就不认可。盈余哪怕只有几十万日元，哪怕计划书不过是篇"作文"，但只要落脚点是盈余，松下幸之助就会认可。人一旦下定决心，一些非常规的道理就会在一定程度上起作用。松下幸之助的理性主义是立体的、人文的理性主义，当中既包含了"理性"也包含了"非理性"。而继承这一理念的正是山下俊彦。

## 中村邦夫改革的归宿

松下幸之助常说："产业要分开，要分开。"山下俊彦在发挥总公司的指挥能力的同时，也没有放弃对事业部体制的信任，可见山下俊彦也不曾怀疑过，分散或者说多样性才是企业活力的源泉。但是中村邦夫完全相反。他将权力集中起来，创造了一个强大的总公司。

2004年，中村邦夫采用股份公开收购的方式将松下电工公司子公司化。松下电工公司继承了松下幸之助的配电事业，很长一段时间由丹羽正治担任最高责任人，所以被当作"兄弟公司"。在松下电工公司的员工看来，自家公司与松下电器公司是同级的。

松下电器公司与松下电工的总公司隔着国道一号线遥相呼应。中村邦夫亲自参与了与松下电工总公司的谈判。他在接受《日本经济新闻》记者的采访时说："我已经告知了对方的会长和社长，将用股份公开收购的方式转为子公司。一开始我们闲聊了五分钟，接着我突然提起了股份公开收购的话题，对方吓了一大跳。我有一种强烈的感觉，不只松下电工公司，如果不对内部加以清理整顿，治理就不会有成效。"中村邦夫通过股份公开收购，将在松下电工公司的持股占比由原来的31.8%提升至51%。中村邦夫依靠资本的规则进行了强取豪夺。

山下俊彦在整合集团的国外生产和出口事业时，先让负责出口的松下电器贸易公司吸纳了松下电器总公司的海外总括事业总部。山下俊彦在不断地削弱总公司的权力。中村邦夫却背离了松下幸之助和山下俊彦的思想。

中村邦夫做出的决定性改变体现在"会计的结构"上。高桥荒太郎曾说："会计乱则经营乱。"他建立的会计系统曾被视作松下电器公司的"法宝"。被中村邦夫命令更改时，首席财务官川上彻最初也很抗拒。但是，社长的命令不能违背。于是，中村邦夫建立起了一套博得盛赞的会计系统。

关键点在于业绩评价标准的变更。

新标准集中在现金流通和资本成本管理两方面。现金流通无须再多做解释，而所谓资本成本管理就是用收益减去投资成本得到的差额。投资成本是指股票市场对于投资所预期的收益。也就是说，如果不能提升股票市场的预期收益，那么负责这个项目的人的评价就会为负。

此前的评价标准下，总分100分中，盈利能力30分，增长能力20分，品质损耗10分，库存10分，现金流通10分，资本成本管理10分，关注的角度很多样。而新标准的考核项目只有现金流通和资本成本管理两项，各占50分。

新评价标准想要表达的思想很明确，业务负责人要看股票市场，要集中精力提升股价。这就是泡沫经济崩溃后，日本的企业社会热衷的股价至上的新市场主义。中村邦夫破除了事业部这一"多余"的制度、削减了人员、将权力集中，其本质正在于此。

松下电器公司的股价上涨了。曾一时跌到1000日元以下的股价在2006年飞涨到了2500日元。2006年5月，中村邦夫作为社长最后一次发表决算报告时，在证券分析家们起立致敬的掌声中离开了会场。那是中村邦夫得意至极的瞬间。

然而，与大多数投奔新市场主义的企业一样，中村邦夫的改革也掉进了陷阱中。这一陷阱就是：过度优先追求短期收益而导致忽视长期收益。

无论是自愿离职削减的人工费，还是完全子公司化后流入总公司的利润，对于盈利的加乘效果有且仅有一次。依靠强大的总公司权力，勉强推行的"V商品"①全球同步发售策略曾短暂取得过成功，但是这种"勉强"无法长久。

而致命的还是资本成本管理。资本成本管理=收益-投资成本。要想提升资本成本管理，要么增加收益，要么减少投资成本。简单地减少投资成本，资本成本管理的值自然会提升。这自然会诱使公司各部门压缩闲置资产，甚至极力抑制需耗费时间扭亏为盈的长期战略投资。

而且，松下电器公司活力的源泉"事业部"的自主性和主体性正在被瓦解。完全子公司化和重组之后，九州松下电器公司、松下寿电子工业公司原本拥有的那股气氛可怕的战斗力也如云雾散去般消失得无影无踪。松下电器公司的盈利能力正在日渐弱化。

---

① 所谓"V商品"即在量上能够获得市场占有率第一位的产品群，例如松下等离子显示屏、冰箱、洗衣机等。——译者注

总公司焦虑不堪，一心想要一击制胜，于是扑向了等离子技术。就连当时负责等离子显示屏的责任人都觉得，等离子显示屏不可能提升收益。

中村邦夫在美国时信赖的经营咨询顾问弗朗西斯·麦肯纳利在《走出松下幸之助》一书中引用了等离子显示屏的负责人森田研的话。

"我觉得等离子显示屏是高风险的产业，而且不可能带来更高的收益。但是基于两点理由，等离子显示屏获得了高管的支持。第一，松下电器公司长期经营家电产业，且家电产业中电视机所占比重很大。第二，超大超薄电视机日渐被消费者青睐。"

总公司的意愿决定了一切。

《走出松下幸之助》中提到，松下曾制订了这样一份计划："等离子的投资额要超过其他所有企业，并且快速且持续地扩大生产，到2006年要在世界范围内获得40%以上的市场占有率。"回顾一下松下电器公司等离子显示屏投资额的数据。

茨木第一工厂 2001年 投资额300亿日元 年产量36万台

茨木第二工厂 2004年 投资额600亿日元 年产量120万台

尼崎第一工厂 2005年 投资额950亿日元 年产量300万台

尼崎第二工厂 2007年 投资额1800亿日元 年产量600万台

尼崎第三工厂 2009年 投资额2800亿日元 年产量1050万台

等离子显示屏以外的投资被抑制，与此相反，等离子显示屏的投资却是翻倍增长。然而，敢于投入高于其他所有企业的巨大资本，驱逐竞争对手，结果会导致等离子显示屏市场本身缩小，对手液晶显示屏的优势地位日渐明显。录像机的VHS曾经通过仔细打造家族系列产品而取得成功，这一经验却被中村邦夫全然忘却。

结果，等离子显示屏业务深陷巨大赤字泥潭，总额达6400亿日元的投资化为泡影。

曾做过事业部部长的某位前员工不顾一切地表示："就是因为事业部体制被瓦解了才会变成现在这样。不管总公司怎么命令去干，事业部部长拥有投资的决定权，绝对不会点头同意这样的投资。"

然而，公司重回液晶显示屏领域却非常迅速。一旦失去等离子显示屏市场后，就将失去整个电视机市场，或许是这样的危机感在起作用吧。

《基业长青》被奉为经营书中圭臬般的存在。吉姆·柯林斯在其续篇《再造卓越》中提道："组织的衰退从期待特效药的时候开始。新的计划、新的流行、新的文化以及新的救世主，一种特效药不行，就找下一种。"陷入危机后，最终只能重复多次突击。

面对强大的总公司权力，没有人敢提出异议。一系列的战略失误成为中村邦夫改革的归宿。

## 公司名称变了吗

山下俊彦担任社长时，曾在公司内部的座谈会上被员工提问："如果到了必须要做出能够左右松下电器公司命运的决断的时候，您会怎么做？"

山下俊彦说："没有需要做这种决断的时候。如果对所有问题都放置不管，什么也不做的话，可能会发展到那个地步，但是我们每天的工作就是为了那个时候不要到来。日常工作的错误慢慢堆积就会变成那样，决定公司命运的时刻并非突然间凭空出现的。"（摘自《松风》1982年1月号）

中村邦夫被逼必须要决定松下电器公司的命运。这或许就是山下俊彦所说的日常的错误积累造成的结果。

回过头来看，谷井昭雄任职时期的后半段开始一直到森下洋一任职时期，松下电器公司的能量一直衰减的原因在于山下俊彦在"六一行动"中发起的"结构改革""体制强化""扩大国外生产"三大主题被忽视了。中村邦夫的工作本该是重新面对这三大主题，并日益将其深化发展。可是，他非但没有这么做，反而所有事情都用理性主义一刀切，强行推进了"新市场主义改革"。山下俊彦设定的战略方向都消失不见了。

中村邦夫将社长的职位让给大坪文雄后，实际上依然把持着董事会会长的职位，2008年他将松下电器公司名称改为了"Panasonic"。

对此，松下正幸评论称："人活一世，总会有感到孤寂的时候。早川电机公司更名为夏普公司，立石电机公司变成了欧姆龙公司，我感觉松下电器公司名称变更应该也是顺应自然的、时机成熟的结果吧。"

山下俊彦与创始人做斗争，目标是要在继承松下幸之助思想的同时，立足于新的经营模式。然而，创始人的名字真正从公司名称里消失的时候，出现的却是与山下俊彦思想相反的另一种形式的经营模式。

山下俊彦在作为社长留下的最后的讯息中一再强调："导致事物消亡的最大诱因之一是人们的骄傲。"他还说："日常工作中，不要害怕产生摩擦。比起一帆风顺，日常起些波澜反倒更好。"仿佛是模仿山下俊彦的话一样，中村邦夫也提出了"公司衰亡"的三大条件：傲慢、自我满足、回避摩擦。但是，可能中村邦夫的行动反而正是践行了这三大条件。

谁都能看出等离子显示屏产业的失败已经板上钉钉的时候，媒体报道了松下电器公司相关产业的困境。之后，松下电器公司负责宣传的员工勃然大怒冲进了几家媒体，要求其"禁止出稿""禁止记者进入松下电器公司"等。

2012年3月的决算报告显示，松下电器公司的赤字额达到了7721亿日元。2012年6月，中村邦夫作为会长参加最后的股东大会，当天早上，他正要踏入车里时，记者问："您现在心情如何？"中村邦夫回答："非常愉快。"

## 永远"一唱一和"

1999年7月，山下俊彦80岁。他辞去了顾问职位，成为特别顾问。这一年也是中村邦夫就任社长的前一年。

当时，山下俊彦已经不会到公司上班了，秘书室的室长加藤纯每月会去山下俊彦家中给他送当月的工资。山下俊彦总会备好羊羹①款待，加藤纯很期待与山下夫妇交谈。令人意外的是，嗜酒如命的山下俊彦一两口就能把一大块厚羊羹吞下肚。山下俊彦在饮食上也是"二者兼顾"。

————————

① 日本的一种传统甜点，通常用红豆馅制作。——译者注

松下电器公司前员工中部分有识之士汇集出版了《有关山下俊彦的记忆》一书。书中，加藤纯情感充沛地写了一篇文章，描绘了这段时间的山下俊彦。现引用如下。

当时，几乎都是贵久子讲故事，特别顾问（山下俊彦）不时插话："是那样吗？""没那种事。"偶尔像讲漫才一样，夫妇两人一唱一和，席间流露出常年甘苦与共、携手一生的夫妇间特有的和睦之感。

我记得，当时听他们讲了好多小故事，其中就包括与工会闹矛盾的事。山下俊彦被派驻到西部电器公司时，由于劳动纠纷，家门前曾被人拉横幅控诉，家附近的电线杆和墙壁上还被贴过声讨书。当时，山下家每个人的心里都不好受。

山下夫妇本是表兄妹，贵久子曾说："无所谓喜不喜欢，不知不觉间就和这个人结婚了。"据说贵久子偶尔也会发发牢骚："为什么我会和这种人结婚啊？"但是，我总是深深地觉得，经营家山下俊彦的贤内助毋庸置疑正是这位贵久子。

后来，特别顾问身体出现不适后，贵久子用她矮小的身躯支撑着山下俊彦，勤劳勇敢地一直照顾着他。即使这种时候，贵久子一举一动依然乐观开朗，让我印象深刻。

山下夫妇的"漫才"能让周围的人情不自禁地嘴角上扬，他们的声音犹在耳畔。老年时期的山下俊彦与贵久子一同过着和睦且安稳的日子。

山下俊彦是个擅长努力忘却的人。"退休后我就会忘掉松下电器公司。没有什么可以记住的。"他还说，"社长换人了，自然经营方针可能也会变。改变挺好的。就算是后退也没关系。巩固地盘后再改变。改变也是一种积蓄。"

据山下长子山下一彦称，山下俊彦从未置喙过中村邦夫的改革。

只有1997年那一瞬间，山下俊彦行动过。之后他很快又埋头继续努力忘记。他又回到了一直支持他的贵久子身边。

2012年2月28日，在大阪新大谷酒店，松下电器公司新一任社长津贺一宏出席了记者见面会。"我的内心真的好像遭遇了晴天霹雳一样。随着时间的推移，也轮到我来手握松下电器公司这艘巨舰启航的钥匙了。我的内心充满了雀跃之情。"

据说，55岁的津贺一宏被选为社长的理由是他曾直言上谏"生产等离子显示器的尼崎第三工厂应该停工。"也就是说，中村邦夫承认了自己巨大的"失误"。

就在宣布新社长的同一天，山下俊彦在松下纪念医院长眠，享年92岁。

现在，在另一个世界里，山下夫妇应该正说着"我来了！""晚了这么久啊！"一唱一和，和睦温馨地在一起吧。

永远都是"夫妇善哉"[①]。

---

[①]　"夫妇善哉"本为织田作之助的小说名，描写了大阪一对夫妇时常争吵但最后一直没有分开的故事。该夫妇经营的年糕小豆汤店名字即为"夫妇善哉"，"善哉"与年糕小豆汤在日语中同音。此处表示山下与夫人时常拌嘴，但依然恩爱之意。——译者注

# 终章
## 被继承的山下俊彦

声像设备（音响和图像设备）和包含手机在内的移动通信设备，被视为家电行业的两大类代表产品。1990年，日本这两类产品的产值合计达到了41400亿日元。到了2018年，这个数字减少到了7000亿日元。肥皂泡正在逐渐消散。

在这个领域，日本曾经是王者，而这次衰退也意味着日本消费性电子产业的衰退。

衰退分两个阶段发生。第一阶段是等离子、液晶超薄电视机的大败。第二阶段可以说是不战而败，也就是智能手机领域的惨败。

这两个阶段都发生在中村邦夫担任社长时期。特别是第二阶段的惨败，是致命的。苹果、三星以及华为公司等，是21世纪电子产业智能手机领域的成功者。日本公司没能在智能手机领域占据一席之地。其中，就有过去号称自己是"家电王国"的松下。

松下电器公司的跌落让人难以理解。20世纪80年代后半期，智能手机的前身——移动电话横空出世，日本的移动电话在世界范围内拥有80%的市场占有率。从摄像功能、短信、邮件到互联网连接，日本为智能手机的诞生扫清了障碍。此前，日本手机制造商的领头羊是松下电器公司，其中负责手机业务的松下通信工业公司1996年曾研发出世界首台低于100克的手机，而当时，竞争对手摩托罗拉公司和诺基亚公司才刚刚实现200克以下的手机制造。

2019年，无论是日本还是松下电器公司，在世界智能手机市场的存在感都趋近于零。曾经在手机制造领域一马当先，如今在智能手机领域的存在感趋近于零，为什么会变成这样呢？在智能手机领域的惨败又可以分解为两个阶段。第一阶段是"过早地从海外撤回手机事业"，第二阶段是"做出手机操作系统（OS）相关决定时优柔寡断"。

## 为何会在智能手机领域一败涂地

先就松下电器公司的相关情况做个稍微详细的介绍。2000年中村邦夫就任社长后，曾对外承诺要让营业利润率重回5%。事实上，内部的目标值比这个数字还要高，中村邦夫意欲将营业利润率提升至10%。（摘自弗朗西斯·麦肯纳利《走出松下幸之助》）20世纪90年代，松下电器公司的利润靠手机支撑。要想营业利润率提升至10%，那么就要将手机事业做得更大更强，这是不言而喻的。中村邦夫认为，松下手机事业要想发展，关键是要离开日本移动运营商都科摩公司，自力更生。

中村邦夫呵斥了依赖都科摩公司的松下手机团队。"都科摩先生？有叫这名字的人吗？都科摩可是法人。难不成都科摩让你们做什么你们就做什么吗？"只要依赖都科摩公司的技术支援和奖励政策，就会被束缚住，没有产业自由度。中村邦夫的斥责是对的，但是，日本的手机市场由都科摩公司掌握，要想从都科摩公司脱离出来自立门户，扩大海外市场是前提。可是中村邦夫嘴上说着要自立，实际对海外市场却兴味寡淡。

松下通信工业公司的手机在日本国外的销售额好不容易从1995年的234亿日元提升到了2003年的1682亿日元，在世界范围的市场占有率达到了8％。然而，2002年松下通信工业公司被松下电器总公司吸收后，被分割成手机、汽车电子产业、系统支持三大公司。此前，开拓手机海外市场产生的赤字都由汽车电子产业的利润填补。公司被分解后，无法再像以前一样填补赤字，于是海外市场的赤字就凸显了出来。

彼时，基于资本成本管理的业绩评价体系已经定型。"放弃海外市场，则资本成本管理的分值会提高。"非常简单明了。2005年，由中村邦夫任命的松下移动通信公司的社长决定撤出海外市场。

2004年，松下移动通信公司投向欧洲五国的手机产品的宣传费正好为2亿日元。竞争对手诺基亚公司投资了140亿日元的宣传费，三星公司也投入了60亿日元用作宣传。"松下集团到底有没有参与手机产业的意思啊？"在松下移动通信公司退出以前，欧洲通信公司之间就已经出现了讶异的声音。

这是第一阶段，还有第二阶段。

松下移动通信公司从海外手机市场撤退两年后，苹果公司发售了智能手机。很明显，老式手机将被智能手机取代。都科摩公司和松下移动通信公司都预测到智能手机的时代即将到来，毕竟最早实现手机上网的正是都科摩公司。

松下通信工业公司研发出100克以下手机时，担任技术部部长的是胁治，之后他又担任了松下移动通信公司的社长。他说："早期的智能手机连接互联网的带宽非常窄，今后，手机的网络连接将实现与电脑同速度同容量，这样的时代必将到来。"

就连老式手机也是"软件怪物"。一种机型的研发需要100名技术工人，研发经费高达100亿日元。要想实现与电脑同速度、同容量的互联网连接，在既有技术的延长线做是不可能的。只能自己掌握操作系统平台，应用软件交给外部伙伴去制作。所以，得操作系统者得智能手机的天下。这一点松下移动通信公司的人也很清楚。

松下移动通信公司与都科摩和日本电气公司一同参与了基于操作系统的自主研发。但是，操作系统每更新一次版本，就需要追加研究经费，这个钱由谁来出？都科摩公司沉溺于过去的成功经验，想要尽可能让其产品走得更远，所以最终不情愿地出了研发经费。

既然叫嚣要摆脱都科摩公司的影响，那么松下移动通信公司就应该把操作系统研发的主导权握在自己手里。但显然他们没能做到。此时，松下电器公司正戴着"眼罩"，一根筋地奔跑在等离子的巨大投资路线上。

就算出不了钱，也可以像三星公司那样，在谷歌公司研发出安卓智能手机操作系统后，利用安卓系统一口气展开攻势。这也没能做到。三星公司老式手机拥有巨大的海外市场，松下移动通信公司反而从海外撤退了。松下移动通信公司或许担心，如果使用安卓系统，被都科摩公司谴责，那么日本国内市场的命脉也会就此被切断。

胁治说："重来一次应该也没办法。虽然我能把教训告诉后辈，但我不觉得因此就能有什么新的进展。"但是，倘若事业部体制还存在，子公司也没有被总公司吸收，那会如何呢？虽然松下通信工业公司已经被都科摩公司紧紧束缚，但是九州松下电器公司或者其他相关事业部绝对会开始安卓系统的智能手机生产。依靠事业部的自主性，即使公司内部产生竞争也无所谓，全方位覆盖市场，拒绝冷门，这本来就是事业部体制的题中之义。

中村邦夫的改革像个橡皮擦，将这些可能性一一擦掉了。


## 被擦掉的事物


中村邦夫的改革启动后，许多事物都从松下消失了。

稻井隆义曾说过："我们公司要做最后一个倒闭的。"但他的松下寿电子工业公司被总公司吸收后，更名为松下健康管理公司，然后又被卖给了美国的一家收购基金公司。孕育了空前大热产品VHS的日本胜利公司也被从集团中剔除，与日本建伍①公司重新整合经营。

松下电器公司的生产方程式中，最重要的是基础零件自主生产。可是这些重要的基础零件一个个都消失了。

半导体中的动态随机（存取）存储器（DRAM）早在20世纪90年代末就已经停止生产，中村邦夫就任社长时，半导体业界的目光都集中在大规模集成电路（LSI）系统上。但是，松下电器公司三家主要的大规模集成电路系统工厂（新井工厂、鱼津工厂、砺波工厂）都转让给了以色列的企业，松下电器公司的半导体生产几乎完全依赖外部。信息设备用的小型精密马达也转让给了日本美蓓亚公司，山下俊彦下决心成立的中日合资的北京松下彩色显像管有限公司也以1美元的价

---

① 日本建伍公司是世界领先的音响公司之一。——编者注

格让渡给了中方。

在等离子领域大败之后，松下电器公司生产等离子显示屏的公司于2016年解散。松下电器公司已经决定，预计将于2021年全面退出液晶显示器市场[①]，如今最先进的有机电致发光（OEL）显示器是从韩国LG公司进口的。

松下幸之助任职以来一直坚持的生产方程式消失了。

生产干电池的名古屋工厂和九州工厂现在已经没有了。30名员工中每个人都充满了危机感和参与意识的这家小工厂，山下俊彦曾盛赞："希望以那样的公司体制为基础，如果不能做到那样，松下电器公司就完蛋了。"这两家工厂曾是"六一行动"中"体制强化"的模范工厂，可是它们是何时消失的，连记录都没有。

历史没有如果，一旦将假设法带入历史，就显得极为不可靠。但所有人都难以抵抗假设历史的诱惑。如果是山下俊彦的话，他会怎么办呢？

谷井昭雄担任社长时期，支持谷井昭雄工作，负责会计的副社长平田雅彦表示："当时很希望山下会长和谷井社长组合领导松下电器公司。山下的冷酷是谷井没有的。如果好好利用山下那种冷峻的目光就好了。"谷井昭雄也说："山下没做会长，做了顾问。就在这一块做出了改变。要是山下做了会长，松下电器公司或许能有些改变吧。"

如果山下俊彦作为会长继续掌握经营权，那么即使在泡沫经济

---

[①] 本书写作于2019至2020年。截至2022年年初，松下退出液晶显示屏市场暂无最新消息。——译者注

中，松下电器公司综合电子企业化和生产国际化的目标也不会有所松动。山下俊彦依然会信赖每名员工的主观能动性，坚持多样性的思想，同时追求"结构转换"和"体制强化"，扎根"悖论式经营"模式。

假设之后，顺便再说一则旧事。

20世纪90年代，远远落后的三星公司突然在世界手机市场提升占有率，超过了日本企业。三星公司取得飞跃进步的秘诀之一在于设计。1996年，三星公司的李健熙会长一声令下："设计是最终决定胜负的关键。"于是商品规划和市场营销都被放在次要地位，确立了设计优先的方针。设计部门更名为"设计经营中心"，设计师的总数有500人。2004年和2005年，三星连续两年斩获由美国工业设计师协会评选的优秀工业设计奖最高奖的荣誉，历时9年，三星公司的品牌影响力提升至世界第20位。（英国英特品牌公司调查数据）

当时，索尼公司位于第28位，松下电器公司急速下跌至第78位。

其实，早在三星公司的李健熙发号施令，决定靠设计一决胜负的十年前，山下俊彦在公司内部杂志的座谈会上就曾说："设计领域的想法本身在发生着改变。以前的设计是产品做出来后再思考形状，现在不同。有个国际设计节，每两年举办一次，我也是委员之一。今年我注意到大家在想法上有了很大的变化，开始提倡'先设计，再匹配机器'。不是先有产品再考虑设计，而是先从设计起步，再研发出与设计相匹配的设备。所以，没有对这类新事物的鉴赏能力是不行的。现在咱们公司内部整体而言这方面还很欠缺，所以大家必须要努力保持非常先进的思考方式。"

年轻设计师问："设计上有些地方是解释不清的，这样的话一开始是否也有说明解释的必要呢？"

山下俊彦回答："不解释也行。不要只做我们都能懂的事，完全也可以做只有你们设计师才懂的事。"

虽然假设没用，但是如果山下俊彦的这种想法能确定下来成为松下电器公司的经营方针，那么世界品牌排行榜的第20位或许就不是三星公司，而可能是松下电器公司。或许松下电器公司的老式手机在世界市场的占有率也会因此改变，并以此为杠杆，撬动了智能手机的新发展。

1987年，李健熙就任三星公司的会长。而在此前一年，也就是1986年，山下俊彦辞去了社长职务。据说松下幸之助也希望山下俊彦担任会长，但是即使松下幸之助真的发出了邀请，山下俊彦应该还是会回答："继续留在公司，可能就墨守成规了。"

这就是山下俊彦。

## 基恩士与大金

2018年是松下创业第100周年，之后的2019年则是山下俊彦100周年诞辰。松下电器公司内已经没有年轻员工知道山下俊彦的存在了。但是，山下俊彦的思想却被继承了，不过倒不一定是在松下电器公司内部。

基恩士（Keyence）公司是一家经营工业自动化传感器的公司，销售额为5870亿日元，约为松下电器公司的7.7%。但是，它的市值却高达93000亿日元，而松下的市值只有25000亿日元。也就是说，销售额仅有松下电器公司7.7%的公司在股市上获得的评价却是松下的3.7倍。

　　山下俊彦辞去社长职务的第二年，也就是1987年，基恩士公司首次公开募股。当时，创始人泷崎武光曾说："人的创造力是无限的，关键是如何把它很好地牵引出来。"

　　泷崎武光有过两次失败的创业经历，基恩士公司是第三次。一定不能再失败了。为此他立下两大誓言：第一，不做让客户厌烦的事；第二，不做会让员工想辞职的事。泷崎武光并非山下俊彦的崇拜者，但是第二条誓言，如果按山下俊彦的方式来表达，就是："让公司员工的疲劳感不会累积。"

　　泷崎武光本来曾是技术员，公司上市五年前，他让自己不再碰电烙铁了。他从研发部门抽身，把一切都交给了员工。

　　"在我们公司，光请示社长是没法干活的。员工如果不自己找研发课题，就没有事做。大家都是自主思考，自主工作。"基恩士公司实践的正是山下俊彦所说的"让每一名员工的自主性和主观能动性开花结果"。

　　泷崎武光让自己消失了。员工不再需要揣度社长的喜好、主张等。在基恩士公司，包括泷崎武光在内，根据公司规定，员工的亲戚都不允许入职。泷崎武光为公司每一个人发挥自己的能力创造了良好的环境。

　　"等有了订单再准备就晚了。企划本身会赋予传感器以价值。"企划就是要让每名员工绞尽脑汁思考。泷崎武光放出狠话："我们公司首创的产品永远会是第一名。后加入的产品三年内也能冲顶。"

　　另外还有一家名叫大金工业的公司，他们经营的是与山下俊彦的"老巢"空调事业部同样的业务。

大金工业公司的经营理念中规定：公司是由一群有缘人聚在一起的组织。第二次世界大战刚结束没多久，大金工业公司的第二任社长山田稔曾经裁员700人。这条规定中包含了他对此次裁员的悔恨之情。

"下次裁员的时候就是我辞职的时候。"山田稔还说："没有一家公司说自己不重视员工的，但是重视程度还是有很大差别。我们公司把这份重视具体化，在这一点上我们绝不输于其他公司。"

大金工业公司的第三任社长井上礼之（现任会长）继承了这份真实重视员工的精神。

2001年，松下电器公司改革了员工终身雇用制度，各大企业暗自如释重负："如此一来，我们公司也可以这么做了。"此时，井上礼之却打出了"以人为基础"的旗号，在新确定的经营理念中加入了这么一段表述："公司要努力维持并扩大对公司发展有贡献的、愿意继续工作的员工的雇用。"井上礼之再次发出了要坚守雇用底线的信号。

井上礼之认为，公司和员工的关系好比谈恋爱，相互间都是选择和被选择的关系。希望选择公司的员工可以成长，同时也希望员工个人想做的事能与公司追求的目标有机结合在一起。"我是真的想尽最大可能重视员工与公司有机结合的部分，哪怕一点也好，我想尽可能扩大结合的部分。"

山下俊彦曾说："最理想的状态是，公司的目标建立在个人目标的延长线上。"山下俊彦的理念正在竞争对手之间生根发芽。

大金工业公司还有一项与山下俊彦同步的是对多样性的宽容度。"公司不是像'金太郎棒棒糖'那样所有人都一模一样的组织，尊重多元，拥有多种多样的强大的方式很重要。要让认同多元的文化在组织内部扎根。可以说这是一种肯定'出头鸟'功绩的文化。"

井上礼之将多元的思想运用在了公司的全球化战略上。2006年，大金工业公司收购了马来西亚的空调巨头奥维尔工业公司，一口气成长了起来。井上礼之在这一点上与对企业并购持否定意见的山下俊彦截然不同。

2008年，大金工业公司又与中国的空调知名厂商格力电器公司成立了合资公司。格力电器公司同意合作的条件之一是希望大金工业公司能提供先进的变频器技术。大金工业公司主管这一事务的领导强烈反对。井上礼之威胁他说："你会被炒鱿鱼的。"井上礼之坚持要不惜一切扩大海外市场，这套理论和山下俊彦的完全一样。

井上礼之说："出资比方面，格力公司出51%，我们出49%即可。这样对方就会更信任我们，我们也能收获成果。"

如今，大金工业公司成了世界首屈一指的空调制造商，市值达到了45000亿日元，是松下电器公司的1.8倍。中村邦夫的改革清除了山下俊彦的经营思想，一心一意追求市值的扩大，然而，松下电器公司的市值根本比不上基恩士公司和大金工业公司。这还真是讽刺。

## 复活事业部体制

20世纪80年代后半期，一桥大学时任教授伊丹敬之提出了"人本主义"的理念。"资本主义"强调"资"是"根本"，而"人本主义"则将"人"视作根本。这一理念推翻了单纯且通俗地将终身雇用、按资历定工资、企业工会三大块统合为一套的"日本式经营"

论，主张给予员工主权，能够将决定权分散给一线员工才是日本企业的强势之处。

20世纪80年代初期，伊丹敬一就曾作为松下电器公司经营学校的协调人参与其中。当时山下俊彦正担任社长，可以认为，伊丹敬一的人本主义思想应该也是山下俊彦的经营思想和实践的来源之一。

然而，2007年年末，伊丹敬一邀请一桥大学的学者们出版了《松下电器的经营改革》一书。书中高度评价了中村邦夫改革的功绩。伊丹敬一说："历史不会跳跃向前，但可以加速发展。"这句话的意思应该是说，中村邦夫改革是历史前进的正确方向，且中村邦夫让其加速前进了。

对于1.3万人的自主离职事件，伊丹敬一表示："增付给每个提前离职的人的补贴额度巨大，只有松下电器公司在坚守一直以来的经营理念的同时，做出了最大限度的大胆的决断。"

2007年，各大媒体纷纷礼赞中村邦夫的改革，伊丹敬一也参与其中。但是，中村邦夫的改革标榜股价至上主义，瓦解事业部体制，将权力集中在总公司，把松下幸之助和山下俊彦编织的"人本主义"理念连根拔起。中村邦夫的改革与员工主权的思想互相矛盾。

伊丹敬一应该也感觉到这些改革措施有些令人不适。于是，他整理了与三枝匡的对谈记录，编撰出版了《创造日本式经营》一书，这或许也是他内心的疑虑在作怪吧。

对谈的另一方三枝匡是伊丹敬一在一桥大学的同窗。三枝匡并非学院派，而是一直活跃在经营一线。三枝匡曾在三井石油化学公司工作，后又在波士顿咨询公司工作，不久独立出来自己单干，30多岁时曾成功重建一家日美合资公司，以此为起点，他积累了许多重建公司的经验，在日本作为少有的"专业经营人士"饱受好评。

三枝匡众多的业绩之中较为突出的是让一家名为"三住"的工厂自动化贸易公司迅速成长的事迹。2002年，三住公司的创始人兼社长田口弘任命三枝匡为后任社长。三住公司的体量虽不大，但当时销售额已经达到了510亿日元，销售利润也达到了49亿日元，是个高收益的企业。

三枝匡就任社长后历时6年，销售额提高了1倍多，达到了1200亿日元，销售利润也提高了3倍多，达到了160亿日元。

《创造日本式经营》一书的核心部分是伊丹敬一询问三枝匡有关经营方法本质的问题。三枝匡从自身的经历中提炼出的本质只有一点：组建一个"创、产、销"三者合一的公司。

"公司要想保持活力，决不能只埋头于自己的'一亩三分地'中。发展停滞的公司无一例外，都是在产业或产品的创产销循环中途出现问题，导致员工的工作日益紧凑，失去了业务的自主性。"

"因此，要把拥有创产销功能的组织尽可能设计成小规模的集团，在组织内部，负责经营的领导或者员工可以自主创建计划、做出决策并推进产业发展，如果给予组织这样的权利，即使业务再大，也能活泛起来。"

"自主性越大，员工就会越有活力。最重要的是，这样的组织架构可以加速培养经营人才。"

三枝重视的是员工热忱的心以及他们对业务的参与度和自主性。

"对。因为创产销的功能集中由一组人掌握，所以员工可以自己做出判断，随性行动。这是关键所在。"

伊丹敬一评论：“你说的和松下幸之助提倡的基本相同。”的确，三枝匡领悟到的正是松下幸之助和山下俊彦的事业部体制。

“当然，我并不否定横向关联的重要性，但是，在事业部层面为了保持活力，起先锋作用的是每个事业单元的突击能力。据我的经验，让公司充满活力的秘诀就是要尽力做到这一点。”

伊丹敬一还是不肯罢休。“松下电器公司非常强烈地意识到了这一点，但最终还是在中村邦夫的改革中推翻了事业部体制。而且，一旦将组织细分，权力关系就会变得很奇怪。一个个小组织将各自为政，脱离市场，是这样吗？”

三枝匡回应：“如果是这样，那么现在松下电器公司就必须要提出一个与‘小即是美’①的主张不同的理论。如果是由于这一理念在执行过程中被弱化了，那么现在需要设计一个装置，让公司重新返回到‘小即是美’的原点。”

中村邦夫之后过了两任，就任松下电器公司社长的津贺一宏时隔十二年重新复活了事业部体制。这一举动发生在2013年4月。

## 山下俊彦的余热

在马来西亚的首都吉隆坡，耸立着高达452米的双子塔。马来西

---

① 英文作“small is beautiful”，源自舒马赫的同名作品《小的是美好的》。该书强调小巧的工作单元的作用，提倡善用地区性工作场所等基础观念，是多年来的经济学畅销著作。——译者注

亚松下空调电器公司位于吉隆坡市郊区，中午从市中心开车半小时即可抵达，但是一旦遭遇堵车，则需一个半小时，坏的话甚至两小时才能到达。

近半个世纪前，1972年，山下俊彦建立了松下电器公司首个出口专用的空调工厂——马来西亚松下工业公司。半个世纪后，如果山下俊彦遇到这样的堵车情况，应该会吓到崩溃吧。然而，眼前的局面有一半责任在山下俊彦。堵车背后的原因在于，马来西亚的电子产业取得了长足的进步，而山下俊彦正是创造马来西亚电子产业原始活力的功臣之一。

山下俊彦成立的马来西亚松下工业公司位于吉隆坡和现在的马来西亚松下空调电器公司所在地的中间。当时很少堵车，从开车时间来看，或许让人有身在市区之感。1989年，空调的生产基地移到了马来西亚松下空调电器公司。马来西亚松下工业公司的原址上现在已经盖起了商业复合体的高层建筑。仿佛南柯一梦般，原址上已经没有任何可以回忆起半个世纪前状况的东西了。不过，山下俊彦留给马来西亚松下工业公司的遗产被马来西亚松下空调电器公司继承，而且现在正在马来西亚松下空调电器公司中生根发芽。

马来西亚松下空调电器公司工厂的墙壁上挂着一张泛黄的老式海报照片，上面写着"1991, quality control competition"（1991年，质量·控制·竞争）。当时马来西亚松下空调电器公司的社长是少德敬雄。对，就是那个出口空调的排头兵少德敬雄。少德敬雄做社长后鼓足干劲，发誓在质量和生产效率上都要追赶上母国日本。他打出的口号是："let's catch up with Japan（我们一起追赶日本）。"马来西亚松下空调电器公司上的照片就是当时的宣传海报。

公司的董事会成员穆拉里塔兰·马哈德万在入职考试时接受了少德敬雄的面试。"我们公司不看年龄，只看能力。只要有能力，就能做部长。"虽然这么被告知，但穆拉里塔兰·马哈德万将信将疑，因为他听说日本企业都实行年功序列制，且马来西亚员工会被差别对待。然而事实证明，少德敬雄的承诺是真的。

现在，马来西亚松下空调电器公司的董事会成员中，有三个人是日本人，另外三个人是马来西亚人，其中就包括穆拉里塔兰·马哈德万。三名马来西亚的董事分别负责经营企划、空调制造和压缩机制造。顺带一提，公司中连续工作15年以上的技术员占22%。

少德敬雄担任社长期间是马来西亚松下空调电器公司发展的巅峰时期。在空调压缩机领域，他们毫无疑问是世界第一，在空调成品方面，他们也属于世界领先水平。但是，"失去的时代"也对这里产生了影响。现在马来西亚松下空调电器公司虽然还是松下电器公司的空调"世界母工厂"，但家用空调的生产能力仅为350万台，仅仅是中国的竞争厂商和大金工业公司的一半以下。

也正因如此，现任马来西亚松下空调电器公司社长岩城裕之才更雄心勃勃、斗志昂扬。"还存在未知的市场。我们想要重新确定竞争方式，重新成为一家国际空调公司。"马来西亚松下空调电器公司将主攻方向确定在空气质量上。"祛除霉菌、臭味和灰尘，这是家电产品的基础。"他们认为，家电厂商只有实现了彻底清除房屋内产生的负面要素这一目标，才算得上是对家电有广泛且深刻的追求。

另一大着眼点是商店用分体式空调和楼房用中央空调等大型空调

设备。在这一领域中，松下电器公司一直没有优势，这次他们将通过投入旧三洋电机的经营资源来挑战。指挥马来西亚松下空调电器公司大型空调事务的是从前在东京三洋电机公司做过大型空调设备研发的和田圭司，而社长岩城裕之曾在电视机事业部工作，两人都在家电领域中历练过。

如果是山下俊彦，应该会拍拍两人的肩，说："人越是辛劳，经历越多的挫折，越能成长。"然而两人都不认识山下俊彦。应该说，在马来西亚松下空调电器公司没有一个人知道山下俊彦。

但是在这里，却能感受到山下俊彦的存在。

比如岩城裕之想要重新确立竞争方式。2015年，他从日本总公司挖来关键人员，成立了大型空调的销售兼服务公司。岩城裕之说："大型空调是企业到企业（B2B），每一家客户要求的样式都不一样。成立专门的公司就是为了囊括客户包含服务在内的所有需求。"事业部体制主张研发、生产、销售三位一体，岩城裕之的方式又进了一步，他将服务和保养也揽了下来，以确立能为客户保障品质的体制。

以前，少德敬雄曾被山下俊彦怒斥过。"你啊，就是因为你，质量才上不去。"当时，少德敬雄给客户寄去了问卷调查。让顾客填问卷，就可以省去员工前去拜访的时间。少德敬雄觉得这是个好主意。然而，山下俊彦却把少德敬雄骂了个稀碎。

"你难道不觉得应该感激客户的抱怨吗？你竟然给顾客寄去问卷，敷衍顾客。感激客户的抱怨，即刻将厂长派去第一线吧。"

马来西亚松下空调电器公司的设备服务公司正是具备"即刻将厂长派去第一线"功能的公司。

决定在马来西亚建立空调出口专用工厂时，山下俊彦就下定决心要从压缩机等基础零件开始实行一条龙生产。不断追根溯源，在源头求得附加价值，这是山下俊彦也是松下电器公司从事制造业的方程式。马来西亚松下空调电器公司完全继承了这套方程式。

马来西亚松下空调电器公司提出的"源泉—组装同期一条龙生产"方式，其核心在模具部门。中村邦夫的改革中，松下电器公司的许多工厂就将劳动集约型的模具部门清理了，更换成了向外部订货的方式。但是马来西亚松下空调电器公司却保留了模具技术。制造革新中心的核心部门中有53名模具熟练工，模具部门和设计部门时常相互交流。于是，设计时间缩短了，改良也有所进展，产品的精度也得到了提高。

半个世纪前，马来西亚松下空调电器公司曾向草津工厂的空调事业部派遣过研修生，那是他们模具技术的起点。马来西亚松下空调电器公司继承并发展了草津工厂的技术，如今"老师"和"学生"的身份互换了。

负责生产的董事穆拉里塔兰·马哈德万说："草津工厂的产量是我们这里的十分之一，没有比马来西亚松下空调电器公司更从源头上重视模具的了。日本已经没有技术员了。现在，比起草津工厂，我们这里更强。"

马来西亚松下空调电器公司总共有250种模具，成本是日本模具的一半。维修保养实行24小时体制，同时还承接日本模具的保养。

因为马来西亚松下空调电器公司保有模具技术，才使得追根溯源成为可能。自制率方面，换热器达到了98%~100%，压缩机也有

90%，不过，家用空调用金属零件和树脂零件只有65%~70%，大型空调用的这两类零件也只有10%~15%。岩城裕之说："这块区域满是宝藏，我们将不断提高自制率。"因为拥有模具技术，所以岩城裕之才敢这么断言。

笔者在马来西亚松下空调电器公司见到了马来西亚松下工业公司的旧董事会干部花名册。山下俊彦、中川怀春、高桥荒太郎都曾是董事会成员。山下俊彦卸任的日期是1984年6月，这是在山下俊彦辞去松下电器公司社长职位的两年前。山下俊彦在马来西亚松下工业公司的在任时长达12年，比担任总公司社长的9年还要长。可见，山下俊彦对马来西亚的情感十分深厚。

马来西亚松下空调电器公司保存的相册中，有一张山下俊彦在卸任社长后访问马来西亚松下空调电器公司时抓拍的照片。当时松下正幸应该是空调事业部的总部长，山下俊彦率领松下正幸，身着衬衣巡视工厂。工厂里随处可见专心工作的员工。

山下俊彦刚一就任松下电器公司的社长，就马不停蹄地走访了全国存在问题的工厂和事业部。他总是挽起衬衫袖子巡视车间，与员工围坐交谈。自那时起，山下俊彦一点也没变过，总是关注着每一名员工。在马来西亚松下空调电器公司也一样，他眼神中的温柔，员工都能感受到。

山下俊彦，他的思想时至今日依然在发挥着效用。

要说笔者的优点，应该也就只有资历长了。笔者做产业记者、经济记者已经四十余年了。要说工作上的收获，应该就是工作期间拥有了与很多企业家直接对话的机会吧。如果要问我这当中我最吸引我的企业家是谁？那我会毫不犹豫地回答：当然是山下俊彦。

1985年，我调任到东洋经济新报社关西分社，首次面对面地采访了山下俊彦。当年，阪神虎职业棒球队夺得了联赛冠军，《广场协议》签署。同时，那一年也是山下俊彦卸任社长的前一年。

山下俊彦的话让我震惊。"人生说到底就是感恩和感动。你的一生有多少次感动的机会？我的工作就是为员工创造更多可以获得感动的机会。"所谓感动就是每一位员工发自内心的认可。啊，我明白了，原来眼前的这个人一直关注着每一名员工。

山下俊彦还说："我如果离职，就会忘掉松下电器公司。没什么需要记起的。"我下意识地回了一句："太厉害了。"山下俊彦回应："没必要这样感叹，这也不是个事儿啊。"

对山下俊彦而言，资产负债表和损益表都无法反映公司真正的价值。正如本书多次提到的那样，在担任空调事业部部长时期，山下俊彦将日常的所思所感写在了大号笔记本上。其中就有这么几句："资产负债表和损益表只表示过去的业绩，不能表明公司未来的价值。""未来永远都是未知的。为了公司的未来，能靠得住的不是资本和资产价值，而是人。只有人。"

山下俊彦彻头彻尾关注的都是人，每一个人。并非个人为了公司而存在，而是公司为了个人而存在。贯彻以人为本的思想，能让公司本身变大变强。山下俊彦深谙这一"悖论"式经营的秘诀。

山下俊彦的工作方式指向了日本"重生"路上被忘却的原点。山下俊彦的话，我还想再多听一些。

酷爱读书的山下俊彦曾说："不要读立马能派上用场的书。"万幸，本书不是立马能派上用场的书。对于正在不懈地为世界经济社会创造更美好的明天的读者而言，如果本书能稍微有所启发，那笔者就很开心了。

谷井昭雄作为发起人代表，佐久间舁二及桥本达夫精心编撰的《有关山下俊彦的记忆》一书对本书的撰写帮助很大。在此，特别向为该书寄稿的人士以及愉快答允接受采访的各位，还有松下电器公司媒体宣传部的相关人员表示由衷的感谢。谢谢你们。

在书的末尾笔者想明确声明：本书的内容完全是笔者个人的见解。最后，向在本书的撰写过程中一直给予我强烈支持的东洋经济新报社出版局第一编辑部部长冈田光司致以诚挚的谢意。

近来时常会听到一种声音回响在耳边："现在的中国还有必要向日本学习吗？"甚至连我认识的日本朋友也对我学习日语表示不解："现在是中国大发展的时代，接下来可能会是印度，未来可能会是非洲国家，你为什么还要学日语啊？"

的确，中国已经超过日本跃居世界第二大经济体。已经被我们超越的"对手"还有什么值得学习的呢？然而，成为世界第二并不意味着一切都一帆风顺没有任何问题了，如今中美贸易摩擦冲突不断，受冲击的中资企业不在少数。

正如本书后半段提到的那样，日本也在20世纪80年代经济飞速发展后遭遇了与美国的贸易摩擦。《广场协议》等一系列事件之后，日元升值、泡沫经济发展，日本经济开始在20世纪90年代陷入停滞。日本政府和企业是怎么应对这一系列危机的？造成经济停滞甚至下滑的原因在何处？这都是当下中国应该且必须吸取的教训。

当前中美贸易摩擦不断，作为企业应该如何应对呢？山下俊彦领导的松下就给出了一种答案。或许本书可以从企业层面为解决贸易摩擦提供一种视角。

本书中还有一个词令我印象深刻："以人为本"。长期以来，我眼中的日企印象都是员工在没命地加班，如今中国社会常用的"社畜"一词正是来源于日语。可是，据本书的描述，松下幸之助和山下俊彦都把员工的幸福放在首位考虑，这点对我而言着实震惊不小。当下抱怨加班时间过长、无效开会等的声音此起彼伏，企业家们或许可以从山下俊彦的经营理念中领悟到些什么吧。

　　本书翻译过程中承蒙多位友人指点迷津，在此一并谢过。感谢中国科学技术出版社各位编辑为本书的付出。

李筱砚

2021年3月15日